U0058203

教育經營學導論
理念、策略、實踐

鄭崇趁　著

作者簡介

鄭崇趁　1953 年生　台灣省雲林縣人

- **學歷**

  國立政治大學教育學博士（1999）

  國立高雄師範大學教育學碩士（1989）

  國立台灣師範大學教育學學士（1986）

  省立台北師範專科學校畢業（1974）

- **經歷**

  國民小學教師 5 年（1976～1981）

  教育部行政職務 19 年（1982～2000）

  經任幹事、秘書、組主任、專門委員

  國立台北教育大學主任秘書、教育政策與管理研究所

  所長、教育經營與管理學系系主任、研發長

- **現職**

  國立台北教育大學教育經營與管理學系教授（2006 起）

- **榮譽**

  高等考試教育行政人員（1981）

  榮獲教育部 1991 年及 2000 年優秀公務員

- **專長**

  教育計畫、教育評鑑、教育政策與行政、教育經營學、校長學

- **著作**

  教育經營學：六說、七略、八要（2012）

  教育的著力點（2006）

  國民中小學校務評鑑指標及實施方式研究（2006）

  教育計畫與評鑑（增訂本）（1998）

  教育與輔導的軌跡（增訂本）（1998）

  教育與輔導的發展取向（1991）

序

　　這本書定名為《教育經營學導論》，副標題標示「理念、策略、實踐」，係蒐集筆者 2006 年升教授以後的十八篇關於「經營教育」的重要論述。取名為「導論」，在於為正式的「教育經營學」奠基，十八篇文章均曾在教育期刊或學術研討會發表刊載，在此編輯成冊出版，註解筆者對於「教育經營學」的深耕，也為自己努力的成果留下可茲觀察參照的紀錄。

　　理念篇代表筆者對於教育經營學構思的源頭，策略篇則顯示筆者對於當前教育政策與學校措施的基本主張，實踐篇則描繪筆者如何闡述政策的亮點，以及提供執行教育政策的範例。筆者構想中的教育經營學是有根的、有方法策略的，也是可以具體執行而發揚光大的。

　　全書十八章原為十八篇單獨文章的集合，是以，部分觀點與論述會在不同章節中重複出現，出版時，本欲刪節重組，最後鑑於「保留原有篇章的完整性」似乎更為珍貴，不再做調整，尚請讀者海涵。此一呈現方式也可觀察到筆者的核心論點及重要主張，希望瑕不掩瑜，敬邀方家共賞。

鄭崇趁　序於崇玉園

2010 年 11 月 22 日

目　次

Part *1*

理念篇

教育　教「人之所以為人」

教育事業　成就人的「自我實現」

理念與理論

是

教育先賢的　智慧資產

也是

經營教育事業　共同的根

教育經營學導論——理念、策略、實踐

第一章 「教育經營學」的主要內涵

❦ 壹、緒言

國立台北教育大學「教育政策與管理研究所」以及「教育經營與管理學系」，旨在融合「教育學」與「管理學」，並期待發展「教育經營學」。筆者擔任所長兼系主任 5 年，有責任將多年來的心得與看法撰文論述，作為後續發展之基礎。

教育經營學可以從理論面與實務面兩個介面來看它，在理論面我們用現代的經營指標來談，就是「經營優質卓越學校」；在實務面來看，就是大家期待的「帶好每位學生」。我們似乎可以得到這樣的公式：

$$教育經營學 = \frac{帶好每位學生（實務）}{經營優質卓越學校（理論）}$$

如何經營一所「優質卓越學校」，其主要的內涵，應該包括「教育的核心價值」以及所有文化教育機構的「組織發展理論」。從「帶好每位學生」的實務做為分析，應該包括探討文教組織的「目標與任務」、如何建立「共同願景」，以及推動應有的「經營策略」。是以前述的簡要公式，可以再發展成下列公式：

$$教育經營學 = \frac{目標任務_3 \times 共同願景_4 \times 經營策略_5}{教育核心價值_1 \times 組織發展理論_2}$$

因此，筆者認為教育經營學之概念型定義為：教育經營學係依據教育的核心價值與文教機構的組織發展理論，探討如何經營優質卓越的文化教育機構（以學校為主），以及帶好每位學習者的應然作為；此一實務作為包括組織目標任務的設定、成員共同願景的形塑，以及經營策略的帶動。而操作型定義，即為公式中的五個次要變項。

❤ 貳、教育的核心價值

　　教育經營學為教育學與管理學融合的新方向，是引進管理學的方法技術到文化教育產業部門的新學門。教育經營學，無論經營的策略方法技術的選用為何，均要回歸彰顯教育原有的本質，符合教育的核心價值。

　　教育的本質是一種「人教人的志業」，是一種「教育愛的傳承與實踐」，也是一種「關照能的培育與篤行」。教育愛的特質在：「超越等差」、「不求回報」、「積極關注」與「接納包容」學生；關照能的篤行在：教師或教育人員具備關懷、照顧、協助、幫忙學生處理困難、跳脫困境的素養與技術；教師能夠展現溫暖、接納、尊重、支持的基本態度，以及同理心、回饋、引導、自我表露、問題解決等諮商初階技術。

　　教育的核心價值，則進一步以「教育組織的任務目標」來探討「人教人」的最大共同價值取向。「核心價值」的產生會受到組織系統本身的位階，以及人類發展所面對的「時代更迭」與「社會變遷」，而有不同。就組織階層而言，全人類有共同的核心價值（如自由、平等、尊嚴、博愛）；每一個國家也有其核心價值（如英美的民主、法治，共產主義國家的均富）；每一個國家內的部門也有它不同的核心價值（如外交部的平等、互惠，國防部的安全，社會福利部的公平、正義）；每一個縣市、每一個學校，甚至於學校之內的每一個班級，均有其個殊而共同的價值取向，是以次級文化或班風，在某一程度上，亦反映了組織階層的核心價值。

　　人類的核心價值也會受到「時代更迭」與「社會變遷」而轉變，例如：西方世界中古世紀政教合一，當時人類最大的核心價值在追求「來生」；而當前知識經濟時代，人類共同的核心價值轉為「知識」與「創新」。不同的時代與社會，會有不同的核心價值，核心價值是人的共同價值取向，但是會隨著組織的任務目標及其所屬的時代社會而有所不同。

　　因此，教育的核心價值建立在「人的共同價值」與「教育組織任務

目標」交織之上。筆者以教育部、局（處）的位階作為「教育政策」，以及文教機構（學校為主）位階的運作「學校經營」為主軸，探討歸納當前台灣教育的核心價值，共有八項：「人文」、「均等」、「適性」、「民主」、「創新」、「永續」、「精緻」、「卓越」。

　　教育是「人教人的志業」，茲以人體作隱喻，教育的核心價值隱喻圖像如圖 1-1 所示。

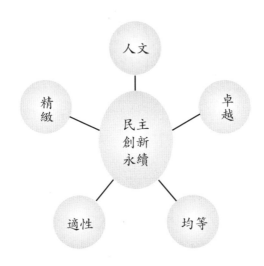

圖 1-1　21 世紀台灣教育的核心價值（隱喻圖像）

　　「人文」為頭，居總指揮，是教育的總樞紐；「均等」與「適性」為雙腳，是政府規劃教育與學校措施的基本前提；「精緻」及「卓越」是雙手，是教育政策與學校經營的進階指標；軀幹部分的「民主」、「創新」、「永續」，則為教育實施歷程中最須講究的經營準則。在 21 世紀的台灣教育中，教育政策與學校經營的核心價值，以「人文」的思維引導，踏著「均等」、「適性」的腳步前進，講究「民主」、「創新」、「永續」的實施歷程，展現「精緻」與「卓越」的成果。

參、教育組織發展理論

教育經營學的理論基礎，以原有的教育行政學或教育管理學為基本架構，以當前文教機構（仍以學校為主）的組織發展需求為導向，探討機構單位發展上經營核心層面的理論或理念，包括：計畫理論、組織理論、領導理論、溝通理論，以及評鑑理論的核心論點及其在教育組織經營上的運用。也可以依據學校組織功能的主要介面，例如：「行政效能」、「課程發展」、「師資教學」、「學生輔導」、「環境設施」、「資源整合」等，探討其有效經營背後所依循的教育理念或理論。

筆者曾配合宜蘭縣發展「校務評鑑」的需求，在專案研究報告中主張「校務經營成果的檢核，旨在檢核教育理念在學校實踐的程度」，是以協助歸納整理「學校校務經營理念」，共 48 則。後於 2008 年配合台北縣發展「卓越學校指標系統」的需求，協助撰述「卓越學校的理論基礎」，主張「卓越學校的經營要反映教育的核心價值，是教育理論或理念的具體實踐」。因此，將學校經營的重要理念或理論擴增為 66 則，並配合台北縣卓越學校規劃的 11 個面向呈現撰述，每一個面向 6 則。各面向的經營理念或理論名稱如次（鄭崇趁，2007）：

1.校長領導方面：願景領導、知識領導、參與式（扁平化）領導、校長核心能力、賦權增能、教導型組織理論。

2.行政經營方面：本位管理、目標管理、全面品質管理、專業分工、績效責任、創新管理。

3.課程發展方面：課程統整、課程設計模式、課程領導、潛在課程、學校本位課程及特色課程、策略聯盟。

4.教師專業方面：專業自主、學習型組織理論（五項修練）、知識管理、學習社群、行動團隊與行動研究、教師評鑑。

5.教師教學方面：多元智能理論、編序教學、協同教學與班群教學、激勵策略、團體動力學、形成性評量與多元評量。

6.學生學習方面：學習三律、教學八大原則、十大基本能力、體適能、健康促進學校、適性發展。

7.學生輔導方面：輔導機制、教育愛與關照能、認輔制度、輔導網絡（支持網）、訓育原理輔導化、學校（學生）輔導法。

8.家長參與方面：決策諮詢、專業志工、服務志工、支持輔助資源、仲介溝通協調、捐助奉獻。

9.環境營造方面：基本設備標準（設備基準）、物理環境，心理環境與文化環境、學校建築學、校園規劃原則、永續校園、空間領域及人車動線。

10.資源整合方面：水平資源整合、垂直資源整合、社區資源整合、校際資源整合、學習資源網絡、資源個案管理。

11.文化形塑方面：專業示範、實踐篤行、交互支援、整合發展、情境營造、風格領導。

理論及理念是前人耕耘的智慧結晶，是百業經營的基石，教育事業的經營需要經營者深入體悟「人教人」的核心價值，更需要具備經營教育所需要的理論及理念，依據理論的核心論點、參照組織的目標任務以及未來發展的最大價值，形塑共同願景，並選擇經營策略。

❤ 肆、教育機構的目標與任務

以前的教育機構分為學校機構與社教機構；現代的教育機構則分為學校機構與文化教育機構。學校機構的目標與任務，通常規範在「各級學校法」以及「課程綱要」之上。以國民教育之國民中小學為例，教育目標規定在《國民教育法》第 1 條：「國民教育依中華民國憲法第 158 條之規定，以養成德、智、體、群、美五育均衡發展之健全國民為宗旨。」而「國民中小學九年一貫課程綱要」則規定，國民中小學實施領域教學，培養學生下列十大基本能力：

1.增進自我了解，發展個人潛能。

2.培養欣賞、表現、審美及創作能力。

3.提升生涯規劃與終身學習能力。

4.培養表達、溝通和分享的知能。

5.發展尊重他人、關懷社會、增進團隊合作。

6.促進文化學習與國際了解。

7.增進規劃、組織與實踐的知能。

8.運用科技與資訊的能力。

9.激發主動探索和研究的精神。

10.培養獨立思考與解決問題的能力。

這些法令上的教育目標屬於教育機構的長期經營目標，是學校辦學的方向，類似指南針的角色。學校為帶動教師及職工，增進辦學的效能與效率，通常會學習企業界自訂「目標任務」（Mission）的作法，依據學校當時最需要之處，策訂「校務發展中長期計畫」，在中長期計畫中，設定學校近期的「教育目標」，來提示組織同仁共同努力的方向。

筆者曾為國立台北教育大學教育經營與管理學系（含教育政策與管理研究所碩士班、博士班）策定 2009～2012 年中程發展計畫，將此期之系所教育目標分為「教學」、「研究」、「學習」、「服務」等四方面，設定具體的「目標任務」如次：

教學——精緻卓越的主題教學

研究——接軌國際的領域研究

學習——績效驗證的核心學習

服務——產學整合的教育服務

政府部門設立的教育機構，通常依法設立其長期的教育目標，在法令上即有明確規定；而私人設立的文化教育機構或出自於「個人興學意願」，或出自於社會時代需求，不一定有具體的法令依據，較多以「中

長期計畫」或「設置方案」之「目標任務」予以規範。因此，教育經營學所探討之「教育機構的目標與任務」，允宜包括公部門出資設立的教育文化機構（仍以學校為主）之法定教育目標，以及私人集資興辦的文化教育產業機構，其所自訂的組織目標或宗旨（Mission）。

❧ 伍、教育機構的共同願景

形塑共同願景（Vision）是學習型組織理論五項修練中的第三項修練。其運用在教育界，是在 2000 年以後，因為當時正在推動九年一貫課程，發展學校本位課程需要，政府部門及學者專家要求學校需先確立「學校願景」，作為課程規劃的「共同願景」，是以當前的各級學校，除了有法定的教育目標外，均各自形塑了學校個殊的「願景」；在「領導經營」的論述上，多主張運用「願景領導」來調節並提升原有「目標領導」之功能。

願景等於「邁向組織目標」的同時，也適度地「反應成員心聲」；或者「個人目標」與「組織目標」一致，即為共同願景。也有另一種說法：組織目標是不變的，大家一定要共同實現組織目標，但實現的歷程中又充分地考量並尊重大家不同的看法、需求與個殊的心聲。是以「願景」包容力要大於目標，通常比目標抽象，近似於「理念」或「哲理」的引導層次。教育機構採用「願景領導」除了本來就要「實踐目標」之外，可關照到組織同仁的心情，增進凝聚力與士氣。

就以國立台北教育大學的「共同願景」為例，早期的「良師興國」（師範、師專時期），以及現在的「敦愛篤行」（師院及教育大學迄今），對於全校師生及歷屆校友均產生龐鉅的導引作用。早期畢業的校友多以「良師興國」為己任，成為北師人的重要傳承；現在當下的師生，無不以「傳承教育愛、實踐力行」為本分職責，立志開創 21 世紀台灣教育的新藍天。好的願景必須引導師生實踐教育目標，更需要反映出大家

共同的心願。「良師興國」與「敦愛篤行」均具備了優質共同願景之要件。

教育機構的共同願景，可依據組織層級位階的系統而給予不同層次上的規劃及形塑，教育部、縣市教育局（處）、學校、系所以及班級均可形塑共同願景。以教育部層級為例，1999 年，當時的教育部長楊朝祥先生曾帶領著教育部同仁，討論形塑 21 世紀新台灣教育共同願景，最後由其批示，以「全人教育、溫馨校園、終身學習」為教育部門、教育人員的共同願景。筆者亦曾在千禧年前後多次為文論述，主張以「教育新新人類，邁向學習社會」為共同願景。教育部頒布「2004～2008 施政四大主軸」時，亦曾標示以「創意台灣、全球布局」為共同願景；第二次政黨輪替之後，教育部在網頁上則修正為「2009～2012 施政五大主軸」，並以「創新教育、活力台灣」為共同願景。

就直轄市或縣市層級而言，台北市教育局於 2008 年，由吳清山局長所提「教育 111──共創台北優質新教育」，即為好的共同願景（vision），而三個 1 的具體內涵──「一校一特色、一生一專長、一個都不少」，則為組織之「任務目標」（Mission）。足供其他縣市學習。

就中小學或一個大學中的系所經營層級而言，國立台北教育大學教育政策與管理研究所曾在其中程發展計畫中，設定「愛、希望、著力點」為系所師生之「共同願景」：「愛」在傳承教育之愛，一方面銜接「敦愛篤行」的學校願景，另一方面將教育愛的主軸貫串到系所師生來篤行；「希望」則強調教育單位以正向、積極面來解讀天下事務，永遠教導學生正向思考，對未來充滿希望；「著力點」則在強調尋找經營教育的具體著力點。「愛、希望、著力點」能有效結合系所師生的「組織任務目標」及「個人心聲與生涯目標」，經營數年下來，也確有績效，師生凝聚力佳，組織氣氛優質，5 年間培育了 40 位博士及 400 位碩士（含在職專班碩士），為國家教育事業，厚植了更深層的教育競爭實力。

就班級層級的組織而言，「班名」的使用，也是「共同願景」的運

用之一。筆者猶記 1969～1974 年就讀省立台北師專（國立台北教育大學前身）時，63 級甲班的班名取為「菁莪」，乙班的班名取為「駱駝」，丙班的班名取為「師聲」。「菁莪」來自詩經菁莪篇，象徵全班師生將來以「教育茂盛的莪草（學生）」為己任；「駱駝」意味著「任重道遠」的師範精神；「師聲」則代表著全班師生立志「良師興國，傳播教育之聲」。班名類似共同願景，引導著班上師生的努力方向。

就教育機構的組織性質而言，優質的單位共同願景具有四大特質：

1.用詞響亮，且富有教育意涵與價值。

2.扮演介於教育核心價值與經營策略之間的銜接角色，並且能夠引導完成組織單位的任務目標。

3.能夠回應學校（組織）同仁的看法與心聲，且為學校當前最需要的發展方向。

4.能夠融合教師職工（組織成員）在學校內實踐其個人化生涯目標（願景），令個人目標與組織目標一致。

❤ 陸、教育機構的經營策略

「經營策略」會隨著組織單位的位階而有不同內涵，就教育部或教育局（處）層級而言，其「施政主軸」即「經營策略」，例如：教育部「2004～2008 施政四大主軸」中的「現代國民」、「台灣主體」、「全球視野」、「社會關懷」，即民進黨執政時期後 4 年的「教育經營策略」。又如：教育部「2009～2012 施政五大主軸」中的「優質學習」、「適性育才」、「公義關懷」、「全球視野」、「永續發展」，也可以視同國家在二次政黨輪替後的「教育經營策略」。

就學校機構層級而言，筆者曾配合台北縣推展卓越學校的需要，為文撰述「卓越學校行政經營的理念與策略」，擬出學校層級的六個經營策略：「願景形塑策略」、「目標設定策略」、「計畫管理策略」、「定

期溝通策略」、「實踐篤行策略」，以及「回饋省思策略」（鄭崇趁，2009a）。

就班級經營層級而言，筆者亦曾配合教育部推動「正向管教」的需要，在《學生輔導》雙月刊之「正向管教與班級經營」專刊上，為文論述「正向管教理念中的班級經營策略」，共提到 12 個班級經營策略：「民主參與策略」、「激勵實踐策略」、「願景領導策略」、「賦權增能策略」、「績效責任策略」、「班風形塑策略」、「自主規範策略」、「同儕輔助策略」、「補救教學策略」、「服務銷過策略」、「認輔陪伴策略」，以及「網絡支持策略」。前六者屬於「積極帶動」的班級經營策略，後六者屬於「輔助適應」的班級經營策略（鄭崇趁，2008a）。

「學校」是教育機構的最大宗，為有效論述經營策略的主要意涵與可茲推廣範例，再以學校經營層級為主軸，介紹說明 6 個較為經典且常用的經營策略，包括：「願景領導策略」、「組織學習策略」、「計畫管理策略」、「實踐篤行策略」、「資源統整策略」，以及「創新經營策略」。

一、願景領導策略

「建立共同願景」的意涵與作法，前文已詳為論述，學校運用「願景領導策略」包括兩個重點：一為「願景形塑作為」；另一為「操作願景實踐」。前者指學校教育領導人（校長）接掌一個學校之後，要在三個月至半年之間，重新確認續用學校的原有願景，或重新形塑新的學校願景。如果校長決定續用原有願景，則校長必須公開論述學校願景與學校發展的價值意涵，並與所有的學校大型教育活動相結合，進入「願景的實踐操作」階段。校長如果決定重新形塑「新願景」，這要花較長的時間由下而上討論，通常需要半年至一年的時間（鄭崇趁，2008b）。

學校是否重新形塑願景的判準基礎有四：(1)教育價值：積極、正向、深遠、優質的引導；(2)邏輯系統：詞性結構系統嚴明；(3)學校需求：是

否為學校當下最需要之處；(4)辦學理念符合度：與校長自己的辦學理念一致性高不高（鄭崇趁，2008b）。

至於學校操作願景的具體作法，可參考下列：

1.將願景文字懸掛在學校最中心位置，使之產生引導師生心向的境教功能。

2.學校的重要活動由校長或幹部闡述願景的意涵及其與活動本身教育價值的連結。

3.將願景文字與意涵發展成文書、印刷品及活動資料的標示系統。

4.將願景公告在學校首頁，並開闢討論區，蒐集大家對願景的意見。

5.甄選「實踐願景方案」。

6.將願景意涵譜寫成校歌，教導全校師生共同傳唱。

🍁 二、組織學習策略

組織學習策略的理論依據，也來自「學習型組織理論」的五項修練——自我超越、改善心智模式、建立共同願景、團隊學習，以及系統思考。其中第四項修練「團隊學習」，事實上即指組織學習。組織學習策略係指教育領導人（校長）運用各種激勵措施，帶動全校之教師及職工全面進入學習狀態，以學習進修促進個人成長、增能，提高服務品質，也提高學校整體的教育績效與競爭力。

1998年筆者參與教育部林清江部長主持的「推動邁向學習社會委員會」第一次會議，林部長致詞時舉了兩個例子，令與會人員印象深刻：(1)有實驗證明，生產相同產品的兩家公司，有為員工規劃在職進修學習機制的公司，其總生產量及單位生產量永遠持續領先只有請員工工作，卻沒有進修成長學習機制的公司；(2)我們台灣目前的國民所得仍高於大陸的平均國民所得，主要肇因於我們教育的普及，以及進入學習狀態中的各行各業人員之比率上仍然領先他們。所以，教育部頒布「邁向學習社會白皮書」，成立推動委員會，以14個具體方案，帶動各行各業組織

成員均進入學習狀態，形成學習社會。

就學校組織層級而言，組織學習策略的具體操作事項，可以包括：(1)鼓勵教師及職工在職進修，全員進入學習狀態；(2)成立各種行動團隊，以學習社群方式，進行有意義學習；(3)規劃進行行動研究，持續改進行政、教學、輔導工作；(4)獎勵教師及職工攻讀碩博士學位，累增個人生涯發展新能量；(5)規範半強迫分享學習機制，增進同仁知識螺旋效果，提升知識基模；(6)獎勵學校師生及職工主動參與各種教育競賽活動，運用參與發表彙整學習成果，以得獎激勵回饋持續學習效果。

🌸 三、計畫管理策略

計畫管理策略來自「計畫施政」與「全面品質管理」理念之融合，係指教育領導人（校長）透過中長期校務計畫及主題式計畫之擬訂，有效帶動學校幹部及全校師生執行教育事務，並藉由定期檢核、反省、調整（全面品質管理）之歷程，貫徹執行計畫之重點工作，實現計畫目標，永續經營教育事業之謂。

計畫管理策略包含兩大層面之事項：一為學校能夠策訂優質且數量完備的教育計畫；另一為教育領導人有能力運用全面品質管理的原理，貫徹執行學校已經策定的各種計畫。針對前者，優質的教育計畫具有四個特質：(1)具有系統思考：能夠關照全面，並且找到學校教育之關鍵事項；(2)呈現系統結構：計畫目標、策略、項目以及學校願景之間具有相屬結構關係；(3)計畫內之執行事項符合學校當前最重要、最具價值性之處；(4)計畫與計畫之間具有邏輯系統，能整合互補功能，並且有利於學校（或組織）的長遠發展（鄭崇趁，2008b）。

計畫管理策略在學校的實際運用，必須隨著學校本身的發展層次而有不同的著力點。在體質偏弱的學校，計畫管理策略著重在帶領幹部如何策訂學校需要的教育計畫，維護正常教學，帶動學校成長發展；體質中等的學校，其計畫管理策略則將重心移至各處室計畫及教師班級經營

計畫的策訂與整合，並且能管控各項計畫的有效實施；至於體質中上的學校，計畫管理策略有必要結合賦權增能與績效責任理念統合運作，強化下列事宜：(1)年度伊始，校長與行政、教學幹部協商，確認年度重要計畫十項及中小型教育計畫名稱，並賦與單位責任；(2)舉辦校內優質行政計畫、教學方案之競賽評選活動，獎勵優秀計畫並促進彼此觀摩交流；(3)推薦學校優質計畫方案參選校際競賽，爭取更高榮譽，並與他校交流學習；(4)策訂學校中長程計畫，以中長程計畫規範學校的重點工作事項及短、中、長期辦學目標；(5)籌組行動研究小組，定期檢核中長程計畫與當前年度重點工作之銜接，系統思考整體資源的計畫運用；(6)進行優質教育計畫方案之知識管理，累積學校師生智慧，發揮計畫管理策略價值的最大化。

四、實踐篤行策略

「實踐篤行」是筆者新創用的名詞，可以視為一種「能力」，也是一種「方案策略」。創用它的理由基於三種考量：(1)強調「執行力」在教育單位上的應用；(2)強調領導人「帶頭實踐」的重要：教育單位很需要專業示範以及示範帶動；(3)融合古今典雅用詞：如「博學、審問、慎思、明辨、篤行」、「敦愛篤行」、「教育執行力」等。希望能適合教育界使用。

實踐篤行策略係指學校領導人（校長及幹部）有效示範專業服務行為，例如：計畫方案的擬訂、領域課程之規劃與設計、主題式教學方案之開發、重要教育活動的設計與執行，並落實計畫執行歷程、實踐計畫目標，達成教育宗旨（Mission）之謂。

實踐篤行策略具有四項特質：(1)強調校長、主任的帶領示範，引導大家完成計畫工作；(2)強調依原計畫執行之意，不輕易改變初衷（目標、標準）或調整作法，便宜行事；(3)追求圓滿完成工作，具有不達目的絕不中止之意；(4)實踐篤行亦含有「留下完整紀錄」（檔案）之意。

就目前的學校運作型態而言，實踐篤行策略的應用，最需優先示範帶動執行下列事項：(1)示範擬訂學校主題式計畫及校務中長期發展計畫；(2)帶領發展學校本位課程及特色課程（含主題教學方案）；(3)認輔關懷弱勢族群學生，布建支持網絡系統；(4)示範觀摩教學、行動研究及攻讀碩博士等專業成長生涯規劃；(5)運用教育理念及學理闡述教育工作與活動的意涵與教育價值，示範專業領導；(6)定期檢閱學校重點工作之實踐篤行檔案紀錄，並以系統思考歷程，重組歸併，整理以學校為主軸的發展筆記。

五、資源統整策略

資源統整策略係指教育領導人（校長及主任）有效運用學校人脈關係及社區資源，藉由個殊計畫的擬訂，爭取學校預算及既有編制以外的人力、財力、物力、自然、科技等資源進入學校，並與校本資源統整，使之對於全校師生之教育事業產生更大價值的各項作為。是以學校資源統整策略有兩大重點：一為如何爭取到更多的資源進到學校來，為學校所用；另一為已經爭取到的教育資源如何有效統整，讓其對學校產生最大的教育價值。

學校爭取教育資源的方法有六（鄭崇趁，2009b）：

1.家長志工法：以學校家長及社區志工為對象，計畫招募、培育、組訓，並分組為學校擔任服務性志工，如：交通導護、圖書管理、故事媽媽等。

2.競爭計畫法：依據教育部或教育局（處）專案計畫推動辦法，擬訂學校競爭型計畫，爭取資源，優先改善學校設施。

3.策略聯盟法：透過跨校或跨單位策略聯盟方式，共同發展教育任務，如：特色學校策略聯盟、校本課程策略聯盟、領域教學策略聯盟等。

4.承擔任務法：主動承辦全縣市或全國性大型教育活動或競技比賽，其相關配備或設施活動完竣後歸學校繼續使用。

5.創新特色法：平時擬訂對學校發展具有創新特色之各種計畫，待機適時爭取新的教育資源進入學校。

6.價值行銷法：配合學校重要慶典，長官或重要貴賓到校時機，適時宣導學校建設方案，帶給師生的教育價值，爭取關鍵人物之認同，進而承諾支持，引進資源建設學校。

學校爭取到的教育資源，除了按計畫執行之外，學校應系統思考，如何有效整合校內本有的人力、物力資源，使之產生「交互作用、整合發展」功能，為學校創造最大的教育價值。筆者曾配合2009年台北市選拔「資源統整優質學校」之心得，為文撰述學校資源統整的六大要領，簡要摘介如次：

1.布建支持網絡系統：資源統整應優先照顧好弱勢族群學生，為其布建完備之生活服務、學習輔助及支持適應網絡系統。

2.發展學校特色主題：校外資源第二個要支持的，即為學校特色主題的開發與永續支援。

3.強化環境教育功能：校外資源進入學校後，第三優先為強化環境設施，使之能配合教學並發揮境教功能。

4.推動多元學習社團：社團教育屬半正式課程，也是資源統整的有利方向。

5.開發領域教學方案：將資源統整到正式課程，配合歷年的教學，永續經營、深耕。

6.彰顯學生學習成果：協助展示學生領域學習重要成績、競賽作品成果、社團成績資料、鼓勵學生多元展能、促進優勢智能明朗化。

整體而言，學校資源統整的要領，由「輔助弱勢」→「潛在課程」→「半正式課程」→「正式課程」發展，才能為學校師生帶來最大化的教育價值。

《藍海策略》一書為企業界帶來了「創新經營」的新理念與作法；教育部於 2002 年頒行「創造力白皮書」，也為教育界帶來學校創新經營的浪潮，「創新經營策略」成為教育行政與管理上的熱門話題。學校創新經營的主要功能有四（鄭崇趁，2006c）：

1.變化：創新經營是為了跳脫學校歷年工作，定型化、形式化的僵化現象。

2.活力：創新經營可以帶給學校教師及職工新的活力，遠離憂鬱。

3.突圍：創新經營希望能夠突破學校發展瓶頸，開闢成長契機。

4.創新：找到學校發展的新途徑。

學校領導人推動創新經營策略，須從兩大方向著力：一為「創新意涵」的宣導；另一為具體創新措施的直接帶動。在創新意涵的宣導上，校長應在公開重要集會或教育活動上闡述：「創造即賦與存在（to be-ing）」，並非無中生有，創新就是我們對於已存在的事物或知識有了新的發現，給予新的連結或結構。這種「知識先天論」的闡述可以激勵教師同仁致力於創新經營，只要努力，創新是可為的，可欲的（可以做到的）。

創新的歷程則是一種「實→用→巧→妙→化」的歷程，實：指基礎素養，要在現實生活中充實；用：指知識整合程度，具有效果效率者愈有用；巧：指知識運用靈活彈性，呈現了猶有餘裕的景象；妙：指知識已達適配通達境界，有種美妙新穎的感受；化：即系統整合，創新知識。「實→用→巧→妙→化」的創新歷程系統如圖 1-2 所示。

至於學校創新經營的具體措施，得參照下列可行的作法：

1.提升開會品質與效率：校長展現會議領導專業示範，由開會品質的提升創新經營學校。

2.落實分層負責及績效責任：實施賦權增能，本位管理，並為己身

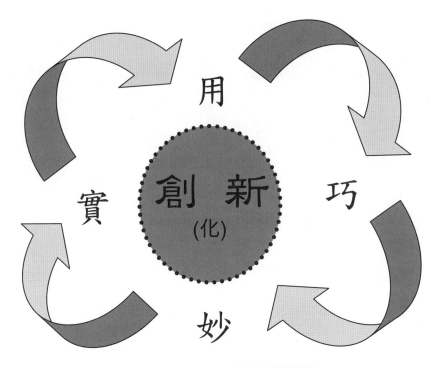

用

實 創 新 巧
(化)

妙

圖 1-2　創新歷程系統圖示

職責負完整責任。

　　3.設置建言獎：鼓勵創意點子，作為經營學校新賣點。

　　4.成立行動團隊：以多元學習社群、行動研究，持續改善學校行政管理、課程教學及學生輔導。

　　5.舉辦班級創新競賽活動：如：環境布置創新、班級網頁創新、學習檔案創新、玩具遊戲創新、才藝表演創新等競賽活動，促使學校師生長期生活在創新經營的氣氛中。

　　6.發表學校特色課程與教學：展現創新經營賣點，行銷學校教育價值。

❧ 柒、結語──「教育經營學」亟待發展深耕

本文旨在論述「教育經營學」的主要內涵，首先提出教育經營學的簡要模式，並對五大主要變項，概述其意義與操作內容。希能拋磚引玉，期待更多同好的投入、深耕與發展。

$$教育經營學 = \frac{(帶好每位學生)\,(實務)}{\underset{(經營優質卓越學校)\,(理論)}{目標任務 \times 共同願景 \times 經營策略}}{教育核心價值 \times 組織發展理論}$$

〔本文原載於 2009 年，國民教育，第 49 輯第 6 期，10～22 頁。〕

第二章　從「教育經營學」看「校長學」的主要內涵

壹、緒言

～建立「教育經營學」及「校長學」，是教育經營與管理學系學術研究的兩大主軸。

國立台北教育大學教育經營與管理學系是由教育政策與管理研究所發展而來，目前有大學部、碩士班、博士班，並附設「中小學校長培育與專業發展中心」，辦理「校長培育班」與「校長專業發展博士學分班」推廣課程。就學術研究之組織任務而言，融合「教育學」與「管理學」的核心知識，一直是本系所中心課程設計的主要基礎，而企圖發展建立「教育經營學」以及「校長學」則是系所教師們的兩大心願，也是學術研究的兩大主軸。

筆者擔任系所中心主任及所長有 5 年之久，對於這兩個學門的開發常念茲在茲，2009 年 8 月配合學校《國民教育》雙月刊「教育經營學理論與實務」專輯的編撰，筆者發表了「教育經營學的主要內涵」，提出教育經營學研究的簡要模式（鄭崇趁，2009c）：

$$教育經營學 = \frac{（帶好每位學生）（實務）}{（經營優質卓越學校）（理論）} \frac{目標任務_3 \times 共同願景_4 \times 經營策略_5}{教育核心價值_1 \times 組織發展理論_2}$$

筆者對於教育經營學的概念型定義是：教育經營學係依據教育的核心價值與文教機構的組織發展理論，探討如何經營優質卓越的文化教育機構（以學校為主），以及帶好每位學習者的應然作為；此一實務作為，

包括組織目標任務的設定、成員共同願景的形塑，以及經營策略之帶動。而操作型定義，即公式中的五個次要變項。

筆者繼續思考「校長學」的意涵，亦可用下列簡要公式表示：

$$校長學 = \frac{角色職責_3 \times 培育課程_4 \times 專業證照_5}{校長核心能力_1 \times 教育領導理論_2}$$

因此，校長學的概念型定義是：校長學係依據校長核心能力及教育領導理論為基礎，探討校長在學校教育環境中的角色職責，培育課程與專業證照的建置。而操作型定義即公式中的五個次要變項：分母部分的兩個變項屬於「本質」與「理論」的探究；分子部分的三個變項則為「規範」與「體制」的布建。

❧ 貳、校長的核心能力

企業界探討「核心能力」，多以「組織的核心能力」為對象，而教育界探討的核心能力多以個人為對象，例如：教師的核心能力、主任組長的核心能力、校長的核心能力，或教育領導人的核心能力。企業界討論「企業核心能力」有時與「企業核心技術」混用，區隔困難。筆者分析企業界的研究文獻，對於「核心能力」的詮釋，以 Prahalad 和 Hamel 認為：「核心能力是組織成員個別技能與組織所使用技術的整合，可提供顧客特定的效用與價值，亦指一組知識（knowledge）、技能（skill）與能力（ability）（簡稱 KSAs）的整合」，以及 Hitt、Ireland 和 Hoskisson認為：「核心能力即為組織競爭優勢的來源，可使組織在提供顧客價值上具有獨特性。故核心能力應該符合以下特性：價值性、稀少性、不易模仿、不易取代」較為清晰明確。經由國內研究者的努力，將企業界核心能力的主要意涵歸納成六大特質：(1)核心能力是一種累積學習的結果，是組織由過去到現在所累積的知識學習效果；(2)核心能力是一種整

合的綜效，是組織內多種技術的整合；(3)核心能力是一種關鍵技術，可協助組織降低成本或提升價值；(4)核心能力是一種競爭優勢，也是組織競爭優勢的來源；(5)核心能力與核心價值關係密切，且會隨著時代環境的不同而改變；(6)核心能力須具備可應用性，組織有多樣具利基之產品（沈介文、蔡美怡，2003；陳俐君，2008）。

國內學者逐漸將核心能力的研究歸納為「直接由個人展現」及「經由組織展現」兩大類，個人的核心能力指個人在組織中的角色職責及職位上的核心能力；經由組織展現的核心能力即是企業核心技術所生產產品的優勢能力。教育及公務人員組織系統的研究，則比較關切「個人核心能力」的展現與培育，例如：黃一峰（2001）論述高級文官核心能力，以能力金字塔（如圖 2-1 所示）來表達個人核心能力的來源基礎。

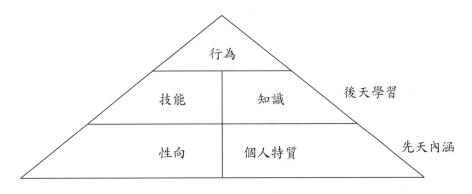

圖 2-1　能力金字塔

資料來源：黃一峰（2001：43）

校長核心能力的研究，指的是個人的核心能力，且以具體的行為表現能力為主軸，也就是校長本身依其先天內涵（個人特質、性向）以及後天學習（知識、技能）的成果，整合累積的行為能力展現。校長的核心能力研究有具體成果者，以英國的「校長國家標準」（National Standards for Headteachers）最為經典，其次則為我國國立教育資料館研發之

「國民中小學校長專業能力發展標準」，以及國內學者的個人研究，例如：林文律（1999）、秦夢群（2003）、陳木金（2003）、張明輝（2004），以及鄭崇趁（2006a）等人。

一、英國的「校長國家標準」

英國的「校長國家標準」是由 Ninth Government Select Committee on Education and Employment 負責策訂，是從一位校長所應具備的知識、理念、技能與特質為基礎出發。2004 年 9 月英國教育與技能部，在經過廣泛的專家諮詢座談後，即頒布了最新修正版本的「校長國家標準」，「校長國家標準」由以下六個關鍵領域開展而來，這六個領域彼此間並無優先順序，整體共同體現了校長的角色。

☆打造未來　　　　　☆組織管理
☆領導學習與教學　　☆績效責任
☆自我發展和與人合作　☆營造（強化）社群

每一關鍵領域再接續定義出「知識要求」、「專業素質」（校長角色所應具備的技能、理念、個人能力），以及達成核心目標的「行動需求」，共計 149 個核心能力指標，其規範分配如表 2-1 所示。

表 2-1　英國的「校長國家標準」核心能力指標分布

關鍵領域	知識指標	專業指標	行動指標	總分
1.打造未來	6	7	6	19
2.領導學習與教學	13	9	10	32
3.自我發展和與人合作	5	10	8	23
4.組織管理	12	11	9	32
5.績效責任	6	7	6	19
6.營造（強化）社群	7	8	9	24
合計	49	52	48	149

資料來源：依據陳木金、陳宏彰（2006）資料製表

英國的「校長國家標準」適用於各種學校類型與各學習階段的校長，此標準提供一個專業發展、行動與改革的架構，其具有三大功能：(1)激勵現職校長與有志於擔任校長者，作為自我檢核與策勵成長的指標方向；(2)提供給學校利益關係人一項個人引導準則，了解對於學校校長職責角色該有的期望；(3)提供給校長專業資格國家證書（National Professional Qualification for Headship, NPQH）一個評估工作的架構，以界定校長工作表現水準的門檻。

二、我國國立教育資料館研發之「國民中小學校長專業能力發展標準」

國立教育資料館鑑於校長學與校長評鑑的重要，將當前有關的研究進行後設分析，選擇大家公認重要且適當的校長專業能力發展標準做整理與歸納，共分為 6 大領域，19 項行為及 59 個行為指標。分布如表 2-2 所示。

由我國國立教育資料館建置的「國民中小學校長專業能力發展標準」觀察，其與英國的「校長國家標準」比較，其目的與功能相似：均在「自我檢核，專業成長」、「參照培育，設計課程」、「社會期望，評判優劣」。然呈現之形式與內涵有 4 項不同：(1)未具備國家標準效力，僅提供主管機關及當事人參照；(2)我國的五大領域參照學校組織功能規劃設定，而英國的標準六大領域參照校長之本身職能（個人）規劃設定，有不同邏輯取向；(3)英國標準在每一領域之下再分成「知識」、「專業」及「行動」三大層面建構指標，雖較我國的細緻、明確，然有部分重疊，難再區隔，未若我國以「行為表現」為主軸，可彰顯指標「精要」之優勢；(4)我國指標由「行為層面」觀察，撰述體例並不一致，有待進一步統整。

表 2-2 「國民中小學校長專業能力發展標準」摘要表

領域	行為層面	行為指標
A 校務發展與評鑑	A1 擬定完善校務發展計畫	A1.1 能根據發展需求,利用學校內外在環境的優勢缺失,擬定短、中、長程計畫。 A1.2 能組成校務發展委員會,凝聚親師生共識,形塑學校願景。 A1.3 能參照教育政策、學校條件、願景及個人理念,擬定校務發展計畫。
	A2 規劃與執行校務發展評鑑	A2.1 能定期檢核校務發展計畫執行之結果。 A2.2 能根據教育品質學理,擬訂具體評鑑標準,執行校務評鑑。 A2.3 能根據專長分工,組成各種評鑑任務小組,落實校務自我評鑑。
B 行政管理	B1 能積極有效運用學校財務與設備資源	B1.1 能依校務發展計畫籌編預算,並有效執行。 B1.2 能建立主動敏捷之行政服務,提供教師充分的教學資源。 B1.3 能定期檢討設備、資源之管理與使用效能。
	B2 能建立適切行政程序,提升行政效率	B2.1 能提高教師對行政支援教學的滿意度。 B2.2 能建立各項行政程序,書面化並公告周知。 B2.3 能落實行政電腦化,並提升行政效率。 B2.4 能依據分層負責明細表,落實職務代理制度。 B2.5 能有效協調整合各處室工作,確保校務正常運作。
	B3 能健全人事制度,有效運用人力資源	B3.1 能依人事法令,建立公開遴用制度。 B3.2 能落實教職員工獎懲公開、考核透明化。 B3.3 能根據教師專長及意願安排適當職務。
	B4 能實施有效的危機處理機制	B4.1 能訂定校園危機處理程序及任務編組。 B4.2 能定期做危機處理演練,增進危機處理能力。 B4.3 能建立完善校園危機處理檔案,並落實追蹤輔導機制。

表 2-2 「國民中小學校長專業能力發展標準」摘要表（續）

領域	行為層面	行為指標
C 教學領導	C1 營造優質教學環境	C1.1 能掌握資訊科技發展，整合教學媒體，提升教學效能。 C1.2 能規劃與建置適當之無障礙學習環境。 C1.3 能更新與維護教學設備，提供完善教學資源。
	C2 領導課程發展與教學研究	C2.1 能有效發揮課程發展委員會功能，落實學校本位課程發展。 C2.2 能根據教師需求，辦理進修研習，促進教師專業成長。 C2.3 能引導教師建立教學檔案，整理教學資源。
	C3 落實教學視導與評鑑	C3.1 能訂定具體且多元的學生學習評量方案。 C3.2 能訂定具體評鑑指標，有效實施教師教學評鑑。 C3.3 能落實教學視導，提供教師教學改進意見。 C3.4 能成立教學輔導小組，輔導初任與需教學協助之教師。
D 學校公共關係	D1 建立學校與家長、社區密切關係	D1.1 能配合社區需求，開放校園空間與資源，提供社區居民活動與學習機會。 D1.2 能引導並協助家長與社區適當參與校務之運作。 D1.3 能妥善整合及運用社區資源，增進與社區之互動。
	D2 塑造學校優質形象，善用傳播媒體	D2.1 能發展學校特色，塑造學校優質形象。 D2.2 能定期發行各類刊物，建置網站，提供學校最新資訊。 D2.3 能主動邀請相關人士參與學校重要活動，並與媒體保持密切關係。
	D3 維持與社會相關機構良好互動關係	D3.1 能維持與上級機關良好互動關係。 D3.2 能主動拜訪民意代表與社區賢達，維持密切互動關係。 D3.3 能與教育文化相關機構，建立合作關係。

表 2-2　「國民中小學校長專業能力發展標準」摘要表（續）

領域	行為層面	行為指標
	D4 建構校際合作夥伴關係	D4.1 能擬訂校際間合作方案，組成策略聯盟，以促進校務運作交流。 D4.2 能定期辦理校際交流活動。 D4.3 能拓展校際間師資、教學、圖書等軟硬體設備資源分享。
E 人格特質與態度	E1 展現個人魅力，形塑領導風格	E1.1 能具備自信心、幽默等人格特質，建立個人魅力形象。 E1.2 能包容及接納他人意見，展現民主風度及親和力。 E1.3 能控制及適度的表達情緒，並具有挫折的容忍力。
	E2 運用心智思考，營造創新校園文化	E2.1 能具備反省與創新能力，進行校務運作統整思考。 E2.2 能帶領教職員工從事學習活動，以營造學習型學校。 E2.3 能凝聚親師生向心力，營造人性溫馨校園文化。
	E3 具備專業品德，建立校園倫理	E3.1 能以身作則，具有高度的道德標準，成為組織中的典範。 E3.2 能以關懷、欣賞、讚許的態度支持被領導者。 E3.3 能循民主程序凝聚共識，建構校園自律的專業倫理。
F 專業發展	F1 具備專業知能	F1.1 能具備豐富教育專業理念與人文素養。 F1.2 能隨時向教師介紹最新或重要的教育改革或理論。 F1.3 能具備行政領導與教學專業知能。
	F2 善盡專業職責	F2.1 能遵守專業倫理信條，並依法行政。 F2.2 能建立合宜規章制度。 F2.3 能提供教職員實現願景和教學目標的資源。
	F3 賡續專業成長	F3.1 能積極參與各類進修活動，研閱專業刊物，增進專業知能。 F3.2 能實施專業對話，與教師共同討論專業理念或實務。 F3.3 能不斷反省與思考，檢視及提升自我專業能力。

資料來源：依據國立教育資料館（2009）網站資料製表

三、我國重要學者的研究成果

我國關心校長學發展的教育學者頗多，其中對校長核心能力研究者有：林文律（1999）、林明地（2002）、秦夢群（2003）、陳木金（2003）、張明輝（2004），以及鄭崇趁（2006a）等人。摘述介紹其主要內容如次。

林文律（1999）運用焦點團體法，蒐集教育實務領導人（校長、主任及教育行政人員）的意見，並參考國內外對於校長職務論述文獻，歸納為 32 項「校長應具備之能力」：(1)建立學校願景的能力；(2)領導全校同仁共赴目標的能力；(3)透過教職員發展活動，塑造學校成為學習型組織的能力；(4)生涯規劃與終身學習的能力；(5)領導能力：①知人、識人、用人的能力；②具有有效激勵行政人員的工作效率與老師的教學熱忱之能力；(6)統觀全局的能力；(7)洞察入微的能力（具備高度敏銳的觀察力）；(8)通權達變的能力；(9)進行心智管理，運用高層次思考的能力；(10)營造一個富有思考文化的學校環境之能力；(11)能發揮影響力，建立一個良質的學校文化之能力；(12)教學能力（在專門學科中具有素養，具備實際參與教學的專業能力）；(13)教學領導能力（包括教學視導能力及評鑑教學的能力），能營造一個良好的教學與學習環境，設計各種可行、有效且統整性的教學及學習方案，能有效的推動，並且有評鑑教學的能力；(14)行政能力——綜理校務的能力（包括計畫、組織、執行及考核的能力）；(15)行政指導能力：①熟悉學校整體及各個部分的校務運作，能對行政團隊提供適切、有效的指導；②能組織有效的行政團隊，具備有效統合各處室分工合作的能力；③有效執行上級政策的能力；(16)熟悉各種法令規章的能力；(17)蒐集、分析、組織資訊的能力；(18)推動校務改革的能力；(19)公共關係的能力（具備與社區民眾、民意代表、上級機關有效互動的能力）；(20)人際溝通的能力；(21)解決紛爭的能力；(22)主持會議的能力；(23)有效運用時間的能力；(24)財務管理的能力（管

理學校財政，編製、監督及有效執行預算的能力）；(25)評鑑的能力；(26)處理危機的能力；(27)校園規劃與學校建築的能力（對工程與建築有基本的知識）；(28)做前瞻性決定的能力，做有效決定的能力；(29)解決問題的能力；具有隨時提供好點子的能力（能針對學校大小事，包括學校教職員個人生活上的一些事項，提供好的解決辦法）；(30)研究能力（具有發現教育問題、組織研究小組、進行行動研究，以謀求改進教育實務問題的能力）；(31)挫折容忍的能力；(32)分析、批判與反省的能力。

　　林文律先生的貢獻，在於對校長學的重視與開啟了國內「校長核心能力」研究的先河，讓後繼學者有一初步的著力點。就研究方法而言，他提供了「焦點團體法」及「紮根理論」的運作形式；就指標成果而言，他企圖將英國的「校長國家標準」之作法，引進國內並進行本土化歷程。尤其由其主辦兩次以「校長學」為主題的國際學術研討會（林文律，2000），盛況空前；他並成立第一所大學之內的「中小學校長培育與專業發展中心」，並促成「校長培育班」之開辦，對於校長學在國內的發展，用心良苦，功不可沒。

　　林明地（2002）出版了國內第一本「校長學」專書，其統整國內外學者的研究及論述，歸納中小學校長所需具備的核心關鍵（基本）的能力有八：(1)傾聽的能力；(2)重心、焦點與注意力管理的能力；(3)賦與行動意義的能力；(4)建立與成員之間彼此信任的能力；(5)自我管理的能力；(6)矛盾（吊詭）管理的能力；(7)效能管理的能力；(8)承諾的能力（頁116-117）。

　　林明地教授的《校長學》一書之副標題為「工作分析與角色研究取向」，其所揭示之八大基本能力（核心能力）配合其他之章節，貫串至「校長的工作職責」、「校長的角色功能」以及「校長的領導行為」之上，為國內校長學研究及知識基模的建立，立下了重要里程碑，我們也得以向世人誇耀，台灣已有了自己的「校長學」，教育學研究學者，莫

不與有榮焉。

秦夢群（2003）以階層分析法建構「校長評鑑指標」，認為校長的核心能力應包括 6 項第一層級能力，23 項第二層級能力，概要如表 2-3 所示。

表 2-3　階層分析法建構之校長評鑑指標

第一層級能力	第二層級能力
1. 依法行政與執行教育政策	1.1 執行上級主管教育行政機關之教育政策。 1.2 確實了解相關教育法令與其背景。
2. 課程與教學領導	2.1 支援教學。 2.2 教學環境之創設。 2.3 提升教學專業知能 2.4 促進學校課程發展。 2.5 教學評鑑之設計與進行。
3. 學校組織運作	3.1 依法行政維持學校的運作。 3.2 營造積極的學習環境。 3.3 營造和諧的學校氣氛。 3.4 提供經費資源的管理。 3.5 展現問題解決的能力。 3.6 展現組織運作的能力。 3.7 維持校內的紀律。
4. 教育專業提升與改革	4.1 發揮專業技能以扮演領導者的角色。 4.2 發動且與學校成員合作進行改革。
5. 學生事務與管理	5.1 了解學生的發展與學習需求。 5.2 適度輔導有特殊需求的學生。 5.3 關懷學生並維護其權益。
6. 溝通技巧與公共關係	6.1 建立師生的溝通管道。 6.2 建立與家長的人際關係。 6.3 建立與社會良性互動的關係。 6.4 建立與媒體和地方有力人士之公共關係。

資料來源：秦夢群（2003）

陳木金（2003）發展之「學校經營實務系統知識培訓內容向度指標」雖未明確標示為「校長核心能力」之研究，其問卷調查之問題呈現方式，即以校長處理各項校務之行為能力表現為內容，實質即等於「校長核心能力」的綜合整併。其研究成果將校長應具備的核心能力分為 5 大向度及 75 項能力指標。其主要意涵及指標規劃如表 2-4 所示。

表 2-4　「學校經營實務系統知識培訓內容向度指標」之意涵與指標

能力指標向度	意涵	指標規劃
1. 校務發展能力	校長是學校的領導者，透過校務計畫之整合計畫、未來性計畫、程序性計畫、績效性計畫等校務計畫功能的發揮，有效結合學校之人力、物力、財力和其他的資源，以達成學校目標。	1-15
2. 行政管理能力	校長是學校的領導者，透過人事管理、設備管理、財政管理等行政管理之功能的發揮，有效結合學校之人力、物力、財力和其他的資源，以達成學校目標。	16-30
3. 教學領導能力	校長是學校的領導者，透過臨床視導、發展視導、區分視導、同僚視導等教學領導之功能的發揮，有效結合學校之人力、物力、財力和其他的資源，以達成學校目標。	31-45
4. 公共關係能力	校長是學校的領導者，透過塑造學校的公眾形象、建立善意依存的基礎、統合大眾意見的功能、令人感到舒適溫馨等公共關係之功能的發揮，有效結合學校之人力、物力、財力和其他的資源，以達成學校目標。	46-60
5. 專業責任能力	校長是學校的領導者，透過運用較高層級的心態、受相當長期的專業教育、自我要求不斷進修、高度參與提高專業水準、應以服務社會為重、遵守道德規約、視教育為其終身志業等專業責任之功能的發揮，有效結合學校之人力、物力、財力和其他的資源，以達成學校目標。	61-75

資料來源：修改自陳木金、陳宏彰（2006）

張明輝（2004）從現代領導者的特質，進一步析論後現代學校校長所應具備的關鍵能力，包括下列 7 項：(1)策略管理能力；(2)執行力；(3)注意力；(4)默默領導力；(5)教育行銷力；(6)科技運用能力；(7)創新管理能力。

前述國人對於「校長核心能力」的研究，有三種取向：(1)依循學校組織功能設定校長能力指標（如：國立教育資料館、秦夢群、陳木金）；(2)依據校長個人角色功能設定核心能力（如：林明地、張明輝）；(3)採綜合取向，僅列出重要核心能力名稱（如：林文律）。上述觀點各有其立論基礎，然參照英國的「校長國家標準」之分類與指標內涵，確有理念上的整合以及深耕「核心能力」本質與表現形態之必要。

鄭崇趁（2006a）配合校長培育班課程規劃之需要，發表「從後現代社會看校長核心能力的成因與發展趨勢」，以社會系統理論分析校長的核心能力來自「角色任務與功能」、「辦學理念與實踐」、「社會變遷與需求」、「績效責任與品質」，以及「教育革新與發展」等五大因素，並歸納分析當代的中小學校長，應具備八大核心能力：「教育專業的能力」、「愛人助人的能力」、「統整判斷的能力」、「計畫管理的能力」、「實踐篤行的能力」、「溝通協調的能力」、「應變危機的能力」，以及「研究發展的能力」。其中前兩個能力是一般教育人員（教師）共通的核心能力，後六者則是因學校領導人角色需求而產生的進階核心能力。

筆者關切校長核心能力研究之發展，為了符應「名稱普及化」及「宣導精要化」訴求，將校長八大核心能力進一步整併為教育領導人的四大關鍵力：「專業力」、「整合力」、「執行力」，以及「創發力」。專業力包括教育專業的能力以及愛人助人的能力；整合力包括統整判斷的能力以及計畫管理的能力；執行力包括實踐篤行的能力以及溝通協調的能力；創發力包括應變危機的能力以及研究發展的能力。其結構如圖 2-2 所示。

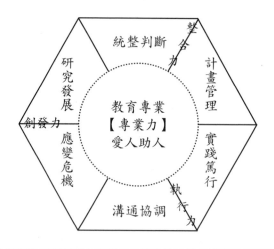

統整判斷　整合力　計畫管理

研究發展　創發力　教育專業【專業力】愛人助人　實踐篤行

應變危機　執行力　溝通協調

圖 2-2　教育領導人（校長）的關鍵力及核心能力圖示

　　筆者再依據 2006 年發表的核心能力及其內涵指標，多次與校長培育班、校長博士學分班，以及教育政策與管理研究所博士班學生討論，發展校長八大核心能力的內涵指標如次：

1.教育專業的能力

　1.1 具有完整的教育哲學觀。

　1.2 有能力運用自己的教育理念整合教育目標與學校願景。

　1.3 能夠領導學校本位課程發展。

　1.4 能夠領導教師班級經營，提升教學水準。

　1.5 了解學校教師專長及學生身心發展。

　1.6 熟悉心理學、社會學、生物學、行政學及管理學理論在教育學上的應用。

　1.7 具有表達教育理念的能力，能有效結合學校教育理念與實務。

2.愛人助人的能力

　2.1 熟悉偉大教育家的精神與貢獻。

　2.2 具備豐厚的輔導知能，能夠使用諮商初階技術與態度。

2.3 喜愛教育的對象——學生。

2.4 關懷鼓舞教育的工程師——教師。

2.5 願意協助弱勢族群學生。

2.6 示範參與認輔制度及輔導網絡之運作。

2.7 了解師生次級文化並能引導正向發展。

3. 統整判斷的能力

3.1 能有效主持會議，可在短時間內做正確決議。

3.2 討論事物能面面俱到且掌握關鍵。

3.3 能夠有效折衝重大紛歧意見。

3.4 具有資源整合能力，讓教師、家長、社區資源、社會資源及公私立機構對學校（學生）做最大的貢獻。

3.5 具有貫串教育政策、地方教育重點措施、個人辦學理念以及學校要務之統合能力。

3.6 能夠掌握社會脈動及文化意識潮流，引導學校做最大價值導向的發展。

3.7 能夠依據各種評鑑結果，持續反省思考，回饋改善。

4. 計畫管理的能力

4.1 具有策訂系統結構主題式教育計畫能力。

4.2 具有策訂系統結構中長程校務發展計畫能力。

4.3 所定校務計畫能有效整合教育政策、個人辦學理念及學校需要，且落實到師生教學核心工作。

4.4 能夠有效執行學校計畫，統合師生活動，呈現具有教育價值而不重複之工作系列。

4.5 能夠透過校務計畫的帶動，謀取豐沛社會資源，長期挹注校務發展。

4.6 能夠檢核學校中長程計畫與年度重點工作之銜接，系統思考整體資源的計畫運用。

4.7 能夠進行優質計畫之知識管理，累積學校師生智慧，運用計畫管理帶給學校價值最大化。

5. 實踐篤行的能力

5.1 能夠主導策訂校務計畫及重要主題式教育計畫之完成。

5.2 能夠主導完成學校本位課程之設計與領域教學之實施。

5.3 具有專門學科（或領域）優異教學技術，能夠示範教學觀摩，帶動教學改善。

5.4 能夠主持大型教育活動設計，並示範帶動處室間交互支援完成任務。

5.5 能夠帶動即時完成各項重點行政事務。

5.6 能夠帶頭關懷弱勢、認輔學生及運作輔導支持系統。

5.7 能夠及時解決衍生問題，帶領同仁突破瓶頸，發展持續成長作為。

6. 溝通協調的能力

6.1 具有清楚表達意見，說明教育原理與校務發展的能力。

6.2 善解人意，能夠準確解讀不同意見與立場。

6.3 善於為不同意見找到共同原則。

6.4 校務決策能促進多元參與，並尊重各方意見。

6.5 能夠掌握關鍵時機與核心人物討論校務。

6.6 執行走動式領導，充分了解校內民意。

6.7 能夠營造有利於溝通協調的物理環境與校園氣氛。

7. 應變危機的能力

7.1 成立學校危機處理小組，並能帶動定期演練。

7.2 重要校務工作均有配套備案，包含危機配套。

7.3 定期執行公共安全檢查，維護物理環境安全。

7.4 具有即時處理重大教育（競賽）活動爭議的能力，維護執行公平正義的教育活動。

7.5 具有豐富應變危機知能，能在最短時間內處理危機事件，使學校迅速恢復常態教育功能。

7.6 能夠有效處理學校申訴案件，保障師生權益。

7.7 能夠督責行政單位，繪製校園危險地圖，公告宣導師生周知。

8.研究發展的能力

8.1 有能力進行教育行動研究。

8.2 具有碩士以上學位。

8.3 能夠持續參與在職進修，平均每年至少 36 小時（2 學分）以上。

8.4 能夠每兩年至少發表學術研究論文、研討會論文或行動研究論文一篇以上。

8.5 能夠帶動幹部及教師組成各類行動團隊，每兩年至少完成一案行動研究，持續改進行政管理、課程教學及學生輔導。

8.6 能夠結合時代脈動，創發「全球在地化」的教育方案，擴展師生國際視野。

8.7 能夠規劃師生未來教育圖像，並反應在中長期校務發展計畫中。

以上四大關鍵力（專業力、整合力、執行力、創發力）、八大核心能力，以及其內涵的 56 個能力指標設計，係立基於以校長個人為主軸的「經營校務核心能力」整合分析，至於「學校組織功能」層面的指標需求，則融入八大核心能力內的能力指標等來考量；整體而言，較接近英國的「校長國家標準」之呈現方式，也企圖為國內學者專家的研究成果作一「系統結構」的統整，期能作為「校長培育班」及「校長博士學分班」課程規劃的參照基礎，並提供將來發展「校長專業證照」及「校長評鑑」的初步參照標準。

♥ 參、教育領導理論

校長的核心角色在「領導同仁，經營學校」，校長如何領導學校同仁共同為教育努力，必須依賴領導理論的原理原則；是以校長學的研究，在人的本質探究上，除了校長之核心能力之外，即為教育領域有關的領導理論。教育領導理論有兩種分類方法：一則依循教育行政學或教育管理學對領導理論發展的論述；另一則為依循校長在學校中的主要職能為分析基礎。兩種分類法各有優點，前者較易「完整」，後者對校長本身而言較為「聚焦」。

國內學者在教育行政學上論述領導理論之發展者，主要有黃昆輝（1986）、羅虞村（1986）、謝文全（2004）、秦夢群（2000）、黃三吉（2009）等人，領導理論的發展脈絡大致如次。

領導理論分為三個時期：1930 年以前為特質論研究時期；1930～1960年為行為論研究時期；1960 年以後為情境論研究時期。在特質論研究時期中，Stogdill（1974）曾探討 1904～1947 年所完成的有關領導人特質的研究，將領導人的特性歸納為五大類：能力（ability）、成就（achievement）、責任（responsibility）、參與（participation），以及地位（status）（引自謝文全，2004）。

在行為論研究時期，以美國俄亥俄州立大學發展的「領導者行為描述問卷」（Leader Behavior Description Questionnaire, LBDQ）為經典代表，其將領導者的領導行為分為兩大類：「關懷行為」（consideration behavior）以及「倡導行為」（initiation of structure）。關懷行為指重視部屬工作、滿意度、人際關係、雙向溝通及心理需求面向；倡導行為則較關切組織及個人的工作績效、目標的達成，以及效能效率的追求。強調「高倡導、高關懷」是領導行為的最高藝術，然在教育領域，學校情境中僅有少數領導人能夠做到。

情境論研究時期的領導理論頗為精彩，內容分為「單層面領導行為」

（如：將領導分為獨裁式、放任式及民主式三種單一領導行為型態）、「雙層面領導行為」〔如：Fiedler 將領導行為分為工作導向（task-oriented）及關係導向（human-relation oriented）兩層面行為同時存在〕，以及「三層面領導行為」（如：Reddin 在工作導向及關係導向之外，再加上效能導向，成為三層面同時存在；Hersey 和 Blanchard 在工作導向及關係導向之外，再加上部屬的成熟度，也成為三層面同時存在的領導行為）。情境領導理論的核心論點，強調高明的領導人會以情境的最需要與最大價值採行不同的領導方式，例如：民主式或放任式；關係導向30%，工作導向 70%；三層面的不同比重等。進行「順應情境→掌握情境→發展情境→創新情境」的不同階段採取不一樣的領導行為，其中Fiedler 的權變領導及 Burns 的轉型領導最為著名。

林明地（2002）認為，校長領導應從「課程領導」、「教學領導」、「德性領導」以及「變革領導」探討其理論意涵與實施策略。「課程領導」特別強調，校長的最重要領導責任在完成「學校本位課程」的建構與運作。因此，「本位管理」、「課程統整」、「資源整合」、「策略聯盟」、「學習型組織理論」、「教導型組織理論」、「課程設計模式」等均係配合發展學校本位課程領導時，校長應同時具備的理念或理論。

「教學領導」則強調「定義教學任務」、「管理教學方案」、「助長積極的學習氣氛」等三種角色任務，因此，與「教學原理」及「督導領導」之間的理論或理念仍應熟悉，諸如：「教學八大原則」、「學習三律」、「動機理論」、「教學法」、「團體動力學」、「行動團隊與行動研究」、「同儕視導」、「多元評量與形成性評量」、「班群教學與協同教學」等。

「德性領導」則從「校長領導的倫理學」考量，有德性的校長所呈現的學校領導，成為一種「關懷的專業」、有一「完整的激勵力量」、是一種「服務領導」、「道德領導」以及「均衡的領導」（林明地，2002：197-207）。是以，領導倫理有關的「權利與影響力理論」、「激

勵溝通理論」、「專業倫理信條或準則」、「教育政治學」、「德育原理」、「人格心理學」、「社會教育學」等基本理念或理論，身為校長者仍應具備，並且能夠實踐為具體行為表現。

「變革領導」則強調以「變革的整全系統觀」來論述校長領導，主張學校變革是一種動態的、統整的，應同時考量個體（教師）、整體學校結構、教與學的工作流程、政治與行政脈絡、廣泛的學校氣氛與文化，以及這些層面的彼此互動（林明地，2002：226；Sergiovanni, 2001）。因此，身為校長者亦應熟悉「組織變革模式」、「計畫性變革」、「非計畫性變革」、「轉型學校領導」（transformational school leadership）、「領導密度」（leadership density），以及「領導效能感」（leadership efficacy）等理論或理念，以有效領導學校接軌時代脈絡，適時變革發展。

筆者觀察教育領導理論的發展以及當代校長領導行為的需求，漸有朝「主題式領導行為」發展趨勢；除了林明地教授所主張的「課程領導」、「教學領導」、「道德領導」以及「變革領導」之外，尚有「願景領導」、「知識領導」、「價值領導」、「創意領導」、「延續領導」等。至於傳統與新興的領導理論，以「倡導與關懷」、「權變領導」、「轉型領導」以及「服務領導」應用最廣。

肆、校長的角色職責

林明地（2002）認為，探討校長扮演的角色應從「專業」與「個人」兩個層面的交互作用出發，主張當代中小學校長應扮演五種主要角色，包括：(1)教育者（educator）；(2)行政管理者（administrative manager）；(3)文化領導者（cultural leader）；(4)專業社群的一分子（a member of the professional community）；(5)個人自己（inner person）。並逐一申論五種角色的意涵、功能，與應然的行為表現，得為校長學中「角色職責」變項的研究與論述文參照系統，具有高度的貢獻與價值。

筆者從「教育理論」與「學校實務」兩個面向觀察校長的角色職責，主張當代的中小學校長應扮演6種角色：(1)教育理論的實踐家；(2)行政效能的經理人；(3)課程教學的規劃師；(4)輔導學生的示範者；(5)資源統整的工程師；(6)教育風格的領航人。概要論述如次。

一、教育理論的實踐家

　　學校教育的實施，就是教育理論在學校中的實踐，優質而卓越的學校，可以看到其校務經營充滿著理論的註解，而校長的首要角色任務就是扮演教育理論的實踐家。校長本身，對於「人的教育」要有自己的哲學觀，要有「整套的看法」，對於建構教育學的基礎理論學門，例如：心理學、哲學、社會學、生物學、行政學等要有廣泛而深入的心得，尤其能夠建構自己的「教育經營學」，運用教育組織發展理論，在學校的「計畫→組織→領導→溝通→評鑑」歷程上實踐。能夠用教育理論領導同仁辦學，能夠用理論解讀教育政策與重要措施，能夠闡述學校經營的教育核心價值，能夠運用理論解決衍生的教育問題，校長就是學校中教育理論與實務結合得最經典的人。

二、行政效能的經理人

　　行政是學校運作的核心，現代的學校經營講究效能與效率。效能指學校教育的總產能，表現在學生的整體學習成就或所謂的「學校教育競爭力」之上；效率則是指參與經營者個人的工作產能及其滿意度，泛指學校發展中的個殊性文化，可以從教師個別的心態、工作投入與績效價值觀察，也可以從學生學習歷程中是否「快樂學習、滿意成果」觀察。具有效能且有效率的學校，才稱得上優質而卓越的學校，而通常探討「學校效能」之研究，會將「效能」採廣義的界說：「效能包括效率」。

　　校長是學校行政的領導者，第二個角色任務即扮演行政效能的經理人。校長必須要會任用主要幹部，使之才俊得所、人盡其才；校長必須

具有「整合力」，有效帶動幹部「統整判斷」學校事務，「計畫管理」校務運作；校長必須具有「執行力」，有效激勵同仁「實踐篤行」課程教學與教育活動，「溝通協調」匯聚能量，邁向學校願景與目標。校長是行政效能的經理人，是實際帶領行政運作，促進學校產生高效能與高效率的經理人。

三、課程教學的規劃師

學校教育的核心技術在「課程與教學」，教育的實際內涵即課程與教學。校長是學校中的首席教師，當前的中小學教育實施「九年一貫課程綱要」，學校必須推動「學校本位課程」，實施「領域教學」，開發「主題教學方案」。因此，校長勢須扮演「課程教學的規劃師」之角色，帶動學校同仁共同完成這些任務。

「課程教學的規劃師」，就課程而言，校長須統整考量「九年一貫課程綱要」的規範、學校教師之專長、學生之背景與程度、社區資源、學校之願景與教育目標，帶領同仁發展學校本位總體課程、領域課程配置，以及領域個殊主題教學方案，以形成學校特色課程，並成立多元社團，激發學生優勢潛能，培育學生藝能及運動專長。就教學而言，校長須精進自己專長領域之教學方法，參與學校領域之教學行動團隊與行動研究，必要時率先示範教學觀摩，鼓勵教師同仁，提升學校領域教學績效，帶好每一位學生。

四、輔導學生的示範者

當前的台灣社會，後現代的現象已十分明顯，在學校教育中，價值多元的需求愈趨強烈，受教學生中適應困難、行為偏差，或者陷入弱勢族群者比率增加，學校必須建置關懷輔導機制及補救教學系統，以有效安頓照護這些學生，教育始能發揮正常積極功能。因此，校長的第四個角色即應扮演「輔導學生的示範者」之角色，示範認輔學生，建立學校

輔導網絡支持系統，提供學生生活輔助、學習輔助以及適應輔助，帶動演練網絡運作與危機處理，發揮「輔導的教育功能」，激勵全體教師以：「傳承教育愛」→「篤行關照能」→「布建支持網」→「提升競爭力」，來共同厚築台灣教育的四大根基。

五、資源統整的工程師

當前的學校教育，單憑政府核給學校的教育預算，以及現有的師資職工人力，能夠把學校辦好，帶好每一位學生，著實不易。教育行政單位，已積極鼓勵學校校長及幹部爭取社區及社會資源共同經營學校，大部分縣市的校務評鑑，均列有「資源整合」大項；部分縣市推動優質（卓越、典範）學校之選拔，亦均設有「資源整合」或「資源統整」項目，作為學校努力及申請認證之指標。是以，中小學校長亦應扮演「資源統整的工程師」之角色，積極為學校爭取教育資源，並有效統整為學校進行最大價值的整合運用。

鄭崇趁（2009b）發表〈學校如何有效統整教育資源及關懷弱勢族群學生〉一文，提出學校校長爭取教育資源的方法有六：(1)家長志工法；(2)競爭計畫法；(3)策略聯盟法；(4)承擔任務法；(5)創新特色法；(6)價值行銷法。至於校長統整教育資源的要領，亦有：(1)布建支持網絡系統；(2)發展學校主題特色；(3)強化環境教育功能；(4)推動多元學習社團；(5)開發領域教學方案；(6)彰顯學生學習成果。他主張資源統整是校長創新經營學校的重要任務之一，其統整之順序，應由「輔助弱勢」→「潛在課程」→「半正式課程」→「正式課程」發展，並落實在學生學習的本質之上。

六、教育風格的領航人

教育界的標竿人物就是校長，校長的為人處事風格就是教育風格，我國教育風格如何發展，端賴中小學校長們如何扮演領航者的角色，尤

其是具有博士學位的校長們，既是高階知識份子，又是標竿職務身分，反映出實質「教育風格的領航人」角色任務。最近台灣推動「有品運動」，敦請馬英九總統代言，馬總統說「做人有品德，做事有品質，生活有品味」，至為高明，效果十足。而「有品運動」在學校中的最佳代言人，應就是校長。

教育風格搭乘「有品運動」列車的意涵，可以概指「師生品德教育」、「教與學的績效品質」，以及「教育學習生活的品味（風格）」，校長扮演「領航人」的角色，宜掌握「推動順序」與「關鍵內涵」，也就是應首重品德，並由「好習慣」帶動「服務心」做起；次求品質，重視「高績效」充滿「價值感」；自成品味，由全人格教育的「致中和」漸成「有格調」。

❧ 伍、校長的培育課程

前述「校長的核心能力」以及「校長的角色職責」，均在探討優質校長應具備的條件素養與應然的行為表現，這些校長的素養與能力不會天生而來、自然表現，需要政府有計畫地培育，逐步養成，甚至為中小學校長建立一個可「終身學習」的機制，以確保擔任校長期間，有優質而高效能的行為表現；是以本文接續論述此一機制的兩大主題：「校長培育課程」與「校長專業證照制度」。校長培育課程必須參照「校長核心能力」的需求，以及其在學校中「角色任務」的實務，交互為用，統整設計；校長專業證照制度則規範取得校長認證的歷程條件，規範取證換證學習考評機制，是帶動校長終身學習，結合時代脈動的不二法門。

我國目前的中小學校長遴用，停留在「甄選→儲訓→遴選任用」階段，尚未形成正規的「培育制度」，亦即多數的縣市，都依據「校長甄選儲訓任用辦法」之規定，由資深主任甄選（考選）後，參加8週的「國家課程」儲訓，評核及格，即具備「候用校長」資格，待機參加校長遴

選，即可成為學校正式校長。2000 年前後，台北市曾委託國立台北師範學院及台北市立師範學院成立國內第一個「中小學校長培育與專業發展中心」，辦理「中小學校長培育班」，提供校長培育 24 學分課程；2001至 2006 年間，台北縣及宜蘭縣共同委託國立台北師範學院「校長中心」，執行「校長培育班」24 學分課程，取代原有的「8 週儲訓」，唯於 2007年起又恢復「8 週儲訓」。而台北市、桃園縣、苗栗縣近年辦理的「校長培育班」，調整為「培育後酌加進修積分」，鼓勵有志參加校長考試者「預先投資參加培育」，並非固定的培育機制。

先進國家的校長培育機制與課程並不一致，而以英國、美國及新加坡的作法較為具體，值得參照學習者，簡要摘介如次。

● 一、英國的校長培育課程

英國教育與技能部在 2001 年耗資 2 億 8 千萬英鎊在英國諾丁翰大學（University of Nottingham）成立「國家學校領導學院」（National College for School Leadership, NCSL）總部，成為專門培育校長的學校。NCSL 主要工作在執行教育與技能部對於校長培育的三項方案：(1)「校長專業資格檢定」（National Professional Qualification for Headship, NPQH），提供有意擔任校長者的培育訓練與資格檢定；(2)「初任校長導入方案」（Headteacher Induction Programme, HIP），提供初任校長者前 3 年的入門輔導訓練課程；(3)「校長領導與管理訓練課程」（Leadership Programme for Serving Headteacher, LPSH），提供給具有 3 年以上職務經驗的現職校長，進行進階的領導實務學習與反思，並給予深度的回饋與診斷分析（秦夢群，2007）。

英國「國家學校領導學院」（NCSL）針對「校長專業資格檢定」（NPQH）發展了四個學習模組，包括「學校之策略目標及發展」、「教學及學習的策略領導」、「與利害關係人共事之策略」，以及「策略性人力資源管理」。各模組均有四個單元課程，其課程內容綱要如表 2-6 所

示。NPQH 的培育歷程分三個路徑：第一個路徑提供給沒有教育領導經驗的培育校長（時程為 15 個月）；第二個路徑提供給已有教育領導深度及廣度經驗的學員（仍為全程的 15 個月）；第三個路徑提供給學校各方面領導已有十足經驗的學員（無須訓練，全程約 6 個月）。

表 2-6　NPQH 學習模組之課程綱要

模組 1：學校之策略目標及發展	
單元 1	發展具策略性的教育願景
單元 2	獲致成員對願景的承諾
單元 3	願景之執行
單元 4	學校改進的績效責任
模組 2：教學及學習的策略領導	
單元 1	了解優質教學及有效學習的特徵
單元 2	達成優質教學及有效學習之方法
單元 3	滿足學生的需求
單元 4	學校自我評估
模組 3：與利害關係人共事之策略	
單元 1	與利害關係人之共事
單元 2	領導與管理團隊
單元 3	合作及協同一致
單元 4	專業成長之賡續
模組 4：策略性人力資源管理	
單元 1	財務管理、監督及績效
單元 2	管理資源、人員及設備
單元 3	招募、遴選及導入
單元 4	健康、福利與安全性

資料來源：秦夢群（2007：5）；NCSL（2007）

英國的蘇格蘭發展之「校長認證制度」（SQHP）的課程設計頗具特色，其主要目的在幫助每位候用校長進行學習、成長與發展。其包括 4

個課程單元內容：「理解標準」（約 150 小時）、「管理運作」（約 450 小時）、「改善學校管理」（約 300 小時），以及「學校領導」（約 40 小時）。其主要課程內容摘要如表 2-7 所示。

表 2-7　蘇格蘭發展的「校長認證制度」（SQHP）課程綱要

	課程單元一：理解標準	課程單元二：管理運作	課程單元三：改善學校管理	課程單元四：學校領導
課程目標	了解蘇格蘭校長標準之意涵	學習和教學之管理	政策、計畫、資源和財政之管理	展現學習成果：比較、思考與實務課程
課程內容	專業價值	評估、監控學習與教學品質	社區合作	比較計畫研究與調查的技能
	管理功能	與教室實務相關之關鍵議題	學校計畫	不同層級管理之革新
	專業能力	學校課程	定義需求與優先順序	組織文化、微觀政治、權力與期望
	自我評估	分析、使用課程資訊	分析能力與潛力	公共管理模式之新形式與責任
	回顧	革新計畫	估計成本、資源發展與控制預算	有效能學校領導者之意義：學校不同的目的—領導者不同的模式
	提高成就感	家長和學習	問題解決與決策	團隊、動機與表現管理
	變革管理	建立和發展團隊	評估效能與效率	最終評估的準備
	方案計畫	溝通效能		
		品質保證		
		持續專業發展		

資料來源：秦夢群（2007：7）

二、美國的校長培育課程

美國的校長培育課程以哈佛大學校長中心所實施的課程為經典代表，在哈佛大學校長證照課程中，所有學員都必須參加一門核心課程及三門必修課程，並推薦參加部分選修課程。核心課程為「學校領導」；三門必修課程為：「非營利組織的財務和資源管理」、「校長實習」以及「學校與法律」。其主要內涵概述如次（秦夢群，2007；Harvard Graduate School of Education, 2007）：

1.學校領導：以研討會形式進行，課程中將以各種觀點探討領導的相關議題，評量方式係以書面作業和課堂表現為主。其目的在增進領導的知識與技能，促進教學與學習，以實現高品質的教育環境。

2.非營利組織的財務和資源管理：本課程將非營利組織的財務管理進行全面介紹，包括：財務會計、財務報表的編製和解釋、財務分析和成本核算、預算管理、成本控制，以及裁員規劃等。課程進行方式包括：講座、案例分析、討論、練習和課外閱讀。評量方式包括：案例分析、書面作業、課堂參與及期中考試。

3.學校與法律：本課程針對學校可能出現的法律問題作探討，主要目標有三：(1)提供校長有效解決法律問題的知識和技能；(2)追求以法律途徑解決教育問題的創新作為；(3)促使校長關心法律問題並具備法律常識。議題包括教育機會均等、性別歧視、校園暴力及學生的表達自由等。

4.校長實習：本課程為實習校長安排視導，每位實習校長每週要有2天與現任校長一起在校工作，以了解校長之職責。學員至少要完成400小時以上的實習，並且必須貫穿全年。

至於選修課程，哈佛大學校長中心亦開設「學校改革——課程與教學領導」、「融合教育的實施」、「了解今日美國教育測驗」、「支持教師改善教學」，以及「利用學生成就評量資料以改進教學」等課程，積極鼓勵學員選讀，以充實校長所應具備的領導知能。

三、新加坡的校長培育課程

新加坡的校長培育課程，以新加坡國立教育學院（National Institute of Education, NIE）發展的「教育領導課程」（Leaders in Education Programme, LEP）最為著名，已引起東南亞國家相繼引介觀摩。「教育領導課程」（LEP）從新加坡傳統的「教育行政文憑」（Diploma in Educational Administration, DEA）發展而來。傳統的「教育行政文憑」強調師傅校長能針對不同教育情境轉化領導模式之應用，「教育領導課程」之規劃則愈強調「行動學習」（action learning）及「社會建構」（social construction）之過程，促使實習校長發展足以自我轉化未來學校創新知識之專業知能。其主要內涵概述如次（李冠嫻，2007；秦夢群，2007；NIE, 2001, 2005）：

1.校長與教育行政人員共同培育：LEP 參與之對象除了學校校長之外，尚包括教育行政與校長職等相當人員，甚至學者專家而對校長領導課程有興趣者亦得參加。參與者必須具備碩士學位或同等學歷，以及一年以上之教育實務經驗。完成全程課程（半年）者可授與國際性的教育領導證照。

2.規劃「行動學習」四大途徑課程：LEP 強調直接參與教育現場之親身經歷，因此規劃四種促使校長增長知能之行動學習途徑，包括：「學校參訪」、「學校實習」、「互動討論會議」，以及「教室中的知識」等。期望參與者由行動學習，培養發現與解決問題的能力，並進一步增進專業發展。

3.配合「社會建構」的背景脈絡規劃課程：社會建構論學者主張，專業知識必須透過與他人互動，不斷磋商、和解支持而得以轉化、深化，進而創造。因此，LEP 重視學習場所背景脈絡之影響，認為校長培育應在真實情境中實施，且給予實習校長實際參與方案規劃之機會。

4.推動「學習社群」式的共同學習課程：在課程實施方法上，每六、

七個參與者均被分類成學習團體的模式（類似學習社群），藉由國立教育學院（NIE）所聘請之團隊導師與專家，協助其知能之成長。每位參與者被要求提出一份對自己實習的學校具體革新計畫，推動符合學校價值期待之創新方案，並具有長期性及一定的深度及廣度。

5.多元化的課程實施方式：LEP 的課程實施方式多元化，除了前述「學習團隊」於學校真實情境中具體實踐行動學習之旨趣，達成社會建構之思維外，尚有參與研討會、e化學習、師傅校長教導、講演、團體會議、特殊事件個案研究、海外教育機構參訪、企業實習等方式。LEP 期待參與培育課程方案之實習校長與教育專業人員，均能因應多元、變革與競爭之教育情境，達成課程培育目標，成為「明日世界」教育風格的領航人。

綜合英國、美國及新加坡的校長培育課程，我們可以得到以下 7 點國際發展趨勢：

1.由政府投資優質大學，設立大學內的校長中心，負責研發並執行校長培育課程。

2.校長培育課程的依據以校長應具備的核心能力為基礎，尤其是英國的「校長國家標準」（NPQH）所提供的參照基礎最具特色。

3.校長培育課程執行期程至少應半年以上，也有長達一年以上者。

4.校長培育課程多採模組設計，唯模組建構之依據，除了前述之「核心能力」之外，尚難發現具體的「理論論述」。

5.新加坡的「行動學習」與「社會建構」為課程實施方式開闢嶄新途徑。

6.運用「師傅校長」來督導「實習校長」，並完成具體的「學校革新發展計畫」，也成為校長培育的重點課程之一。

7.校長培育課程之後，給予校長專業認證，讓「培育課程」具有規範性的價值功能成為共同趨勢。

我國的校長培育課程，以國家教育研究院籌備處 8 週的儲訓課程、

國立台北教育大學校長培育班 24 學分課程（1 學分制），以及台北市立教育大學校長培育班的 24 學分課程（2 學分制）最為具體，概要摘介如次。

一、國家教育研究院籌備處國民中小學校長儲訓班課程概要

1.儲訓時程：研習期間為 8 週（住宿研習）。

2.課程內容：主要包含 7 類，分別為：(1)博雅素養；(2)國民教育政策；(3)教育專業知能；(4)行政管理理論與實務；(5)校務行政理論與實務；(6)休閒活動；(7)綜合活動。

3.課程教學規劃：課程中專題講座約占 20%，團體活動與週會約占 10%，其餘均為分組研習課程，主要有：行政領導、訓導設施、研究輔導、總務處理、學校與社區發展，以及課程教材教法研究。

4.研習分為三種方式：(1)集體講述：包括精神教育及教育專題講述；(2)分組研討：以聽、看、說、做、想為基本研習過程，利用介紹、討論、參觀、批評、檢討等方式，認識國民教育的內容與方法；(3)團體活動：包括早操、訓詞研讀、學藝活動、康樂活動，以及整潔活動。

二、台北市立教育大學校長培育班課程

1.培育時間：一學年。

2.課程設計：共計 24 學分，其中必修 12 學分，選修 12 學分，實習課程 2 學分另計。整體課表如表 2-8 所示。

3.實習課程：寒假起進行 4 週密集實習課程，下學期起每位教授指導 2 名學員，並聘請接受實習學校校長為師傅校長共同指導。

表 2-8 台北市立教育大學校長培育班課程課表

課程	學分	科目名稱	科目數
一、必修科目與學分數	12學分	1.校務計畫與評鑑（2） 2.策略管理理論與實務（2） 3.課程與教學領導（2） 4.組織衝突與危機管理（2） 5.資訊系統與科技管理（2） 6.行動研究方法與成果發表（2） 7.臨床實習（2）	必修六門課
二、選修科目與學分數	12學分	1.教育政策與分析專題（1～2） 2.學校本位管理實務專題（1～2） 3.人力資源管理專題（1～2） 4.學校效能與品質管理專題（1～2） 5.學校組織行為專題（1～2） 6.教育行政管理哲學專題（1～2） 7.教育領導與決策專題（1～2） 8.校務行政自動化系統規劃專題（1～2） 9.學校建築規劃與品質監控專題（1～2） 10.學校預算編制與執行專題（1～2） 11.學校總務與採購專題（1～2） 12.教育法律實務專題（1～2） 13.課程與教學發展實務專題（1～2） 14.教學視導專題（1～2） 15.多元智能教學評量專題（1～2） 16.課程與教學評鑑專題（1～2） 17.人際關係與溝通專題（1～2） 18.學校公共關係專題（1～2） 19.教育倫理專題（1～2） 20.管理心理學專題（1～2） 21.社會心理學專題（1～2） 22.其他	選修六門課

資料來源：依據台北市立教育大學（2009）網站資料製表

三、國立台北教育大學校長培育班課程

1.培育時間：10 個月至一學年。

2.課程設計：共計 24 學分，其中學科課程 20 學分，實習課程 4 學分，學科課程均採 1 學分課程設計，全部必修。整體課表如表 2-9 所示。

3.實習課程：包括分組到學校實習（由教授與師傅校長共同指導），以及期末的環島教育參訪（一週，至少參訪四所優質學校）。學員實習報告由教授及師傅校長共同評定成績。

表 2-9　國立台北教育大學校長培育班課程課表

行政領導哲學	Philosophy of Administrative Leadership
學校經營理念與實務	School Administrative Ideas and Practice
教育政策與教育改革	Educational Policy and Educational Reform
教育計畫專題	Topics in Educational Planning
校長專業倫理與品格教育	Ethnics for School Leaders and Character Education
企業管理理論與實務	Business Administration Theory and Practice
課程領導專題	Topics in Curriculum Leadership
教學領導專題	Topics in Instructional Leadership
行動研究專題	Topics in Action Research
教育法規專題	Topics in Rules and Regulations in Education
校園危機管理	School Campus Crisis Management
創意領導	Creative Leadership
學校行銷與公共關係	School Marketing and Public Relations
學校建築與校園規劃	School Construction and School Plant Planning
知識管理專題研究	Studies in Knowledge Management
校務評鑑專題	School Evaluation
校長學專題	Principalship
人際關係與溝通	Interpersonal Relation and Communication
科技領導專題	Technology Leadership
會議主持技巧	Leading Meetings
校長領導臨校實習（一）	Principal Leadership and School Site Internship I
校長領導臨校實習（二）	Principal Leadership and School Site Internship II

資料來源：國立台北教育大學教育政策與管理研究所（2006：12）

綜觀我國校長培育班的課程與實施方式，雖在形式上已趕上了先進國家的世界潮流趨勢，然就實質運作及整體培育機制而言，尚有諸多努力空間。就筆者主持培育班班務多年經驗，我國的校長培育課程及實施方式，可再朝下列方向調整：

1.由教育行政單位，邀集設有校長培育中心之大學，推派主事教授共同討論商議，訂定「中小學校長國家標準」、「校長核心能力」以及依據核心能力為基礎的「培育課程」。

2.研究發展培育課程的「教學主題」，表列其與「國家標準核心能力」的結合，確保課程內容的價值性。

3.倡導行動學習，明確規範參與校長培育課程學員之學科作業、實習報告、學校革新發展計畫、危機個案處理報告、生涯願景發展計畫等，實施產出型培育。

4.聘請師傅校長，提供臨校實習場域並共同督導教授學員，以有效結合理論及實務。

5.定期實施校長培育課程評鑑，適時調整授課主題與課程名稱，確保課程教學對學員產生價值最大化。

6.課程實施多元化、科技化以及國際化，結合時代脈絡，培育優質有智慧的中小學校長。

7.完成培育課程之校長，經檢核通過應授予專業校長證照，提供其參與校長遴選時的重要參照指標。

❤ 陸、校長的專業證照

校長學研究的最後一個變項是「校長的專業證照」，唯有實施專業認證，前述的「校長培育課程」以及「校長的核心能力」才具有規範價值，「教育領導理論」以及「校長的角色職責」也才得以收到「理論結合實務」之功能。在英國、美國及新加坡，其校長學研究所以受到國際

矚目，也在於其「校長培育課程」及「專業認證機制」的縝密結合。

　　實施校長專業認證，需要探討認證機構、認證標準、認證歷程、證照有效期程、換證及停止證照規範等事項。鄭崇趁（2006d）為積極推動「中小學校長培育制度」，曾為台北縣及宜蘭縣策訂「中小學校長專業證照及專業發展實施辦法」，其主要內容概如表2-10所示（以台北縣為例）。

表2-10　台北縣中小學校長專業證照及專業發展實施辦法（草案）

台北縣中小學校長專業證照及專業發展實施辦法（草案）

第 1 條　台北縣政府為強化校長專業能力，提高校長專業素養，建立校長專業形象，以提升教育品質，訂定中小學校長專業證照及專業發展實施辦法（以下簡稱本辦法）。

第 2 條　台北縣政府（以下簡稱本縣）為中小學校長專業培育證照頒授主管機關。

第 3 條　本縣教育局應成立中小學校長專業證照頒授委員會，負責處理校長專業證照申請、審查、頒授、換照、撤銷及其他相關事宜。

第 4 條　凡具有下列各項資格之一者，得授頒本縣中小學校長專業證照：

　　1. 經過本縣候用校長公開甄試錄取，並修習碩士層級校長專業培育課程二十學分以上成績合格，獲聘為校長，連續二年考績甲等者。

　　2. 持有校長專業發展學程碩士學位以上，獲聘為校長，連續兩年考績甲等者。

　　3. 現任或曾任校長，持有碩士學位，並修習碩士層級校長專業發展課程十二學分以上，成績合格，並擁有歷年考績四分之三以上甲等或連續兩年考績甲等者。

　　4. 現任或曾任校長並修習碩士層級校長專業發展學程二十學分以上，成績合格並擁有歷年考績四分之三以上甲等或連續兩年考績甲等者。

第 5 條　凡符合本辦法第四條頒授資格者，得向本縣教育局提出申請，每年八月接受申請，教師節前後配合慶典頒授專業證照。

表 2-10　台北縣中小學校長專業證照及專業發展實施辦法（草案）（續）

第 6 條	中小學校長專業證照有效期限六年，六年之內修習校長專業發展碩士班層級專業課程十二學分以上，或博士班層級專業課程八學分以上，成績及格，歷年考績擁有四分之三以上甲等者，得檢具資料向主管機關申請換證。
第 7 條	校長專業培育課程及校長專業發展學程之認定由教育局商請大學教育系所及校長培育中心研議報送本縣核備後採認。
第 8 條	擁有中小學校長專業證照之校長，參加原校續任或他校遴選時，應參照其任期中校長辦學績效評鑑（或校務評鑑）成績，獲優等以上表現者，宜予優先派任。
第 9 條	本縣自 98 學年度起，新任校長均須完成校長專業培育課程，自 100 學年度起續任校長均需擁有校長專業證照。
第10條	參與候用校長培育及現任校長專業發展進修所需經費，以自費為原則。本縣得編列經費補助成績優異者部分學分費。
第11條	已取得本縣中小學校長專業證照，違反下列各款之一者，主管機關得撤銷其證照： 1. 受有期徒刑一年以上判決確定，未獲宣告緩刑者。 2. 因貪污瀆職經判刑確定或通緝有案尚未終結者。 3. 依法停止任用，或受休職處分尚未期滿，或因案停止職務，其原因尚未消滅者。 4. 褫奪公權尚未復權者。 5. 受禁治產之宣告，尚未撤銷者。 6. 行為不檢有損師道，經有關機關查證屬實者。 7. 經合格醫師證明有精神病者。 8. 辦學不力或不能勝任工作，有具體事實情節重大者。
第12條	本辦法經本縣教育審議委員會審議通過，縣長核定後實施。

　　前述之實施辦法（草案）已將校長專業認證之執行單位（縣市政府教育局、處）、申請條件（任職校長 2 年以上）、專業內涵（教育領導碩士 24 學分以上，考績四分之三以上甲等）、有效期限（6 年）、換證基礎（教育領導碩士 12 學分或博士 8 學分以上，考績四分之三以上甲等）作明確規範，縣市政府可再依據「本位需求」，酌予從嚴或從寬設

定。筆者期待，2010 年前後總有某一縣市帶頭實施，為國內校長學之發展，跨進另一個里程碑。

❧ 柒、結語

　　教育經營學之目的在增進學校教育效能，大家共同把教育辦好；校長學的目的在培育優質校長，有能力領導學校教育發展。總體而言，均在經營優質教育，帶好每位學生。教育經營學融合教育學與管理學兩大學門，筆者論述其主要內涵為：(1)教育核心價值；(2)組織發展理論；(3)目標任務；(4)共同願景；(5)經營策略。並以簡要公式呈現，前兩者屬理論部分，可為分母；後三者屬實務（操作）部分，可為分子。

　　從教育經營學來探討校長學研究內涵，校長學可當作微觀的教育經營學，而其聚焦在「教育領導人」核心能力及培育機制之論述。是以，本文仍以簡要公式來表達筆者對於校長學之基本看法：

$$校長學 = \frac{角色職責_3 \times 培育課程_4 \times 專業證照_5}{校長核心能力_1 \times 教育領導理論_2}$$

　　希望藉此一簡要研究模式之提出，以及 5 個變項內涵之論述，能夠拋磚引玉，有更多的教育行政學者及碩博士學生，相繼投入校長學的研究。讓教育經營學及校長學在 21 世紀初期，就能夠在台灣這塊土地滋生成長，進而深耕發展。

〔本文原載於 2009 年，國立台北教育大學主辦，「兩岸三地校長學學術研討會」論文集，84～111 頁。〕

教育經營學導論——理念、策略、實踐

第三章　卓越學校的理論基礎

❤ 壹、緒言——優質卓越乃實踐政策規劃及學校經營之核心價值

　　台北縣政府於 2007 年推出卓越學校指標及申請卓越學校有關辦法，接續台北市 2005 年開始推動的「優質學校方案」。兩個縣市均以「優質」、「卓越」為發展標的，規劃具體經營指標，引導學校辦學。近期目標在選出楷模學校，提供其他學校學習榜樣；長期目標則希望所屬學校皆能成為優質卓越學校，全面提升教育品質以及教育整體競爭實力。

　　鄭崇趁（2006a）論述當前我國教育政策之核心價值，主要有五，包括：人文、均等、適性、優質、卓越，並以人體作隱喻，架構其彼此之關聯，其應用於「學校經營」亦頗為貼切合適。教育政策的具體措施，多數需由學校統整考量，將之融入經營計畫，始能產生實際效果。為論述需要，修飾其結構圖示如圖 3-1 所示。

　　以人體作隱喻，「人文」為頭，居總指揮；「適性」與「均等」為雙腳，是政策規劃與學校經營之基本前提；「優質」及「卓越」為雙手，是政策實施與學校經營的進階指標。我國現階段的教育政策決定以及學校經營的核心價值，以「人文」的思維引導，踏著「適性」、「均等」的腳步前進，展現「優質」、「卓越」的歷程與成果。具體而言，「優質」而「卓越」乃實踐政策規劃與學校經營之主要核心價值。

　　台北縣卓越學校的運作，分成 11 個面向，提列 47 個指標及 188 個檢核項目，指標之設定與內涵之陳述，均從校務運作應然面著眼，引導學校「必須」或者「可為」的操作事項。事實上這些具體的操作事項均有其理論或理念上之依據，除了前述「核心價值」乃是共同基礎外，指

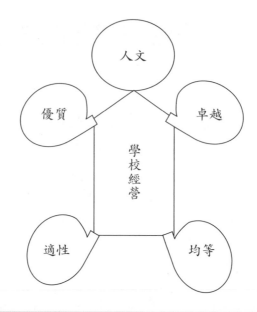

圖 3-1　教育政策與學校經營的核心價值（隱喻圖像）

資料來源：修改自鄭崇趁（2006a：6）

標內涵愈符合現代學校經營管理理念者，愈有價值，愈能夠永續經營。
反之，如果陳列之指標找不到理論或理念支撐者，則往往僅為「程序」、
「雜項」、「配套」之陳述，甚或規劃設定者的「誤用」，實應儘量避
免。

　　本文之目的，希能就台北縣卓越學校設定的 11 個面向，就其指標與
檢核項目內涵歸納其背後所應依循之「理論」或「理念」，並就這些理
論或理念闡述其「本然」意涵，及其在學校經營上之運用。名之為「卓
越學校的理論基礎」，一方面為學校經營的理論結合實務善盡棉薄之力；
另一方面則提供給台北縣本方案執行者參考，為「回歸教育本質」作合
理的註解。

貳、校長領導方面的理論與應用

在校長領導方面，卓越學校的指標有四：「前瞻的辦學理念」、「高度的專業素養」、「創新的領導作為」，以及「優質的領導效能」，內含 13 個檢核項目。從指標之具體內涵尋找其背後所依循的理論或理念，以下列六者最為重要：「願景領導」、「知識領導」、「參與式（扁平化）領導」、「校長核心能力」、「賦權增能」，以及「教導型組織理論」。茲分述其重要意涵與其在學校經營上的運用如次。

一、願景領導

願景領導是指學校校長運用學習型組織理論「建立共同願景」的方法，帶領學校行政幹部、教師及職工共同討論，形塑學校發展的共同價值、信念和目標，做為引導同仁共同努力的方針。

願景領導具有下列功能：(1)共同形塑努力的圖像；(2)為工作目標與工作任務註解、連結；(3)提示更具前瞻性、未來性的努力方針；(4)做為激勵士氣，凝聚整合團體共識；(5)提升組織核心價值，發展學校特色。

願景領導在學校的運作通常有下列具體的程序或步驟：(1)領導同仁形塑願景或檢討修訂原有願景；(2)將願景標示或懸掛學校最中心、師生最容易看見的位置；(3)適時向全校師生公開解讀願景意涵，將願景做為所有教育活動的方針；(4)重要教育活動開幕或閉幕致詞時，適時結合學校願景，闡述其教育意涵或價值；(5)定期（半年或一年）共同檢討願景之妥適性，必要時修訂、重新公布。

二、知識領導

「知識領導」是來自知識管理的進階名詞，指學校領導者會運用其「專業示範」之功能，來帶動學校同仁執行或完成重要事務。專業示範的範圍包括：(1)運用教育專業知識闡述教育事務的理念與作為；(2)運用

行政專業知能帶動組織運作；(3)運用課程與教學專業知能，領導學校課程發展及主題教學活動設計；(4)運用評鑑專業知能，推動學校師生績效考評措施。

知識領導是一種「專業示範」→「激發潛能」→「專業績效」→「專業文化」的促動歷程，當前在學校的運作上所謂的「課程領導」及「教學領導」均屬「知識領導」之一種，可再發展的領域相當廣泛，值得教育界同仁予以深耕開發。

三、參與式（扁平化）領導

參與式領導又稱扁平化領導，意指學校領導人作決策時，應充分徵詢組織各層面人員意見，尤其是最基層員工，其心聲仍有管道充分提供校長決定時參考。扁平化領導又稱變形蟲組織（amoeba organization），也近似參與式領導或參與式決定（participative decision-making）；「變形蟲」或「扁平化」指組織運作的方法揚棄「階層分明」外貌，類似變形蟲，提供彈性的觸角或扁平多元的管道，其主要目的，均在增進員工參與決策的程度。

參與式領導具有三個組織運作優點：(1)較能關照基層員工的需求；(2)有較多管道讓校長了解校務實際運作情形及成員滿意度；(3)主要幹部執行決策時，較能精準而少偏差。

參與式領導在校務經營上有幾種具體作法：(1)校長採行走動服務，時常至各處室及教室，了解基層職工和教師服務實情及其對校務的意見；(2)校長多與家長會委員及教師會代表接觸，了解一般家長及教師同仁對學校的期待；(3)提供管道讓師生職工均有機會適時表示意見；(4)做決定時能夠均衡關照主任、組長、教師、學生、家長、社區代表、學者專家、教育局（處）長官的多元之共同意見，並以全校師生（利害關係人）之最大價值考量。

🌸 四、校長核心能力

校長核心能力是指一位優質卓越的中小學校長應具備的關鍵且重要能力。鄭崇趁（2006a）研究指出，中小學校長應具備八大核心能力，包括：教育專業能力、愛人助人能力、統整判斷能力、計畫管理能力、實踐篤行能力、溝通協調能力、應變危機能力、研究發展能力。

校長核心能力的研究可做為校長培育課程之規劃，以及校長專業進修之參照基礎，更是發展校長學與校長專業證照之必要條件。惟迄至目前為止，不同學者的研究，對於校長核心能力的具體內涵與歸類仍有不同之看法，留存極大耕耘空間。

校長核心能力必須隨著社會變遷與時代需求轉變，尤其在後現代社會，「核心能力」需隨情境調整，不易掌握；然就前述八大核心能力之內涵觀之，已非普通大學畢業知能所能勝任，故中小學校長的基本學歷應在碩士以上，且有必要在職進修博士階段的領導管理專門課程。

🌸 五、賦權增能

賦權增能（empowerment）是指領導者適度授予部屬做事權力，反而能增進部屬做好事情之行政運用歷程。Empowerment在國內有諸多翻譯，以「賦權增能」及「增權益能」較能反映其積極意涵。

賦權增能具有下列特性：(1)自主性：提高成員獨立自主決定的能力；(2)自律性：成員具有提升自尊及自我約束能力；(3)解放性：權力由獨享解放，成員享有參與決定權力；(4)參與性：成員透過參與擴張價值角色功能，增益組織附加價值；(5)責任性：有權亦有責，激勵成員勇於承擔績效責任（吳清山、林天祐，2005）。

賦權增能的理念已廣為流傳，唯因與校長個人領導風格攸關，在校務經營上較難找到具體描繪之範例。校長與行政幹部及教師們之間的互動氣氛影響賦權增能的實質，而校長本身的能力與觀念也關係著賦權增

能的基礎，唯有具備高度專業素養的學校領導者，才能真正實踐賦權增能的積極意涵。

六、教導型組織理論

教導型組織理論係繼學習型組織理論五項修練後，持續發展出來的領導理論。學習型組織理論強調組織學習，認為將組織成員帶入學習狀態，對於組織成員的士氣鼓舞最大，生產能力也會相對提高；教導型組織理論則進一步主張「同時培養幹部」，學校領導者（校長）在倡導全面進修學習之同時，必須運用專業示範，教導主要幹部（主任、組長或各種委員會委員）提升其能量，使其能夠早日、適時取代領導人之角色功能，分擔學校領導人工作負荷。

教導型組織理論運作原理近似「賦權增能」，然比賦權增能更為積極，賦權增能有放手讓幹部表現之意，教導型組織理論則強調積極教導幹部，儘可能把幹部的素養拉上來，愈接近頂端，對於組織（學校）的貢獻愈大。

教導型組織理論建立在真正專業頂尖的領導人身上，唯有真正專業的優質卓越校長，始有能力運用教導型組織理論。古訓有云：「第一流的領導人用第一流人才當幹部，第二流的領導人只能用第三流人才當幹部」，似有其部分道理，亦可以看出教導型組織理論在運用上之限制。

參、行政經營方面的理論與應用

在行政經營方面，卓越學校的指標有四：「系統的行政規劃」、「創新的行政領導」、「有效的管理策略」，以及「優質的行政效能」，內含 15 個檢核項目，從指標之具體內涵尋找其背後所依循的理論或理念，以下列六者最為重要：「本位管理」、「目標管理」、「全面品質管理」、「專業分工」、「績效責任」，以及「創新經營」。茲分述其主

要意涵與其在學校經營上的運用如次。

一、本位管理

本位管理又稱自主管理，以組織單位本身的領導者理念，統整考量組織成員的專長分布與環境資源條件，自主決定組織的系統結構以及運作方式，並負經營上的績效責任，稱為本位管理。

本位管理另一個註解是「自己人管自己的事」，就學校的立場而言，每一個學校的校長、主任、教師及職工均有能力，也有責任自主決定管理好自己的學校，也唯有自己人對自己的學校最清楚（如學生背景、教師專長），是以設計出的管理方式，對於學校本身才能產生價值最大化，因此本位管理實為賦權增能及績效責任管理哲學之基礎。本位管理運用在學校經營上，可分為組織、課程、行政、教學四個面向：(1)組織方面：指學校的人員編制組織系統，由學校在總量管制前提下自主決定；(2)課程方面：即發展學校本位課程，由全校師生共同決定全校的最佳課程編配，此一本位課程係在「九年一貫課程綱要」規範下，統整考量師資專長、學生背景、社區資源、辦學理念，以及學校目標後之最佳結果；(3)教學方面：即實施班群、主題、統整自主教學；(4)行政方面：則指行政運作方式的自主管理。

二、目標管理

目標管理係當代管理學大師彼得‧杜拉克（P. F. Drucker）於 1954 年《管理實務》（*The Practice of Management*）一書中提出，該書標明目標管理的三個要點：(1)首先必須確定組織的整體目標；(2)每位主管根據組織整體目標，以實施自我控制的管理方式；(3)實施分權及績效考核，每位成員為自己的目標負責（引自吳清山、林天祐，2005）。

目標管理運用在校務經營上有諸多優點，例如：(1)工作目標明確，行事具有方向感，知道為何而做；(2)具有賦權增能效果，同仁肯為工作

付出；(3)權責分明，有利於績效責任的實施；(4)目標能夠當做基礎條件之檢核，以及校務發展階層之規劃。

校務經營運用目標管理的理念已十分普遍，較為常見者有下列事項：(1)訂定校務中長程發展目標；(2)設定學校幹部及教師職務工作任務；(3)定期（如每週）檢討工作任務實踐程度；(4)設定主要事務工作的標準作業流程，並定期檢討符合程度；(5)設定教師教學表現及學習成就表現目標水準，督促全校師生共同達成；(6)發展團隊階段性目標，做為各種教師行動團隊或學生校隊漸進卓越表現之階梯。

三、全面品質管理

全面品質管理（total quality management，簡稱TQM）是指動員全校服務系統成員（行政、教師、職工），針對顧客（學生、教師、家長）之最需要，提供教育過程中全面高品質服務，每一環節均達既定品質標準以上之服務水準之謂。全面指人員、校務及過程的全面，每一環節均進行品質管制之檢核叫全面品質管理。

全面品質管理在校務經營上有下列幾項著力點：(1)發展重要行政事務的標準作業流程，以標準流程服務師生；(2)重視教學上的形成性評量，在學生學習歷程中確保學習品質，沒有落後學生；(3)定期召開行政會議，及時檢核重要校務服務品質，回饋學生、教師、家長之需求；(4)依據處室之下的組別，課程設計中的領域、社團及主題活動，輪流而全面辦理成果展示，觀照全面教育品質的提升；(5)適時輪調主任、組長、職工或課程領域召集人，配合賦權增能運作，使校內沒有閒才或遣才，全面發揮高品質教育服務。

四、專業分工

「專業分工」是科層體制管理學派最重要的組織管理原則之一。其主張組織內的工作分配，必須依據員工的專長分配，使人適其才，才盡

其用，每一個員工均可透過其專長之發揮，對於組織產生「價值最大化」之貢獻。對個人而言，勝任愉快，做自己較喜歡、有興趣、做得來、有成就感的事務；對組織而言，由於每一個人的滿意度及貢獻價值提高，具有交互作用正向引導功能，也增加了組織總體產能，提高組織總體的競爭力。

專業分工運用在校務經營上，有諸多途徑，例如：(1)學校主任、組長的聘用，依個人之專長遴聘，讓教務、總務、學務、輔導均有其發揮舞台；(2)學校教師按專長排課，科任或級任教師均以其最佳專長服務學校；(3)具有特殊才藝專長教師能擔任社團指導教師，或學校技藝、運動、語文、音樂、美術等團隊指導教師；(4)專業行政人員與專業教師之間能夠交互作用，整合發展為學校經營發展特色；(5)各種專業領域教師均願意主動承擔主辦教育政策或教育理念引導之教育方案或主題活動，例如：科展、語文競賽、「教訓輔三合一方案」、人權教育、生命教育、民主法治教育等。

五、績效責任

績效責任是指組織成員為自己的承辦事務，負完全成敗之責任。就學校而言，校長應負全校整體經營成果的績效責任，處室主任則應負責其主管事務工作成績的績效責任，組長則應負責其承辦事務之績效責任。換言之，即將學校事務成果責任明確化，獎勵或承擔補救作為均由職務權責人員直接負責。

績效責任具有下列特質：(1)職務分工明確，每位成員為承辦事務負責；(2)獎勵明確，努力而有績效人員能得到獎勵；(3)績效未能彰顯事項由應負責任的人承辦績效補救，而非組織共同責任；(4)配合評鑑、獎懲、補救措施之運作，可以促使組織成員能量最大化，累增組織績效；(5)具有賦權增能效果。

績效責任在校務經營上的運用，有下列具體作為：(1)依據處室分層

負責明細表，明確賦與處室組員職務與責任角色；(2)定期辦理自我評鑑，檢討改善各單位及個人責任工作服務品質；(3)獎懲依績效責任核給直接承辦人員；(4)針對績效卓越人員得賦與專案或創新事項，藉由賦權增能原理，擴增個人及組織績效。

六、創新經營

學校創新經營是指學校領導人運用不同於一般或平常的方法經營學校，而使學校本身產生好的變化，激發活力，突破瓶頸，或創新局面的有效作為。

學校創新經營的積極策略有：(1)提升開會品質與效率；(2)落實分層負責及績效責任；(3)激勵創意思考，實踐共同願景；(4)設置建言獎，鼓勵創意點子；(5)增進教師會專業成長的組織功能；(6)倡導教師普遍參與行動團隊及行動研究；(7)鼓舞教師進行知識管理，並建置個人教學網頁；(8)對教師及學生實施激勵策略；(9)開發多元教育資源，有效進行資源整合；(10)發表學校特色課程與教學，展現創新經營賣點；(11)舉辦班級創新教育活動競賽；(12)推展教師及學生能力護照（鄭崇趁，2006c）。

創新經營的本質在賦與存在（to being），也就是能為學校持續發展找到有效的作為，這些作為重在能產生「連絡」與「活化」，而不一定在方法的新穎或老套。

肆、課程發展方面的理論與應用

在課程發展方面，卓越學校的指標有四：「完善的組織規劃」、「革新的課程研發」、「紮實的課程實踐」，以及「周延的評鑑機制」，內含 19 個檢核項目。從指標之具體內涵尋找其背後所依循的理論或理念，以下列六者最為重要：「課程統整」、「課程設計模式」、「課程領導」、「潛在課程」、「學校本位課程及特色課程」，以及「策略聯

盟」。茲分述其主要意涵與其在學校經營上的運用如次。

🔹 一、課程統整

「課程統整」是指一種課程設計的型態。此種課程設計型態是將相關的知識、經驗組織起來，使各部分的知識經驗緊密連結，讓學生在學習的過程中，容易學到知識的意義，達到更佳的學習效果，更容易將所學應用到日常生活中，適應社會生活（教育部，2000）。

課程統整的核心面向有四：(1)生活經驗的面向：儘量將學生的周遭事物、經驗、生活興趣等融入課程中；(2)社會生活的面向：將社會當下的重要議題融入課程中，讓學生親身體會，累積經驗，習得基本技能，並能解決問題，面對挫折；(3)知識的面向：將要教給學生的知識經由教師系統整理後呈現，避免過於零碎、脫離現實的知識重複教學；(4)課程設計的面向：透過統整主題教學，統整分科及跨領域知識學習（黃炳煌，1987）。

課程統整是九年一貫課程最重要的理念，其具體的實踐分為四個層次：(1)教育部：頒布「九年一貫課程綱要」，以七大「領域」統整原本之「分科」課程設計；(2)學校：推動「學校本位課程」，也就是以學校為核心，統整考量教師專長、學生需求、社區資源等條件後的最佳課程設計；(3)教師：適時採行主題式統整教學，讓學生習得完整知識；(4)學生：學到用得著（帶得走）的十大基本能力，而非零碎的知識。

🔹 二、課程設計模式

課程設計模式是指學校發展課程時所遵循的主軸歷程。課程設計的模式約有三種：目標模式（objective model）、歷程模式（process model），以及情境模式（situational model）（黃光雄，1984）。

目標模式以心理學為基礎，由美國的 Tyler 所創立，主張學校是一所具有目的的機構，教育是一種含有意圖的活動。因此，學校設計課程應

遵循下列 4 個步驟：(1)學校應當尋求達成哪些教育目的（目標）；(2)我們要提供哪些教育經驗，始能達成所訂的目的（選擇）；(3)這些教育經驗如何才能有效地加以組織（組織）；(4)我們如何才能夠確定這些目的是否業已達成（評鑑）。依循「目標→選擇→組織→評鑑」之循環系統設計課程，即為目標導向模式。

歷程模式以哲學為基礎，由英國 Stenhouse 設計，其洞察目標模式課程設計的限制，而提出歷程模式加以彌補。歷程模式的設計不能替代目標模式，而是與目標模式分擔不同領域的課程設計。這種課程設計詳述的不是預定的行為目標，而是歷程——即學習內容、使用的方法及活動所含的效標。該模式適用在藝術及哲學方面的課程領城。

情境模式以文化為基礎，由英國 Skilbeck 所倡導，又稱情境分析模式或文化分析模式；Skilbeck 主張課程即經驗，亦即教師、學生及環境的溝通。學校層次的課程發展須始自學習情境的評估和分析，據此而提供不同的計畫內容。情境模式共有 5 個主要構成要素：(1)情境分析；(2)目標擬訂；(3)方案設計；(4)解釋和實施；(5)檢查、評估、回饋和重新建構。

學校如何有效運用此三種模式發展課程，黃光雄（1984）曾提出下列的歸納分析：目標模式的課程設計強調學生學習之「產出」，歷程模式側重師生探究的「過程」或「投入」。前者適用於資料和技巧領域的課程設計，後者適用於知識和了解領域的課程發展，兩者皆有其限制和偏頗。而情境模式則是一種較為廣泛的架構，可依課程設計的狀況，而涵蓋目標模式和歷程模式。

三、課程領導

課程領導是指學校校長、主任或組長能運用領導行為，將課程之行政事務處理妥適之謂。課程之行政事務主要包括課程組織、校本課程、課程實施以及課程評鑑。課程領導強調領導者應具備課程之專業素養，

能夠有效示範帶動完成前述之課程行政事務。

　　課程領導具有4個特質：(1)專業性：領導人要具備課程之專業知能；(2)示範性：領導人必須帶頭發展學校課程計畫；(3)統整性：領導人必須展現統整能力，以融合師資、學生及資源的不同特性成一系統架構；(4)實踐性：領導人能以全校之課程設計，來實踐學校願景以及自己的辦學理念。

　　課程領導是一種概念，也應是一種行為實踐，其具體行為運用在課程發展歷程上含有下列事務：(1)帶領由下而上形塑學校共同願景，做為全校課程發展方向；(2)主持課程發展委員會及各領域小組會議，確立學校各領域課程目標及基本實施原則；(3)督導各領域小組規劃年級課程目標、師資、課表及主題教學配置；(4)檢核彈性節數各年級整合運用之妥適性；(5)協助發展學校特色課程及各領域主題教學教材資源。

四、潛在課程

　　潛在課程是指正式課程（日課表上有的）之外，能夠對於學生產生潛移默化的教育活動或設施，包括：生活輔導、團體活動（如：運動會、藝文競賽）、校園環境、學校建築、教師言行、同儕文化、典章制度等。

　　潛在課程具有下列特點：(1)不容易排入正式課程，但影響學生的功能，有時大於正式課程；(2)屬人際互動觀摩學習課程；(3)偏向情意學習的課程；(4)彌補正式課程之不足，提供學生更完整的教育活動或措施。

　　潛在課程在學校經營上的運用，應重視下列事項的配合：(1)整體規劃校園與學校建築，發揮境教功能；(2)傳承優質典章文化活動，啟發學生思古幽情，融合傳統與現代；(3)倡導主題競賽活動，藉由運動會及藝文比賽，培育互助合作、交互支持、關懷共榮情感之表達，以及情操之培育，實踐美育與群育；(4)鼓勵教師展現師道及優雅言行示範，提供學生楷模學習；(5)營造學校和諧、優質的組織氣氛，奠定教學安定，積極發展基礎。

🍀 五、學校本位課程及特色課程

學校本位課程（school-based curriculum）是以學校本身為主體，以學校學生價值最大化為前提，系統考量教師專長、學生背景、社區資源、辦學理念，並以「九年一貫課程綱要」規範為基礎之全校總體課程設計。

學校本位課程具有下列特點：(1)符合「九年一貫課程綱要」之規定，並有最大彈性之運用；(2)教師依據專長授課，學生獲益增加；(3)充分了解學生條件背景、起點行為與教育需求，課程設計符合學生需要；(4)彈性教學時數及潛在課程的設計能夠發揮統整課程效果；(5)能夠彰顯學校特色課程，提供他校參考。

學校特色課程是指個別學校發展學校本位課程時，由於個殊化的社區資源（如：歷史文物資產），搭配專有的師資及環境，特別設計並為其他學校不一定有的教學素材。部分學校將學校特色課程稱為學校本位課程，實係狹化學校本位課程之意涵。

學校本位課程之發展應有下列具體成果：(1)學校校長能夠帶領行政幹部及師生職工，由下而上討論形塑學校共同願景；(2)學校課程發展委員會及領域小組組織運作完善，並能將學校願景及學校特殊資源，融入領域及年級課程設計；(3)學校建有整體課程及領域課程、年級授課主題教學檔案及教學網頁；(4)學校編印特色課程教材及電腦網頁資料，提供全校教師適時運用；(5)學生基本能力表現符合水準，並對鄉土教育及實踐願景能有效融合。

🍀 六、策略聯盟

策略聯盟是一種合作發展課程的方法，指透過校際間的師資或資源的協調合作，共同發展主題課程教學資源之實踐。策略聯盟發展課程或執行個別計畫方案，目前已廣為各縣市採行，尤其台北縣及宜蘭縣運用分區學校策略聯盟組織，執行「教訓輔三合一方案」之「提升教師輔導

知能」及「輔導工作人員專業成長與督導」的工作，成效頗為豐富，值供其他縣市學習。事實上「教訓輔三合一方案」中的此兩項工作原本即「課程發展」的工作，此兩縣市透過區域學校「策略聯盟」將「輔導教師專業化課程」及「一般教師輔導普遍化知能課程」建立多元可行模式，除了有效執行方案計畫工作外，更建立了「專業成長課程」實施方式。

策略聯盟的實施基於三種需求：(1)人力互補：部分的課程發展必須借助跨校教師相互支持；(2)資源互補：部分學校的教學資源及社區環境不足以提供完整的課程活動需求時，有賴鄰近學校共同促成；(3)邁向卓越：部分主題教學課程，藉由跨校專長師資合作發展，可創造精緻卓越課程，提供策略聯盟學校提升課程品質及視野。

策略聯盟必須依賴教育行政主管機關政策引導，訂頒獎勵辦法，提供獎助資源（陳佩芝，2006），並結合校長、主任間「課程領導」的實施，要有策略聯盟明確目標與實施計畫，校長及主任們共同投入示範領導，始能彰顯績效。

❧ 伍、教師專業方面的理論與應用

在教師專業方面，卓越學校的指標有三：「系統的進修研習」、「合作的專業社群」，以及「健全的回饋機制」，內含 13 個檢核項目。從指標之具體內涵尋找其背後所依循的理論或理念，以下列六者最為重要：「專業自主」、「學習型組織理論（五項修練）」、「知識管理」、「學習社群」、「行動團隊與行動研究」，以及「教師評鑑」，茲分述其主要意涵與其學校經營上的運用如次。

◆ 一、專業自主

專業自主是指，教師具有專業能力自主決定教學的歷程和教材。老師在課程設計、教學方法以及教材選擇上，只要能夠引導學生做最好的

學習與成長發展，教師即擁有完全自主決定權責。

教師擁有專業自主權為《教育基本法》所賦與，其基本理念在於教師具備下列條件：(1)教師本身有完整的教育哲學，如何教育學生有一套系統的知能；(2)教師最了解他們的學生，對於學生之起點行為以及身心發展善於掌握；(3)教師是引導有效學習的專家；(4)教師願意協助落後或適應困難學生。因此，專業自主權對於教師來講是一種尊榮，也是一種責任，教師本身要「夠專業」才能實踐「教學自主」（張新仁，2004；張德銳，2004）。

教師的專業自主權也受到三方面的考驗：(1)學生的學習過程要滿意，能夠快樂學習，也學到基本能力；(2)家長也要滿意，讓家長覺得他們孩子的學習成果可以接受，放心交給老師；(3)教學成果達到學校要求的標準以上，整合之後能夠提升學校競爭力。

為了維護教師專業自主權，長期發揮專業表現，享有自主的尊榮，《教師法》規定學校教師得以籌組教師會，運用教師會本身的團體動力，協助所有教師進入學習狀態，有計畫地專業成長。其主要方法包括：(1)規劃學校本位進修計畫，針對學校教師專業知能的需要統整考量；(2)排定各週固定二到三個時段（每時段半天或一天），全校教師五分之一至十分之一進行校內外進修；(3)鼓勵教師在職進修攻讀碩博士學位；(4)建立學校教師每年進修基本時數制度，如：至少36小時或二學分以上；(5)每年每位教師必須利用寒暑假期間，完成主授領域課程主題教學活動教材一至兩個主題；(6)每位教師之進修心得與自主主題教學教材均建置於班級或個人網頁，能夠適時分享同仁或提供上網交流學習。

二、學習型組織理論（五項修練）

學習型組織理論是一種帶動組織學習、促進組織發展及變革的理論，係指學校領導者運用五項修練的歷程：「自我超越」、「建立共同願景」、「改變心智模式」、「團隊學習」，以及「系統思考」，帶動學

校成為一個學習型學校，以增進學校有效變革，持續發展。

學習型組織理論也是當前校務經營上被使用最多的理論之一，在企業界更被譽為組織再造及企業革命基本理論。學習型組織理論具有下列特點：(1)強調學習的重要，唯有不斷學習才能持續自我超越，對組織及個人提升價值；(2)強調全面學習，而非部分人士的學習；(3)強調學習促進組織成員心智模式的改變是組織創新變革的契機；(4)強調組織學習需要共同願景的引導；(5)強調經由全面整合性的系統思考，才能累增知識學習的成果。

學習型組織理論運用在校務經營上，是在經營一個學習型學校；學習型學校必須實踐下列4項特徵：(1)重視學生自我導向學習能力的鍛鍊；(2)學校領導者應為學習的領導者；(3)蘊含豐富的校園學習文化；(4)學校成為一學習系統的組織（林新發，1998）。

學習型學校帶動全校教職員工進入學習型態，以學習活化組織氣氛，以學習激發職工士氣，以學習發展組織成長，以學習提高教育品質，以學習增進教育競爭力，以學習達成學校的組織再造。

三、知識管理

知識管理是指組織成員能夠運用現代資訊科技，對於組織中的知識進行搜尋、組織、儲存、轉換、擴散、移轉、分享、運用的過程，以促進組織知識持續創新與再生。

知識管理理論追隨著學習型組織理論之腳步邁入學校，其核心技術——「知識螺旋」（knowledge spiral）作用，更適度地解析「學習」、「分享」得以個人增能（empowerment）及團體增能、提高競爭力的學理基礎。學習型學校輔以知識管理，方能貫徹學校組織再造運作方式改變的實質內涵。

知識管理理論在校務經營的運用上有下列具體作法：(1)教師教學檔案及個人網頁的建置（張德銳，2002）；(2)學校行政重點業務資訊檔案

及標準作業流程的建立；(3)知識分享平台及觀摩研討會的普及化；(4)各種教師行動團隊及教育行動研究的昌盛。知識管理成為教育人員職場的重要工具，也是提升自我、發展自我實現的重要媒介。

四、學習社群

學習社群是指，為特定目標而結合在一起的學習團體。學校教師為增進專業成長、發展課程及教材，或為達成某一特殊的教育任務，必須結合數位，甚或一群教師共同學習，即為學校教師學習社群。

學校教師學習社群具有 4 項特質：(1)同質性：參加者均為教育人員（以教師為主），素質整齊；(2)任務性：學校教師學習社群的組成通常為了達成某一教育任務，較少自發性純學習組織；(3)專業性：學校教師學習社群專業導向頗高，超越大學層次，是介乎碩博士之間的專業層級；(4)實踐性：學校教師學習社群之主要標的在改善教育現況，提升教育品質，具有教育實踐之性質內涵，超越一般學習社群。

部分縣市教師為了考主任及考校長，紛紛成立讀書會性質之學習社群，蔚成風氣，部分學者即以此類準備考試為主的團體作為學習社群之經典範例，事實上過於狹隘。學校領導人（校長、主任）經營校務時，可激勵教師配合學校功能需要，籌組下列的學習社群：(1)領域課程發展與主題教學學習社群；(2)五項修練學習社群；(3)多元社團發展學習社群；(4)健康休閒學習社群；(5)藝文修養學習社群；(6)專業成長學習社群。多元學習社群的成立，乃學習型組織理論在學校經營上的具體實踐，也是卓越學校必備的經營理念之一。

五、行動團隊與行動研究

行動團隊是一種組織的次級團體，指學校教師和職工為達成個人及組織學習目標，各自籌組的小型實踐團體，其組織人數由三、四人至數十人不等，性質包括：學習團隊、成長團隊、工作團隊、休閒團隊、任

務團隊等。

行動研究則是一種藉由研究進程，持續改進教學及教育活動的方案設計，是一種實踐型的應用研究，研究歷程僅是手段方法，其主要目的在提升教學品質以及增益教育活動的價值。

行動團隊與行動研究均為當前校務經營中，鼓勵教師和職工進入學習狀態與專業進修的創新行為，其共同特徵有三：(1)兩者均以學習型組織理論及知識管理為基礎；(2)兩者均屬團隊學習的型態；(3)兩者均在實踐個人及組織目標。

行動團隊與行動研究仍有部分區隔，主要者如：(1)行動團隊偏於關懷支持人際導向，而行動研究偏向任務完成目標導向；(2)行動團隊因性質不同而活動嚴謹度不一，行動研究則有較明確的執行流程設計；(3)行動團隊較具彈性，範圍廣泛，往往包括校內外的時空場地，而行動研究之範圍較為專一，多屬校內教育活動的改善方案。

行動團隊結合行動研究可以活化學校組織文化，是校務經營的有效策略，其具體作為十分廣泛，例如：(1)應變小組團隊：能及早預防禽流感、SARS 及突發安全事項之威脅；(2)工作激勵團隊：是以行政單位或年級教師組成彼此關懷交互支援的工作激勵團體；(3)成長學習團隊：能運用讀書會、小團輔、工作坊之參與，達成組織學習、成長發展之目的；(4)休閒健身團隊：多元而定期的健身休閒活動，能奠定教師發展基石；(5)行動研究團隊：從形塑願景、行政管理、輔導學生、創新課程方案等持續改善教育措施，提高教育服務品質（鄭崇趁，2003）。

🦋 六、教師評鑑

教師評鑑是指對於學校教師進行「周延的考核」。教師為國家公務員之一，每年均應辦理「考核」，評其服務成績之高下，給予應有的獎勵或懲處。然考核為主管之權責，常失之於「主觀」，對於教師並不公平，是以發展成「評鑑」，從多方面、多角度來「了解」教師，並給予

「評價」，是以「評鑑」是「更為周延的考核」。評鑑的實施事實上是社會進步、更為文明（精緻文化）之象徵。

教師評鑑是教育評鑑的一種，適用教育評鑑的基本原理。鄭崇趁（2006b）認為，教育評鑑的基本原理有六：(1)統整的觀察：試圖全面了解；(2)化約的指標：透過整理歸併後的指標來進行觀察了解；(3)系統的結構：評鑑指標本身具有學理與實務上的邏輯結構；(4)客觀的歷程：評鑑行為的進行符合標準化作業程序；(5)價值的比較：具有評比優劣給予等第的結果；(6)理念的實踐：結合教育理論與實務，貫串教育的本然與應然。

目前中小學的教師評鑑尚未正式實施，宜掌握下列原則儘速推動：(1)教師評鑑正式入法（《教師法》及《國民教育法》），且正名為「教師評鑑」，而非「教師專業發展評鑑」；(2)比照大學教師每 5 年評鑑一次；(3)評鑑指標及實施方式由教師會擬定，報請縣市政府核定後頒行；(4)教師評鑑的層面應包括：教學、輔導、服務、研究、進修等，並參照其學生學習成果統合評價；(5)評鑑未通過教師均得向學校申請協助補強方案，學校在法令許可範圍內應全力協助；(6)複評第二次或第三次未通過教師，應即停聘；(7)教師評鑑應結合教師分級制實施，以達成激勵教師士氣之功能。

陸、教師教學方面的理論與應用

在教師教學方面，卓越學校的指標有四：「統整的教學規劃」、「有效的教學策略」、「效能的班級經營」，以及「多元的教學回饋」，內含 21 個檢核項目。從指標的具體內涵尋找其背後所依循的理論或理念，以下列六者最為重要：「多元智能理論」、「編序教學」、「協同教學與班群教學」、「激勵策略」、「團體動力學」以及「形成性評量與多元評量」。茲分述其主要意涵及其在學校經營上的應用如次。

🟣 一、多元智能理論

多元智能理論是指學生具備多元智能，且每一位學生的基本智能結構均不一致。教育的歷程在啟發多元智能的發展，尤其是讓「優勢智能明朗化」，促進學生習得一技之長，在競爭激烈的社會環境中，仍有「相對優勢」的職業，發展「行行出狀元」的適配生涯。

多元智能理論自 Howard Gardner 於 1983 年提出以來，已廣被討論採行，也是現今實際影響學校教育最重要的理論之一，其理論的主要內涵為：(1)每個人至少具備 7 種以上智能因子：語文、數學、繪圖（空間）、音樂、肢體、自省、人際、自然觀察、生存等；(2)每個人基本的智能因子結構、強弱均不同；(3)每個人基本智能因子結構中，如對相對優勢之智能因子善加運作，使其明朗化最具教育意涵；(4)優勢智能因子與個人之興趣及性向攸關，通常是性向興趣之基本元素。

多元智能理論運用在學校經營上，以下列 5 項最為具體：(1)學校總體課程設計，應兼重七大領域之基本規範，並要求正常化教學，提供學生的智能因子有多元刺激與啟發之機會；(2)安排分組課程及多元社團，提供學生興趣選項，發展優勢智能之基礎；(3)輔導學生依據優勢智能，選讀高中職及大專合適之科系；(4)學生成績評量，在優勢智能方面有卓越表現即可，以適性發展取代五育均衡；(5)依據優勢智能，輔導學生進行生涯規劃，或選擇適合自己性向之職業。

🟣 二、編序教學

編序教學（instruction）是應用行為主義心理學的操作制約學習理論，所發展出來的一種個別化教學法。Skinner 編序教學理論的提出和教學機的發明，對於今日教育工學及教學方法的發展有著深遠的影響（林寶山，1998）。

Skinner 的編序教學法是利用增強原理而來，其實施方法步驟如下：

(1)將教材細分成許多小「單元」或「序目」，每個小序目都自成一頁或是小卡片；(2)每一頁序目上包括一段至兩段文字的敘述及一道完整的問題敘述，在序目的右邊或左邊則是正確答案；另外還包括「增強」的說明；(3)學生回答之後立即給予回饋，告知對錯；(4)每一小單元出現的順序都經仔細的安排，前者為後者之基礎，帶領學生趨近學習目標；(5)每份教材都擬定有幾個特殊的目標；(6)視學生作答順暢性決定是否需要重編教材（答錯太多則需重編：更細步化）；(7)讓每一位學生依照自己的速度去學習。

編序教學的主要特色在：(1)編序教材；(2)依序呈現；(3)立即回饋（增強）；(4)逐步漸進；(5)自我控速；(6)個別學習。前三個特點對於當前教師的教學深具啟示，已形成各種教學法的共同原則，後三者對於學生的學習也產生深遠影響，所謂個別化、多元化、適性化似奠基於此。編序教學的理念與應用可以作為各種教學方法的基石。

三、協同教學與班群教學

協同教學或班群教學均為教師「合作教學」的一種型態。協同教學強調教師互補的協同合作，分別擔任自己較為專長的科目或領域之教學；班群教學則較強調以學生為主體，讓學生如何跨過班級界線，統整數位教師及環境資源的合作教學設計。協同教學及班群教學之實施可以淡化「領域統整分科」後課程執行上的困難，也可以彰顯「統整課程」的實踐行為。協同教學或班群教學有四大優點：(1)符合教師專長的教學，教師人盡其才，貢獻擴大；(2)增進學生多元學習，能接觸較多的教師與不同組合的學生及活動型態；(3)促進教師組織（同儕）學習，增益教學能量；(4)有效運用共同教學資源（如：環境布置、教材教具），增益學習效果。

協同教學或班群教學在學校經營上，具有下列時機時常被採用：(1)教師專長明顯需要互補時；(2)部分班級教師另有任務，必須負責發展學

校特色課程或帶領學生團隊時；(3)學校共同教育資源需要專責老師教學時；(4)教師本身需要相互觀摩進入組織學習時；(5)社區教育資源需與學校資源進行整合時。

四、激勵策略

學校領導者或教師運用領導行為及教學有關措施，鼓舞激勵教師及學生對學校的認同度、滿意度及向心力，以利於校務經營，提高班級教學效果，其所運用的方法、技巧、措施，稱為激勵策略。

激勵策略在學校領域上的運用，可依實施對象分成兩個層次：「教師的激勵」與「學生的激勵」。教師的激勵主要為校長的責任，校長的領導行為必須獲致行政幹部及教師們的認同、滿意，才得以激發大家的向心力與凝聚力，積極共同貢獻於學校校務。校長激勵教師的具體行為可參考下列方式：(1)職務分配符合教師專長及意願，提供教師及幹部相對滿意的工作環境及內涵；(2)鼓勵教師配合專長經營教師及學生團隊，追求自我實現；(3)協助教師之本分工作之餘，積極規劃生涯進修，持續提升個人素養及學校組織能量；(4)滿足教師的個別需求，讓老師們在無後顧之憂的基礎上，共同體現學校教育願景。

學生的激勵層面則為教師的責任，教師在教學活動及班級經營上可以採行下列激勵策略：(1)運用積極正向的教師期望，使學生產生自我應驗（比馬龍效應）效果；(2)實施賞識教育，使學生肯定自己的優點，進而激發更豐富的學習成就；(3)採行效果律，使學生對於學習結果的滿意，增進後續的學習效果；(4)適時講述時事名人的辛苦奮鬥歷程及突破困境超越自我的喜悅與貢獻，引起學生學習動機，激勵學生學習心向；(5)掌握學生背景，協助排除不利學習因素。

激勵策略的積極面在激發教師及學生的滿意度及凝聚力，願意結合自我實現及學校願景為學校奉獻心力。消極面則在經營保健因素，讓教師及學生沒有不滿足，無後顧之憂，並且避免校務行政運作產生不愉快

及怨氣，抵消了學校行政或班級教學效能。

五、團體動力學

團體動力學是一門探討團體結構，及團體與成員間相互影響關係的學問。學校的基本單位是班級，教師必須從事班級教學及班級經營，有必要藉助團體動力學的原理原則及方法來與學生互動，進行有效教學，提高班級經營效果。

團體動力學研究的內容包括五大變項，及其彼此之間的交互作用與應用：(1)成員特性；(2)團體情境；(3)統合運作過程；(4)成員的改變；(5)團體的發展（徐西森，1997：9）。前兩者屬於團體的輸入變項，後兩者屬於團體的輸出變項。其中第 1、4 項為個人行為因素，第 2、5 項為團體行為因素，第 3 項則為團體運作之變項。

教育領域運用團體動力學最多者當屬團體輔導，尤其是小團體諮商，領導者需要具備深厚的團體動力學素養，方能有效帶領團體發展。一般教師或校長、主任則需要了解學生的基本特性，例如：背景、興趣、起點行為，也要掌握班級學生的團體情境：例如：凝聚力、次級團體、優勢條件，再參酌團體輔導的常用方法帶動班級或學校團隊，例如：上課演講、參觀訪問、影片欣賞、唱歌遊戲、共同工作、角色扮演、團體討論、工作會報等。由這些團體活動的實施，引導班級同學交互支持，彼此關懷，共同解決問題，共同爭取團體榮譽，增進班級凝聚力，提高班級教育品質及班級競爭力。

六、形成性評量與多元評量

形成性評量與總結性評量並稱，具有相對的意涵。總結性評量指學科或領域性教學結束時，所實施的總學期成績考核，通常在學期末舉行；而形成性評量則指在學期中，教師教學歷程完成部分之段落或單元時，所進行的評核工作。形成性評量可以在教學歷程中，了解掌握學生的學

習情形，及時調整教學方法或進行補救教學，是確保成功教學的有效策略，已廣受學校教師採行。

多元評量與單一評量並稱，亦具有相對的意涵。多元評量強調教師對於學生成績的考評，要用多元的方法，避免僅用單一的評量方式，才得以客觀而真實地了解學生的學習結果，給予妥適之評價。

形成性評量的使用時機非常重要，有經驗的教師通常會在下列時機點進行形成性評量：(1)每一節課進行中，以問題及討論的方式，評量了解學生的學習歷程；(2)每一節課授課內容到重要段落轉折時暫停，給學生表達心得或進行小型的紙筆測驗；(3)每一節課結束前進行合適的評量活動，整理當節學習成果；(4)每一大單元教學結束時進行本單元之形成性評量，檢核學習效果，必要時安排補救教學；(5)主題教學活動大段落或主題結束時進行評量，確認主題教學成果。

多元評量在於多種評量方式的倡導，目前較常用的方法有：(1)操作評量：以學生行為表現作為考評成績之一；(2)成品評量：以學生的實物作品作為成績之一；(3)作業評量：以學生的家庭（多元）作業作為成績之一；(4)檔案評量：以學生的學習檔案成果作為成績之一；(5)報告評量：以學生的主題報告（內容與表達）作為成績之一；(6)表演評量：以學生的角色扮演作為成績之一。多元評量包含多種及多次的評量，避免單一的觀察，即決定學生的成績。

❧ 柒、學生學習方面的理論與應用

在學生學習方面，卓越學校的指標有五：「卓越的公民素養」、「多元的學習活動」、「健康的體能展現」、「合作的群性生活」、「豐富的藝文涵養」，內含 22 個檢核項目。從指標的具體內涵尋找其背後所依循的理論或理念，以下列六者最為重要：「學習三律」、「教學八大原則」、「十大基本能力」、「體適能」、「健康促進學校」，以及「適

性發展」。茲分述其主要意涵及其在學校經營上的應用如次。

一、學習三律

美國心理學家 Thorndike 倡導學習三律：準備律、練習律以及效果律。準備律指有準備的學習效果較佳；練習律指任何學習都必須經歷適度的練習始得成功，練習愈多，愈有可能成功；效果律指有效果之學習，增進後續學習的效果。

準備律在教學上的運用，是指教師與學生在正式上課之前均應有所準備，教師應預先熟悉教材，準備教學計畫，備妥教具及輔具，預告學生，引起學習心向；學生則須遵照教師引導，預習課文，準備學習用具或輔具。師生準備愈周延，教與學的歷程愈順暢，學習效果才能更好。

練習律在教學上的運用，是指教師在正式教學活動中及課後作業之設定，應適度地引導學生練習，隨著教材難易程度，練習次數宜有不同，至少必須練習到精熟以上始能停止，間隔一段時間亦得有必要之複習。

效果律在教學上的運用，是指教師之教學應重視教學方法的使用，不同之教材應採用不同的教學方法，但最重要的原則是，這一種教學方法應是學生學習這類教材最有效果者。有效果之學習使學生有滿足感，有成功的感覺，能增強學生學習信心，更有幫助於後續的學習課程。

二、教學八大原則

我國教育學者方炳林（1979）在《教學原理》一書中，詳列教學八大原則，包括：準備原則、類化原則、興趣原則、自動原則、個別適應原則、社會化原則、熟練原則，以及同時學習原則。此八大教學原則已成為本學科最重要之授課核心內容，值得關注。

「準備原則」近似前述 Thorndike 之準備律，包括了教師的準備和學生的準備，教學準備愈充分愈能夠增進學習效果。「類化原則」指以類似的刺激來引起相同的反應，教學的要領在提供學生可以產生「類化」

的刺激活動。「興趣原則」指教師教學之實施，要能夠引發學生的學習興趣，亦即「全神貫注，專心致至，一心向著目標」的熱情。「自動原則」指教學的歷程中，教師應布置環境，安排做中學活動，激勵學生主動積極投入學習活動，學生愈能自己主動積極勤學者，教學成果愈佳。「個別適應原則」指教師教學時必須了解學生個別差異的現象、性質及其形成因素，因材施教，促使每個受教者均能個別適應，進而充分發展。「社會化原則」指教師教學既要因人之異，亦要應人之同。適應人之所同的人性是教學社會化的基礎；發揮人之所同則是教學社會化的目的。教育不但在發展個人的差異，使人盡其才，更應能陶冶個人的群性，做到才盡其用，使之能達到自我實現和服務人群的理想，以符應民主和社會的型態；教學的本質之一也是在引導學生由「個人」轉化成「社會人」的社會化歷程。「熟練原則」指教師教學要讓學生學習的結果達到真正而徹底的程度，亦就是一切學習都能真正理解，純熟精練；在消極方面減少遺忘，積極方面能靈活應用，增加學習效果。「同時學習原則」指一個學習活動，同時可以學到許多事物和內容，例如：知識、技能、態度、理想、觀念、興趣、情感等，就叫同時學習。同時學習原則為美國教育家Kilpatrick所創導，他主張教師教學應同時兼顧學生的「主學習」——知識或技能、「副學習」——思想和觀念，以及「附學習」——態度、理想、興趣或情感。

Thorndike的學習三律以及方炳林的八大教學原則之強調，是當前優質教師教學上的核心理念，幾乎每一位優質卓越的老師皆能內化於心、應用精練，也才能具有最佳的教與學效果。

三、十大基本能力

十大基本能力係指教育部頒行「九年一貫課程綱要」所明列，七大領域課程共同引導學生須達成之 10 項課程目標，包括：

1.增進自我了解，發展個人潛能。

2.培養欣賞、表現、審美及創作能力。

3.提升生涯規劃與終身學習能力。

4.培養表達、溝通和分享的知能。

5.發展尊重他人、關懷社會、增進團隊合作。

6.促進文化學習與國際了解。

7.增進規劃、組織與實踐的知能。

8.運用科技與資訊的能力。

9.激發主動探索和研究的精神。

10.培養獨立思考與解決問題的能力。

「九年一貫課程綱要」明白規定：國民教育之學校教育目標在透過人與自己、人與社會、人與自然等人性化、生活化、適性化、統整化與現代化之學習領域教育活動，傳授基本知識，養成終身學習能力，培養身心充分發展之活潑樂觀、合群互助、探究反思、恢弘前瞻、創造進取的健全國民與具世界觀之公民。為實現國民教育階段學校的教育目的，需引導學生致力達成前述 10 項基本能力。

這 10 項基本能力已成為每位教師教學之共同指標，為協助老師們適時省悟，隨時融入各領域教學，應請書法專長教師書寫，製作成精美標誌，懸掛在教師共同辦公會所，提供所有教師參閱。校長及主任在有關會議討論時，亦得適時結合運用，使能帶動「交互作用、整合發展」，發揮預期功能。

四、體適能

體適能（Physical Fitness）是指身體適應生活及環境變化的綜合能力，體適能較好的人在日常生活或工作中從事體力性活動或運動時，皆有較佳的活力及適應力，而不會輕易產生疲勞或力不從心的感覺。教育部評估體適能的方法從四個向度著力：(1)柔軟度（坐姿體前彎）；(2)瞬發力（立定跳遠）；(3)肌力、肌耐力（一分鐘屈膝仰臥起坐）；(4)心肺

耐力（男 1600 公尺跑走，女 800 公尺跑走）。

依此 4 項測量成績比對全國性常模，並參照個人的身體質量指數（體重／身高平方），評估體適能之優劣，並研議增進體適能之應對處方。

教育部多年來推動「333 體適能」，意指每週運動 3 次，每次 30 分鐘以上，每次運動促使心跳達到每分鐘 130 次以上，即可以讓每個人維持適度的體適能。近年來觀察確有一定的績效，多數民眾已知多運動習慣，每週在 3 次以上，每次亦有 30 分鐘以上或至流汗程度。「333 體適能」確實簡明易行，對於「運動人口倍增計畫」有相當程度的促進作用。

學校體適能的推動需做好下列數項工作：(1)每年對師生定期檢測；(2)每年正式公告每位師生的體適能成績，並公開說明強調哪些師生有待加強體適能；(3)將全校師生體適能情形配合體育教學研處配對處方，告知體育教師及所有師生；(4)發展增進學校師生體適能之多元社團及體育教學特色課程；(5)建置學校師生體適能護照，督促全體師生養成正確健康運動休閒習慣。

🍀 五、健康促進學校

教育部結合衛生署自 2004 年起推動「健康促進學校」計畫，運用學校本位管理的理念，就學校師生需求與社區資源配合考量，鼓勵學校依據健康促進觀念，策訂整體之衛生教育政策並規劃適合的健康師生活動，以達成學校教職員工之健康，提升學生學習能力及國家競爭力。其具體項目包含：整體學校衛生政策、菸害及檳榔健康危害防治（預防性健康行為）、性教育與生育保健、事故傷害防治、愛滋病防治、藥物濫用防治、健康飲食、安全衛生、視力保健、口腔衛生、自殺防治、傳染病控制等健康議題。

教育部（2005）指出，健康促進學校的起源來自於世界衛生組織（WHO）的推動，世界衛生組織於 1986 年在渥太華召開第一次健康促進國際研討會，並發表渥太華憲章，提出健康促進的五大行動方案。之

後，健康促進成為世界各國之公共衛生風潮。自 1995 年起，該組織提出學校也應該成為健康生活環境，將健康促進之觀念帶入校園，於世界各國推展建構健康促進學校；之後陸續於西太平洋、拉丁美洲、南非等地區成立健康促進學校聯盟，其中與我國地緣較接近之西太平洋地區，至少有 27 個國家加入全球健康促進學校計畫。在全球許多國家實施健康促進學校計畫後，都減少其健康問題、增加教育系統之效率，並促進其公共衛生及社會經濟之發展。本項計畫之推動乃順應世界潮流趨勢，接軌國際發展脈絡之具體作為。

健康促進學校之推動，近年來頗受關注，亦已帶動中小學健康觀念的提升與績效。就實務運作層面而言，有下列配套，學校經營將會更好：(1)結合前述增進師生體適能方案及體育健康領域校本課程統整規劃；(2)發展「健康促進」主題教學教材；(3)發展健康導向運動休閒多元社團永續經營；(4)布建健康安全校園，強化師生健康生活習慣，形塑健康增能文化。

六、適性發展

適性發展是指學校的教育措施，整體而言應該提供給每一位學生適性發展的平台，此一適性發展的平台具有三個層面的意涵：(1)提供一個均衡刺激的環境，能夠讓每位學生的潛能因子均有嘗試發展之機會；(2)提供一個多元歷程的教育活動，順應學生不同的性向興趣；(3)提供一個可以加深加廣的調節措施，促進學生優勢智能適性發展。

適性發展的原理來自多元智能理論及教育機會均等理念，也是人文主義教育所強調，教育在「教人之所以為人」的最高理想。就一般學校經營而言，必須做到四大措施始能提供所有的學生適性發展：(1)教學正常化：發揮總體學校本位課程的優點，均衡刺激每位學生的潛能因子；(2)發展多元社團，分組主題教學及才藝競賽活動，順應學生不同的性向和興趣，並促進優勢智能適性發展；(3)建置周延的輔導學生機制，協助

學生學習規劃及生活適應，增進適性發展；(4)布建領域補救教學，針對學習上之弱勢族群或落後學生適時補強，拉齊學生基本能力，奠定適性發展基石。

捌、學生輔導方面的理論與應用

在學生輔導方面，卓越學校的指標有五：「整合的輔導機制」、「多元的輔導策略」、「適性的輔導措施」、「友善的校園情境」，以及「綿密的輔導網絡」，內含 21 個檢核項目。從指標的具體內涵尋找其背後所依循的理論或理念，以下列六者最為重要：「輔導機制」、「教育愛與關照能」、「認輔制度」、「輔導網絡（支持網）」、「訓育原理輔導化」，以及「學校（學生）輔導法」。茲分述其主要意涵與其在學校經營上的應用如次。

一、輔導機制

輔導機制是指學校運用三級預防輔導學生的觀念，為學校師生建立一個周延綿密的輔導協助系統，讓一般學生及適應困難、行為偏差之學生均能獲致妥善照顧。

中小學為國家基本教育，主要以國家經費來辦理教育，學校的輔導機制受限於法令、人力、經費預算，雖本已存在，然十分雷同，且運作功能尚屬薄弱，有待深耕強化。目前中小學的輔導機制約略如次：(1)學科教師（教學中輔導、輔導學生融入教學）；(2)導師（實施班級輔導）；(3)認輔教師（個別關懷、愛心陪伴）；(4)輔導教師（個別輔導、小團體輔導、測驗分析）；(5)特別輔導（引進輔導網絡系統，如：心理師、社工師等輪值，協助二級、三級或特殊案例）。

強化學校輔導機制的方法有三：(1)全面辦理教師輔導知能研習活動，提高一般教師關照學生之能量，強化前述輔導機制的前三點；(2)建置完

備的輔導網絡系統，以網絡資源專業人力適時進入學校，強化前述輔導機制中第4、5點之功能；(3)依據「教訓輔三合一方案」之精神，串連強化每一位老師教學輔導學生的6項職責（有效教學、教學中輔導、導師、認輔教師、了解網絡及危機處理），並明確規範訓輔人員（校長、主任、組長及輔導教師）在一級、二級、三級輔導工作上的角色職責，使其能有效帶動全校教職員工為全校師生提供周全的輔導服務工作。

二、教育愛與關照能

「教育愛」是指教師體認到愛護學生、關心學生、教導學生、協助學生成長，是其畢生最有價值的志業，願意無條件的關照學生，又稱為教師的大愛。教育愛的動源來自前述「價值」的體認，是一種情操的展現。

「教育愛」的實踐篤行最為重要，當代教師可以從下列4個著力點實踐教師大愛：(1)提升教學效果：將有緣的學生在最經濟的時間內教會其該習得的知識技能；(2)擔任認輔教師：協助適應困難、行為偏差的學生，提供關愛支持力量；(3)關照特殊學生：給予弱勢族群學生必要的了解與協助；(4)增益學生能量：教導學生累積知識、技巧、方法，增益適應，進而順利成長發展。

「關照能」是指教師或教育人員具備關懷、照顧、協助、幫忙學生處理困難、跳脫困難的素養與技術。也就是有能力的愛，或者教師能夠操作（使用上的）的輔導態度與技術（鄭崇趁，2005）。用輔導與諮商的術語來說，「關照能」的重要意涵應包括輔導員（教師）的基本態度及諮商初階技術。基本態度如：溫暖、真誠、接納、尊重、支持等；諮商初階技術如：同理心、回饋、引導、自我表露、問題解決等。

「關照能」的培育與宣導確為友善校園總體營造的重要根基，而全面提升教師輔導知能乃培育關照能的不二法門。全面提升教師輔導知能的必要措施，包括：(1)持續辦理教師基礎及進階輔導知能研習；(2)推動

教師輔導主題工作坊研習；(3)規範中小學教育學程學生必修「輔導原理與實務」學分；(4)鼓勵中小學教師進行輔導主題行動研究；(5)開設輔導學分班及輔導教學碩士班；(6)積極辦理輔導學術研討會及行動研究發表會。

三、認輔制度

認輔制度係教育部為動員一般教師及家長共同協助學生輔導工作，自1995年起推動「教師或志工認輔一至二位適應困難或行為偏差學生」，提供這些學生「個別關懷、愛心陪伴」之謂。認輔制度推動後，希能逐步整合「璞玉專案」、「朝陽方案」、「攜手計畫」及「春暉專案」之個別實施。

認輔制度的最高理想，是希望所有中小學教師，每一位教師均能主動認輔一至二位與他有緣的學生，陪伴他、關懷他、協助他度過人生的狂飆期，或協助他跳脫困境，做必要的生涯發展，有效扮演學生生命中「貴人」的角色，或者「護持者」角色。唯發展迄今並未完全成功，每一學校均有認輔教師，然多數約僅教師全數的三分之一至四分之一之間。

認輔制度尚未普及的原因有三：(1)受輔對象界定為適應困難及行為偏差者優先，部分教師望之怯步，因其認為自己的專業素養難以提供協助；(2)認輔紀錄冊之使用，溝通不易，教師們皆視為沉重負擔；(3)三級預防輔導學生觀念在教師之間仍不明晰，教師尚未將輔導學生視為自己的基本責任。

認輔制度仍是一般教師及志工可參與輔導學生的最基本工作，也是輔導網絡及學校輔導工作之基石，學校訓輔人員（校長、主任）需加強下列措施來強化認輔制度：(1)以三級預防觀念及認輔功能（如圖3-2所示）宣導所有教師，界定在初級的「個別關懷、愛心相伴」；(2)多示範輔導紀錄冊的簡要摘記方法；(3)校長及主任優先示範認輔一至二位學生；(4)每年獎勵優秀認輔教師十分之一至五分之一的老師。

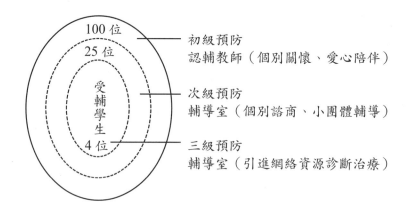

圖 3-2 認輔制度與三級預防

資料來源：修改自鄭崇趁（2006a：131）

四、輔導網絡（支持網）

「輔導網絡」是指「教訓輔三合一方案」所強調的「學校輔導網絡」，學校教師及輔導專業人員結合社區與輔導有關的資源人力，共同協助學生，稱之為輔導網絡。「網絡」含有「系統」及「絡繹不絕」之意。「教訓輔三合一方案」要求各校必須建立學校輔導網絡，等同於要求學校要為學生建構一個明確的「支持網」。

「輔導網絡」所要結合的主要對象，宜包括：學校教師、訓輔人員、社輔單位社工人員、衛生單位公共衛生人員、醫療單位心理諮商人員、法務警政單位警察司法人員、公益組織團體或個人、退休教師或志工、家長，以及社區人士等，從「支持性」到「矯治性」，網絡愈綿密，愈能有效支持學校帶好每個學生。

五、訓育原理輔導化

「訓育原理輔導化」是指今後的學生事務，要以輔導的原理原則與方法來辦理為主軸，包括嚴重違規、偏差行為以及過去需要管教懲戒之學生，亦以輔導的觀念與作法來因應。「訓育原理輔導化」自 1991 年起

教育部推動「教育部輔導工作六年計畫」被強調開始（鄭崇趁，1991），歷經「青少年輔導計畫」、「建立學生輔導新體制——教學、訓導、輔導三合一整合實驗方案」持續實施，以及現今的「友善校園總體營造計畫」，均列為整體訓輔工作的核心理念，也是學校辦理學生事務的重點參照指標。

「訓育原理輔導化」屬概念性名詞，化作具體學校措施或行為指標，可由下列事項得致參照檢核點：(1)零體罰：學校之內不再發生教師體罰學生事件，尊重學生基本人權；(2)訂定合宜學生輔導管教辦法：學生違規犯過時，先經必要的輔導再施予管教，管教措施有嚴明的程序規範；(3)落實班級學生輔導及常規管理：強化每位教師教學中的輔導學生能力，以及促進班級團體動力，養成學生優質行為習慣；(4)學校建立完備的三級預防輔導學生機制，逐步取代傳統制約性規範；(5)推動「服務銷過」辦法，輔導學生以「服務他人」為悔過銷過的方法，間接養成正向積極行為。

六、學校（學生）輔導法

當前之教育環境面對的挑戰至為嚴峻，適應困難及偏差行為學生比例日漸升高，憂鬱症師生日益增多，輔導工作中長程方案計畫也僅能稍穩陣腳，舒緩其嚴重惡化程度。務本之道，有必要訂頒《學生輔導法》（或《學校輔導法》），規範學校整體輔導學生機制，建立學生輔導新體制，始能有效引進資源，從多元管道協助教師輔導學生，讓教育發揮其應有之功能。《學生輔導法》應以規範下列七大事項為優先考量：(1)教師輔導學生的責任與輔導知能素養：如：所有教師均應參與學生輔導工作，擔任導師、認輔教師並注意教學中輔導；每個教師均應參與 36 小時（2 學分）以上輔導知能研習，全校五分之一教師修習輔導學分 10 學分以上，十分之一教師修習輔導學分 20 學分以上；(2)學校輔導學生系統化機制：如：輔導行政組織，處理學生問題三級預防的單位與程序；(3)

依學校規模（師生人數）規定專業輔導人員（諮商心理師、臨床心理師、社工師）駐校輪值的基本時數；(4)建置學生的測驗與輔導完整資料；(5)逐年訂定學校三級預防輔導工作計畫，以及完整的評鑑檢核機制；(6)建立學校輔導網絡，結合社區資源共同輔導學生；(7)成立校園危機處理小組，有效因應緊急突發狀況（鄭崇趁，2005）。

玖、家長參與方面的理論與應用

在家長參與方面，卓越學校的指標有三：「健全的家長組織」、「良性的親師互動」，以及「多元的合作模式」，內含 10 個檢核項目。由於家長參與學校經營的歷史較短，就台灣地區來說係解嚴與政黨輪替間，配套發展之產物，尚難從具體的指標內涵尋找出背後所依循的理論或理念。茲就各縣市大部分中小學家長參與校務之主要功能及角色扮演取向，歸納出 6 個最重要的「名詞」（近似理念或理論），以提供執行者參照，包括：「決策諮詢」、「專業志工」、「服務志工」、「支援輔助資源」、「中介溝通與協調」，以及「捐助奉獻」。茲分述其主要意涵及其在學校經營上的應用如次。

一、決策諮詢

決策諮詢係家長參與校務運作最重要的功能之一，意指家長會代表依據法令，可以參與學校重要會議（如：校務會議、校務發展會議）及課程發展委員會，代表家長會向學校提供意見，反映家長的期望或需求，作為學校校務決策之參考。家長代表提供學校決策諮詢的功能尚難普遍發揮，主要原因必須要有下列條件之配合：(1)家長會委員必須是熱心學校事務人員，且需具有教育專業或領域專長；(2)學校召開重要會議時，專業的家長代表必須能夠配合出席會議；(3)家長代表反映的期望與需求意見必須在學校統整考量下有調整的空間。事實上，家長代表對於校務

之決策諮詢功能十分可貴，尤其是參加重要會議時，家長的意見對學校重要措施的認同度與滿意度，往往是學校決定是否調整措施之主要依據，例如：學校發展之校本課程或特色課程，家長代表表達他們認同程度高低，常是此一課程能否持續發展成功之關鍵。又如：學校週年慶活動設計與實施結果，家長代表們反映的滿意度高低，即是下年度主要活動規劃上之參照。因此，家長會代表所扮演之決策諮詢功能，首重專業導向配合，其次為學校措施認同度與滿意度之回饋。

🌸 二、專業志工

專業志工是指家長或社區志工具有個殊專業人員協助學校無償之專業性服務工作，這些工作包括：帶領晨間閱讀、圖書館借還歸類圖書、保健室簡易傷病處理、資訊系統維護、教師或學生社團領導、認輔志工等。這些專業性工作原本為學校教師及行政部門應予兼顧事項，在當前教師以教學為主，擴增家長參與及有效資源整合時代脈絡下，須結合家長志工為全校師生整體規劃，是更具教育競爭力的專業志工服務措施。學校經營中，專業志工必須符合下列特質：(1)輔助性：不宜取代教師或學校教育人員的重要本職職分，如：課堂教學；(2)支援性：專業志工得支援教師部分的服務性工作，如：教師晨會時間帶領班級晨間閱讀；(3)服務性：專業志工協助事務內涵雖屬專業及半專業事項，不宜支付任何報酬；(4)整合性：專業志工已成為學校重要資源之一，學校應整合（系統）思考，就學校之實際需求，搭配整體校務運作，規劃資源引進、培育及運用計畫，始能產生「交互作用、整合發展」功能。學校增進專業志工的方法可嘗試採取下列作法：(1)調查家長職業專長並蒐集社區人力資料；(2)評估學校專業輔助資源需求（確定哪些專業及半專業教育工作，得動員社區資源協助）；(3)辦理專業志工研習及見習活動；(4)配合校務中長期計畫，有效運用專業志工協助參與校務。

🌸 三、服務志工

服務志工是指學校家長志工參與學校服務性工作，協助學校更為周延地教育學生，這些服務性工作大致包括：學生上下學交通導護、部分校園環境清理、學校舉行校際或大型活動時引導或布置服務、協助照護學生（愛心媽媽）等，所謂無酬服務性工作。學校服務性工作，仍有其特色，頗能吸引家長志工（尤其是愛心媽媽）參與，其主要特色在：(1)學校教育工作在為師生服務，具有敬師意涵；(2)自己的子女在學校內接受教育，有為「自己人」工作的感覺；(3)學校內的工作均與教育活動攸關，多屬優雅服務性質，具有尊榮高貴的價值取向。目前，學校經營已大量引進服務志工，協助學校推展校務，具有成功經驗的學校大致作法如次：(1)每學年辦理學校志工培訓，邀請家長志工擴大參與；(2)統籌規劃學校得交付家長志工服務事項，並列入培育範圍，優先讓志工們了解；(3)將學校服務性工作系統分類，交由志工人員成立不同「行動團隊」承接執行；(4)慎選各行動團隊之領導幹部，交付其尊榮，並約定與學校行政互動方式；(5)給予服務志工適時「表演」及「公開褒揚」之機會，激勵其士氣；(6)發展定期檢核志工表現制度，建置表現成績檔案，適時提供回饋，並做為彈性調整志工運作之依據。

🌸 四、支援輔助資源

支援輔助資源是指家長參與學校校務之各項活動，本質上均屬支援輔助資源，不適合當正式資源或固定資源。支援輔助資源廣義的包括前述之「決策諮詢」、「專業志工」、「服務志工」及「立即性協助志工」，狹義的意涵則專指「立即性協助校務志工」。所謂立即性協助志工是指學校有臨時性需要時，得立即提供支援性或輔助性服務，協助學校補偏救弊，維護正常運作。就狹義的支援輔助資源而言，學校的下列事項得動用到支援輔助資源：(1)師生發生臨時安全事項，除了學校人員

外，需要家長代表參與或協助者；(2)學生在校內發生爭端，需要家長代表參與處理者；(3)學生在校外發生事故，需要家長代表協助支援照顧者；(4)家長彼此間對於校務參與有不同意見，需要家長代表協助扮演中介溝通與協調者。在學校經營的歷史發展上，甚少運用到支援輔助資源，大多數學校不知道可以運用，然就當代優質卓越學校之經驗，支援輔助資源之運用屬學校創新經營的一種。一方面能藉力使力，引導家長參與，協助學校解決棘手問題；另一方面能策動資源整合觀念，為學校蓄積更為渾厚能量，足以承擔更為強大的教育任務，提高教育競爭力。

五、中介溝通與協調

中介溝通與協調是指家長參與校務的一種特殊角色功能。家長代表在學校教師與家長，或家長與家長之間發生爭議事件時，常被學校動員扮演此一特殊的角色功能。學校運用家長代表進行中介溝通與協調任務，必須謹慎使用，且有「不得已而用」之前提，因為學校必須運用此一方法，大都是學校的正常溝通與協調不方便使用，或使用後會有後遺症，以及效果不佳後，不得已而為之的「替代方案」。傳統上經常動員家長代表扮演中介溝通與協調之學校，並非好事，也象徵校長的領導能力與方式有待考驗。惟時代的巨輪帶動家長參與校務，在多元價值取向的後現代社會，不確定因子影響校務運作的現象愈來愈複雜。學校領導者仍然可在下列情況下選擇運用家長代表扮演「中介溝通與協調」者角色，例如：(1)班級教師需要蒐集班級家長意見時，或學校需要蒐集一般家長正反面意見時；(2)教師與家長產生重要措施的意見衝突時；(3)家長與家長之間發生爭議事件，影響學校運作時；(4)學生與學生之間的糾紛，宜由家長出面協調者。

六、捐助奉獻

捐助奉獻是指家長參與學校事務，採取純然捐助款項途徑，奉獻資

金協助學校建設或舉辦活動，其與一般人力奉獻是人力資源之協助性參與有所區別。捐助奉獻乃家長或校友參與校務最原始的方法，最不容易產生爭議的參與途徑，反而在今日民主潮流及「大家共同辦教育」的表象下，未被適當重視，稍有遺憾。捐助奉獻行為仍有一些規範必須遵守：(1)捐獻給學校的財產是一種奉獻功德，不能視為投資，而有任何求償回報要求；(2)捐助款項可以指定用途，唯必須是學校之內的正當教育事務，且不得獨厚特殊個人，失去公平正義；(3)捐助款項得依所訂要點執行一段期間，達成既定目標後，將餘款流入校務基金，統整使用。由於捐助奉獻本即家長參與校務及校友回饋母校的主要方法之一，在學校經營方面，為蒐集更為寬廣的彈性資金，蓄積學校競爭潛力，學校得採取下列方式來拓增捐助奉獻資源：(1)定期出版校訊，刊載校長致家長、校友信函，簡介學校活動與重要建設，鼓舞捐助奉獻共襄盛舉；(2)鼓勵家長、校友認養發展主題式教育活動或部分設施維護，認養者均標示其姓名，彰顯其尊榮，增進資源與活力；(3)設定特定教育基金，吸引對特定教育價值有興趣的家長捐助奉獻，學校則扮演中介育成角色；(4)定期公開表揚捐助奉獻人員貢獻績效，賦與價值意義，永續經營可能之捐助奉獻行為。

拾、環境營造方面的理論與應用

在環境營造方面，卓越學校的指標有六：「安全的校園環境」、「創新的空間規劃」、「人文的環境形塑」、「健康的環境需求」、「科技的教學設備」，以及「永續的校園經營」，內含 21 個檢核項目。從指標的具體內涵尋找其背後所依循的理念或理論，以下列六者最為重要：「基本設備標準（設備基準）」、「物理環境、心理環境、文化環境」、「學校建築學」、「校園規劃原則」、「永續校園」，以及「領域空間與人車動線」。茲分述其主要意涵與其在學校經營上的應用如次。

一、基本設備標準（設備基準）

中小學教育為基本教育，政府為保障其國民接受基本教育「受教過程」的均等，訂頒國民小學、國民中學及高級中學基本設備標準，以「設備標準」規範學校的校地、樓地板面積、校舍空間、一般教室、專科教室、運動場館、活動中心、領域學門之硬體及軟體基本設施。基本設備標準主要功能有三：(1)提供籌設學校之依據：新設學校在其學校經營規模確定之後，即依據基本設備標準研訂籌設計畫；(2)提供檢核學校設施使用情形及必要的補足更新：學校設施常年使用之後，有需要依據基本設備標準進行檢核更新；(3)做為教育部、教育局（處）或學校探討學校設備更新及成長發展計畫之基礎：學校設備組長應帶領其組員，依據基本設備標準做好下列事項：①檢查學校軟硬體設施是否符合標準規定，記錄尚未符合部分的名稱及數量；②檢查各項設施使用率，登錄閒置及使用率過高之設施；③檢核安全使用年限及觀察設施堪用情形，登錄宜優先更換的設施；④研擬學校設備發展報告（含更新計畫），做為年度校務計畫及經費預算之基礎。

二、物理環境、心理環境、文化環境

廣義的校園環境包括：「物理環境」、「心理環境」以及「文化環境」。物理環境指學校的場地環境、空間設施、建築設備、教具教材等有形具體的實物環境；心理環境指與學生直接互動關係的「人」之層面，例如：教師素養、師生觀念態度、價值觀、同儕組織氣氛等；文化環境則指影響學校運作的傳統潛藏因子，例如：學校制度、組織結構、社會經濟背景之發展、社區風俗民情、典章制度等（鄭崇趁，1998b）。物理環境與心理環境及文化環境會交互影響，互為因果，優質的物理環境可以形塑積極、和諧、主動、自主的心理環境與文化環境；相同地，學校師生的心理環境與文化環境內涵，也將孕育不同的學校建築，展現其特

殊風格的物理環境。物理環境與心理環境及文化環境的連絡，必須強化下列事項：(1)充實現代化資訊教學媒體：協助學校師生透過教育活動「掌握資訊」進而「掌握世界」，做文化的主人；(2)融合育樂休閒的空間設計：提供師生休閒、藝文、談心、成長、競技的發展設施；(3)強化情意教學設施：如：禮儀教室、勵志文化環境與教材、輔導諮商空間及設施、體驗教學活動之場所與設備等；(4)結合社區資源發展鄉土教育：學校本身也是社區凝聚力及文化發展核心之一，學校的物理環境應方便與社區交流。

🦋 三、學校建築學

學校建築學係以教育哲學為導向，以學生為中心，配合教學課程的需求，融合人體工學、建築美學發展出學校建築規劃與設計的原理原則。這些原理原則的應用，包括：校地的運用、校舍的設計、校園的規劃、運動場的配置，以及附屬設施的設置等，使學校建築規劃與設計能夠呈現教育的精神、風貌與特質（湯志民，2000；蔡保田，1977）。學校建築學與一般建築學相較，其特別的地方在強調建築的教育意涵，無論在校園整體規劃上以及建築設計上，均須彰顯學校教育的價值功能。學校建築設計方面尤應強調下述理念：(1)主體：選擇行政大樓、圖書館或體育館為建築主體，使其具有中樞神經式的領導作用；(2)賓體：用來輔助主體的建築或裝飾，具有使主體更為凸顯的呼應作用和均衡作用；(3)背景：即指環境，學校要有優美的自然環境，如：叢林、花園、山景、河流等，以涵養學生的高尚情操；(4)平衡：即「對等」或「均等」，可分為「絕對對稱」和「不對稱」的平衡，各有特色；(5)比例：各部分的使用應有大小區別，如：教室的門窗要與建築物成比例，校園要與校舍成比例，運動場要與校園成比例等；(6)韻律：校舍可藉由門、窗口間的大小不同距離，表達簡單的重複律動；雕刻的花樣、粗糙的原石、圓形的基柱、百葉窗簾等亦可構成韻律的活動；(7)權衡：重視校舍各部形象的

關係與各部分之間的相互關係，如：形狀、色彩、空間、材質之設計均應有權衡之考量；(8)對比：係兩種不同部分，經對照而產生明顯區別的現象，如大小對比、明暗對比、方位對比及體量對比等；(9)性格：學校建築中能表達其獨特的性質與用途，如：學生餐廳的神態是活潑、生動、整潔；足球場應是寬闊豪邁，如：野馬奔馳的原野；(10)和諧：即統一之意，包括完整式的和諧、造形上的和諧、色彩上的和諧等，是前述各項原理的綜合而促成整體的最高表現。

四、校園規劃原則

學校建築及校園規劃係以教育理念、學校環境和建築條件為基礎，以人、空間、時間和經費為基本向度，使校地、校舍、校園、運動場與附屬設施的配置設計能整體連貫之歷程。學校建築及校園規劃有其基本原則，湯志民（2000）歸納國內外學者專家之主張，提列 8 項原則：(1)整體性的規劃；(2)教育性的設計；(3)舒適性的布置；(4)安全性的顧慮；(5)經濟性的要求；(6)創造性的構思；(7)前瞻性的考量；(8)使用者的參與；可做為各校新設、增建校舍時參酌。當代的學校建築與校園規劃，除了應遵守前述之基本原則外，更應結合美學與功能導向的思考，系統考量下列四大原則：(1)整體之美：整體的環境設施必須經過「統觀」之考量，能夠兼顧各方面需要，但整體來看有秩序之美、完整之美；(2)分區自主：多功能的校園要有區隔，教學區、行政區、運動區、宿舍區必須分別規劃，在統整考量下，分區自主；(3)多元運用：如：「視聽教室」平時供教學演講之用，節慶假日則可提供學生遊藝比賽、歌唱比賽、影片欣賞等使用；(4)精緻安全：不管使用功能有多少，仍然要遵守「安全第一」、「精細雅緻」為尚，否則仍須以主功能之彰顯為主，必要時應刪減其他功能（鄭崇趁，1998b）。

🍀 五、永續校園

永續校園是指學校運作永續發展的觀念經營環境建設，實施節約能源、資源回收、資源再生、垃圾分類、回收廢電池、重視校園綠化美化、爭取綠建築標章等重要措施，配合推動環境保護政策，促使學校成為永續經營及永續發展的實體。永續校園必須符合三大要件：(1)環保意識：師生在校園內推動之環保教育成功，普遍具備垃圾分類、資源回收、節約能源、公共衛生等環保意識及環保行為；(2)資源再生：能夠有效運用學校建物及環境設計，創造學校水電能源回收再生系統；(3)自然綠美化：充分結合學校自然生態，進行校園綠化美化工作，使學校特色能夠彰顯自然之美，奠定永續發展脈絡。永續校園是一種觀念也是一項行動，前述永續校園的三大要件及內涵的說明，可做為每一個學校在校務經營時參採。而實際之操作，則需配合學校的歷史發展與現有環境條件，採「逐步漸進」的策略推動，例如：較具歷史的學校宜從師生環保意識及環保習慣著力，再逐次兼及其他兩項；新設學校則應從學校自然綠美化，以及校舍建築時同時考量資源再生系統的設計此兩方面著力。

🍀 六、空間領域及人車動線

「空間領域」即空間運用之謂，又稱領域空間，以空間運用之主功能最合適之領域規模為規劃基礎，包括：結構空間、實用空間和視覺空間三者之融合。結構空間在求「真」，亦即須符合建築科學（力學、材料學、構造學）的規則性；實用空間在求「善」，亦即應考慮使用功能的便利性；視覺空間在求「美」，亦即應形成和諧形象的藝術性（王宗年，1992；湯志民，2000）。因此，在學校建築時，應依其空間屬性的不同，規劃其合適的空間領域，例如：內部領域與外部領域的區分、靜態區、動態區及中介區的領域區隔、行政區、教學區、活動區、休憩區、服務區、通道區、特教區、幼兒園等，均應有合適的空間領域。

人車動線也是廣義的空間領域規劃之範圍，大型學校因學校師生人數眾多，校園建築規劃有其固定性與限制性，師生活動必須配合校舍的位置及其形成的空間領域而進行，學生上下課活動路線以及教師家長使用（含開車）路線即須合宜規劃。人車動線規劃之原則有三：(1)安全優先：以學生及教師的安全動線為第一考量；(2)學習便捷：動態的規劃以方便學生到不同空間領域學習為優先；(3)秩序之美：動線能夠導引秩序律動之美。

❦ 拾壹、資源整合方面的理論與應用

在資源整合方面，卓越學校的指標有四：「社區資源的建置」、「妥善的資源引進」、「靈活的資源運用」，以及「雙贏的資源整合」，內含 15 個檢核項目。從指標的具體內涵尋找其背後所依循的理論或理念，以下列六者最為重要：「水平資源整合」、「垂直資源整合」、「社區資源整合」、「校際資源整合」、「學習資源網絡」，以及「資源個案管理」。茲分述其主要意涵與其在學校經營上的應用如次。

❦ 一、水平資源整合

水平資源整合是指學校經營能夠善用本身之行政處室組織、教師組織、學生組織、家長組織，以及校外之社區組織、志工團體、文化團體、公私立社會服務組織之人力及設施資源，協助學校教育活動之實施。水平指校內外平行組織單位，整合指促進這些資源產生「交互作用、整合發展」，有效幫助校務。水平資源整合的具體作法主要有四：(1)成立資源整合推動小組，遴選家長會長或教師會長擔任召集人，每雙週開會研議資源整合相關事宜；(2)研訂資源整合年度實施計畫，運用水平資源協助學校 6 至 20 項事務，並將這些工作整併到學校行事曆；(3)小組會議定期檢討資源整合事務實施情況，並由召集人列席行政會議報告；(4)由校

長、主任、組長、小組召集人定期與水平資源組織單位負責人聯繫，並邀請參與學校重要慶典活動；(5)學校指派代表，參與平行資源組織重要活動，彼此支援互惠；(6)在公開慶典頒獎或頒感謝狀給對學校有貢獻的組織或個人，樹立楷模、榮譽與價值。天下沒有白吃的午餐，資源整合亦然，垂直資源整合靠統整判斷及計畫管理能力，而水平資源的整合則靠綿密互動、溝通協調、交互支持的實踐。學校領導人平時即應積極投入，以相對的付出及智慧的互動，方能真正導引校外資源的整合協助。

🍀 二、垂直資源整合

垂直資源整合是指學校能夠將教育部、教育局（處）的政策資源及學校本身的基本資源整合運用，而整合的工具以校務發展計畫及年度工作計畫為主，以主題式計畫為輔。學校本身為一教育組織，行政主管機關為直轄市或縣市政府，直轄市及縣市政府均為地方政府，教育部門歸屬教育部督導，教育事務之規劃與執行，必須遵循教育法令、教育政策以及教育理念統整思考，對於教育理念的偏愛與主張往往因人而異，是以教育政策的重點有時常因首長的遷調而有不同。縣市政府及直轄市也須發展個別之教育重點或主軸，是以縣市政府的教育經費預算，除了學校經常支出給與編列之外，約有百分之二十的額度列為執行地方政府教育重點或主軸，提供各校研提計畫，申請補助（或專款）執行。教育部亦將重點政策編配成中長程計畫或行動方案，明列工作項目與經費支持額度，供縣市所屬學校申請執行。是以學校之校務經營，除了常態性的課程教學之設計外，應配合教育部及教育局（處）之政策及重點引導，將教育部各項政策執行計畫與教育局（處）的施政主軸，融入學校發展計畫中統整考量，將各項政策性工作與學校經常性事務融合，列入年度工作日程表中，形成學校行政人員及教師本分工作職責之一。至於執行上級方案計畫所需的人力及經費資源，或接受縣市政府專案委託，則須積極研訂實施計畫，專案申請教育局（處）或教育部審查、核定、補助

提供相對資源後實施。垂直資源整合至為重要，係當代多元價值社會及教育政策多元化、市場化，功利化衝擊下最具挑戰之難題，學校再也無法「關起門來辦教育」，然而教育部及教育局（處）兩階段的垂直資源如果到不了學校之內，則學校幾無競爭力可言。

三、社區資源整合

社區資源整合是指學校能夠善用社區資源，以社區個殊之專業人力及設施，融入學校教育學習活動之中。「學校社區化」、「社區學校化」是社區與學校資源整合之最佳寫照。校務經營運用社區資源的途徑可從下列著力：(1)家長人力資源：邀請具備專業知能之學生家長，參與課程發展與指導學生社團；(2)社區志工資源：如：交通導護、校園花木維護管理、水電系統定期維修等，均可招募社區志工協助；(3)認輔志工或補救學習指導員：招募對於助人有興趣的專業志工，如：退休公務人員及教師，擔任適應困難學生認輔或指導補救學習落後學生；(4)社區文化資源：如：廟宇、古蹟文物、鄉土文化資源均可透過教師行動研究方法，引導學生運用體驗學習方式，豐富教育素材。校務經營亦應配合社區總體營造需求，以學校資源提供社區服務，可行之具體作法，例如：(1)提供學校設施作為社區學習中心；(2)支援專業師資，帶動民眾學習；(3)融合社區特色，辦理整合型教育活動，如：聯合運動會、主題課程體驗學習，提供學生及家長共同參與；(4)推薦學校幹部擔任社區總體營造委員，協助社區整合發展。社區資源整合也是學校開放教育的一環，建立在學校、社區的相互依存、互補共榮的基礎之上，有待學校積極開展。

四、校際資源整合

校際資源整合是指學校與學校之間進行人力及資源的合作互助整合發展，以達成教育任務或實踐個殊之教育政策。校際資源整合最常被使用者有三類：(1)教師間透過策略聯盟發展九年一貫主題課程及教材；(2)

學校分區跨校合作，共同主辦教師研習活動；(3)辦理城鄉交流、師生互訪，增益師生不同校際體驗。校際資源整合尚有更多的途徑亟待開發，例如：(1)分區成立主題教育資源中心，且規範每校依其各自特色至少要成立一個以上的中心，以作為資源整合發展之主體場域；(2)每一學校的主題教育資源必須持續發展、按季更新，提供分區學校甚至全縣學校分享製作專屬網頁；(3)個殊領域師資的跨校教學：如：音樂、體操、表演藝術、特教、社團教師的分區跨校編配，既可善用教師專才，亦可普遍造福學生，提升教育品質；(4)分區學生主題教育活動的整合規劃：如：童軍、部分社團及學藝活動；(5)成立跨校師生成長團體或追求卓越行動團體，為追求成長發展及崇高任務（如：各種獎項）的人力資源整合；(6)跨校建構輔導資源網絡和危機處理聯盟系統及安全防護網。當前學校教育正面對著國際化、科技化、本土化及少子化的衝擊，校際間之資源整合更為重要，唯有實踐「交互作用、整合發展」的校際資源整合，才能彌補學校本身之不足，並發展學校特色，方可為學校提升教育競爭力。

五、學習資源網絡

學習資源網絡是指學校運用當代資訊科技設施，將教師專業成長及學生學習之重要人力資源、課程發展、教學資料、設施資源等，建置成教師、家長、學生方便使用之資訊管理系統。學習資源網絡之建置應符合三個要件：(1)價值性：以對於學校師生能夠產生正面教育價值之資源為限；(2)可行性：以有意願及可以使用的人力設施資源為限；(3)整合性：人力資源及設施資源，應整合後始予建置，避免僅有零碎之資源。學校之學習資源網絡系統可包括下列 6 至 9 個次級系統：(1)師資講座人力系統；(2)課程發展模式系統；(3)教學主題資料系統；(4)志工服務人力系統；(5)學校基本設施系統；(6)學生輔導個案系統；(7)教育活動計畫系統；(8)學生社團發展系統；(9)學生學習成效評鑑系統。學習資源網絡在電腦尚未普及發達之前，既已存在學校，只是當時需用人工、電話及文

書檔案加以連結;目前的電腦資訊發達,用網頁及 E-mail 型態運作,更能加倍提升資源使用效果。

六、資源個案管理

資源個案管理是學校資源整合的一種方法,將特殊的工作事項列為任務個案,依任務個案之性質與需求,整合相關資源,協力完成。個案是指學校重要教育事務,例如:學校願景的形塑、年級領域課程目標之發展、學校特色及鄉土教材之編撰、社區服務團隊之組成、年段班群教學之實施等;管理是指系統編組,進行計畫、執行、檢核完整之任務歷程;個案管理實際上即實踐主題教育事項資源整合的一種推動方式。資源個案管理在學校實施中具有四大特色:(1)跨越處室及年級組織界線,有利於校內的水平資源整合;(2)跨越校際組織界線,也有利於校外水平資源的整合;(3)因為個案主題明確,方便引進學者專家參與指導,也有利於垂直資源的整合;(4)實施多元個案管理可以發揮類似行動研究之積極功能,協助學校持續成長發展,提高學校競爭力。資源個案管理是一種任務編組的型態,在學校組織系統中為「非正式」、「個案」之組織,其個案數量與參與人選最為重要;參與人員必須考量相關專長條件與意願,並與學校組織系統負責幹部充分結合,才能發揮正式組織與非正式組織密切結合之功能。

拾貳、文化形塑方面的理論與應用

在文化形塑方面,卓越學校的指標有五:「共同的學校願景」、「明確的學校規範」、「合理的獎懲機制」、「溫馨的組織氣氛」,以及「永續的文化革新」,內含 18 個檢核項目。從指標的具體內涵尋找其背後所依循的理論或理念,以下列六者最為重要:「專業示範」、「實踐篤行」、「交互支援」、「整合發展」、「情境營造」,以及「風格領

導」。茲分述其主要意涵及其在學校經營上的應用如次。

一、專業示範

專業示範是指學校領導人如欲帶動學校組織氣氛優質化，進而形塑文化風格，必先以教育專業的觀念、理念與實務作為來示範處理所有校務。專業示範是一種行為概念，具有領導楷模的內涵，更具有實踐帶頭的實際作為。

學校領導人（校長、主任）展現專業示範的層面，重要者有五：(1)計畫管理：會帶頭擬訂校務發展計畫及執行事項；(2)課程教學：有專業能力帶著主任、組長及領域召集人，發展校本課程設計及特色主題課程，必要時亦能示範改進教學；(3)輔導學生：如：帶頭認輔學生，建置學校輔導網絡系統等；(4)環保行為：如：垃圾分類、永續經營學校等；(5)研究發展：帶領行動研究，持續改善學校發展。

專業示範能夠帶領幹部及教師用真正的專業知識經營教育事務，在真知的實踐中，學校充滿知的喜悅與效能，校務事半功倍，大家熱愛教育，盡力而猶有餘裕，是形塑優質組織氣氛與文化的最重要基石。

二、實踐篤行

實踐篤行係指學校領導人的一種行事風格或做事態度，是繼「專業示範」之後，領導人帶頭將學校重點工作如何執行完成的歷程。能夠帶動同仁實踐篤行的學校領導人，往往可以增進幹部及同仁的認同程度、向心力以及執行力，逐次展現學校辦學績效，這也是營造學校優質組織文化之重要策略。

學校領導人（校長及主任）應在下列事項展現實踐篤行之具體行為：(1)操作學校願景意涵與學校重要教育活動之結合，賦與學校事務深層的教育價值；(2)運作教育的原理原則，闡述學校發生的大事小事，帶領同仁體悟教育、深耕教育，充滿希望；(3)能夠指出全校師生的共同最需要，

率先士卒努力實踐，並且未達目的決不停止；(4)依據學校年度重點工作計畫，督責準備，確實執行，並主動提供必要資源，協助解決衍生問題；(5)關懷師生，包容體恤，專注校務，舉止優雅；(6)參與行動研究，持續發展創意革新與有效教學。

三、交互支援

交互支援是指學校領導人能夠帶動行政處室之間的合作互補，以及教師之間的協同合作，為學校創發更具產能的競爭力。交互支援發生在學校中的具體現象是，大家搶著做事，每位教師和職工均以能夠服務他人，多為學校奉獻心力為榮。

交互支援是「教訓輔三合一方案」所強調的最主要精神，所謂「交互作用、整合發展」就是學校教師和職工交互支援的最佳寫照。學校之教育人員本即高級知識份子社群，個別來看，均為社會仰賴之中堅；整體而言，如：能再發揮團體動力，讓團體的力量大於個人能量之總和，則國家社會甚幸，也是教育能夠帶給人民的最大、最珍貴福祉。學校組織氣氛能否改善，教育競爭力能否全面提升，均以教育人員能否交互支援為基石。

學校領導人可從下列途徑，帶動促進教師和職工的交互支援行為：(1)帶頭協助工作吃重的處室執行校務，並在行政會議中討論；(2)要求各處室配合季節支援其他處室重點校務，並褒揚實踐支援同仁，給予榮譽；(3)鼓勵同仁適時休假，例行校務交由處室同仁支援執行，結合休假激勵與支援滿意度來促進經營活力；(4)接辦全縣（市）性大中型教育活動，勉勵同仁協力支援承擔，讓主要幹部同仁有表現機會，也帶給同仁價值感與滿意度；(5)與鄰近學校策略聯盟，鼓勵優秀同仁與他校人員交互支援，為學校帶進另一股動能。

四、整合發展

整合發展是指學校經營校務時，領導人能經過系統思考，針對學校的最需要與最大價值做決策，能夠綜合考量學校的各種因素，讓教師的專長得到最大的發揮，社區資源充分運用，學生需求獲致滿足，學校的教育績效持續提升。

整合發展是一種決策概念，符合此一概念的指標有四：(1)全面性：經過每一層面條件的整體思考；(2)價值化：能夠帶給全校師生最大的教育價值；(3)適時化：是順應時局發展最佳決定；(4)前瞻性：此一措施有助於學校長遠發展，永續經營。

「交互作用、整合發展」原本為「教訓輔三合一方案」中最重要的組織營造策略，前四個字強調組織成員投入的交互支援，同心協力；後四個字則強調組織發展概念指標，導引價值取向。就學校經營而言，尤需注意下列事項之整合發展：(1)願景形塑：須能整合大家的心聲與組織目標；(2)本位管理：整合全校條件、資源，規劃最佳運作管理模式；(3)本位課程與特色課程：順應學生之最需要與彰顯學校最大特色；(4)教師進修：能為全體教師之意願與需求作最佳規劃，獲致教師進修後的貢獻能量最大化；(5)資源應用：能有效引進各種社區、校際、垂直及水平資源，並能規劃培育整合應用到學校的最需要，奠定優質卓越之發展基石。

五、情境營造

情境營造係指學校領導人擅長運作激勵措施，帶動學校人際組織氣氛，並結合學校本身的物理環境，營造校園和諧關懷、交互支持、積極任事、努力創新的心理環境與文化環境。

情境營造也是一種團體動力學的運用，學校領導人面對全校師生同仁，進行情境營造須經四大歷程：(1)了解情境：對於學校師生的文化與緣由具有深入理解；(2)順應情境：有作為的領導人須先入鄉隨俗，爭取

同仁的認同接納，順著原有的運作方式與特質共舞；(3)經營情境：帶著大家邁向更優質、更卓越的發展方向；(4)創造情境：持續努力，直至情境文化實質提升改變，形成新的組織氣氛與文化特質。

成功的情境營造可以為學校形塑新穎的組織文化，此一文化特質能夠彰顯下列內涵：(1)充分達成教育目標（組織目標）與師生個人需求；(2)是全校師生共同願景的實踐；(3)彼此關懷支持，願意為教育學生而共同努力；(4)大家積極任事，搶著做學校該做的事，但不會太累，也不會勞逸失衡；(5)得到家長最大的信賴，並願意一起教育孩子；(6)教育績效卓著，學生與教師表現均屬優質卓越。

六、風格領導

風格領導係指學校領導人運用自己的行事風格帶動學校組織文化的發展，孕育一種與領導人風格取向相似的氛圍。風格與品味相近，中國俗話說「臭氣相投」，是指同類的人自會聚集一起；然在領導的運用上，風格領導可以帶動認同支持，進而風行草偃，臭氣相投。

風格是品味的表象，行事作風本無所謂的品味或風格，要讓同仁感受到領導人的行事作風有品味，成為一種風格，領導人本身的素養必然要超凡脫俗，做事的習慣也必然要高明優雅，是一種專業入世，又與眾有別的專業行為實踐。如果學校領導的專業水準不如行政幹部或教師，即使行事習慣個殊，也稱不上風格領導。

風格領導具有逐次形成之特質，學校領導人要有堅持的意志力，循序而進始得蔚成風格。風格領導的形成步驟有五：(1)具備教育專業素養；(2)專注投入校務經營；(3)專業領導幹部，帶動學校優質發展；(4)形成優質學校組織文化；(5)學校散發與領導人相似的品味風格。

拾參、結語——卓越學校的形成，需要校長八大核心能力的統整運作

優質卓越學校不會憑空驟至、自然形成；優質卓越學校需要學校領導人找對「著力點」（方法），持續的經營深耕，始能帶動學校跳脫困境瓶頸，逐次轉化，進而發展成長，形成優質而卓越。卓越學校的指標與檢核項目係從「表象」的要求，規範學校「應然」之作為。前述 66 個理論或理念係從「本質」的論述，分析學校經營「本然」之原理。

一個學校能否邁向優質卓越發展，除了「表象」與「本質」的建構外，更需要有「中介促成」之因子。卓越學校的形成，其中介促成的因子，即為校長八大核心能力的統整運作，這八大核心能力包括：教育專業的能力、愛人助人的能力、統整判斷的能力、計畫管理的能力、實踐篤行的能力、溝通協調的能力、應變危機的能力，以及研究發展的能力。這八大核心能力，前兩者係教育人員（教師）共有者，後六者是行政領導人更需具備者，學校領導人發揮這八大核心能力與素養，參照前述之66 個理論或理念、47 個指標及 188 個檢核項目統整思考，使之產生「理論實務，系統整合」的運作歷程，進而發揮「教育藍海、創新經營」的實質成果，優質而卓越的學校始得逐步實現。其間的結構關係如圖 3-3 所示，提供教育同仁參酌。

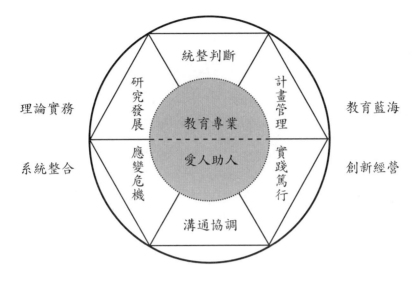

圖 3-3　校長八大核心能力與學校經營關係

資料來源：修改自 2007 年北宜候用校長班願景圖示

〔本文原載於 2007 年，台北縣卓越學校經營手冊——指標系統，3～34 頁。〕

教育經營學導論——理念、策略、實踐

第四章　一個都不少的教育理念與實踐

❧ 壹、緒言──「教育111」開創北市教育新藍天

台北市「教育111」的第三個1指的是「一個都不少」，其主要意涵係指，只要是台北市的市民，無論是其本人或其子女，接受台北市教育措施的關照，一個都不少（吳清山，2008）。本文將遵照此一概念旨趣，論述「一個都不少」之理念意涵、理論基礎，並參照國際發展脈絡，建構中小學可據以實踐之指標與具體經營措施，希望能夠導引各校掌握主要精神，進而熟悉運作事項，有效結合理論與實務。

吳清山局長於2009年賀卡上明確指出：「教育111共創台北優質新教育」，為台北市的「優質學校」及「教育111」兩者的關係做了最好的註解。「教育111」建立在學校本身已經發展為部分項目具有「優質學校」基礎之上，再經由「一校一特色」、「一生一專長」以及「一個都不少」的指標檢核，才能得到「教育111」的認證標章，成為標竿學校。因此，「教育111」將結合原本優質學校的作為，持續開創教育新藍天。

❧ 貳、「一個都不少」的理念意涵

從教育的觀點解析「一個都不少」的理念意涵，至少包括三個層次的意涵：「全民就學」、「順性揚才」，以及「普遍卓越」。「全民就學」是指台北市的學齡兒童（6～15歲）均能全部就讀國民中小學，沒有未就學或長期無故中輟學生。台北市是直轄市，廣義的全民就學，尚包括15～18歲市民只要想念高中職，台北市能夠提供完全滿足其需求的

就學機會，以及「全民可終身學習」的環境設施與配套機制。

　　「順性揚才」是指學校教育的課程與活動，能夠均衡照顧到每一位學生的「共同性」與「個殊性」；教與學的歷程，能夠滿足多數人的共同需求，也能夠提供少數個別需求學生發揮的舞台。學校能夠依據「多元智能理論」及「本位管理」的旨趣，規劃學校本位課程、開設多元社團、各領域主題教學，以及個別化教育方案等措施，順應學生不同的潛在智能結構，激發每位學生「優勢智能明朗化」，順性揚才。

　　「普遍卓越」是指學校教育中，優秀學生、一般學生以及弱勢族群學生均有「相對優勢」的成就，教育幫助每一位學生成為社會國家有用的現代公民，不形成他人或社會的包袱。「普遍卓越」乃人文主義教育最崇高的理想（鄭崇趁，2006a），經由多元智能理論、鷹架理論、社會學習理論等觀念上的強化，在學校的實踐上已有明顯的可欲性，不再是遙不可及的「理想」而已。從學校教育成果面向觀察，每一位學生均習得了「九年一貫課程綱要」所標示的「十大基本能力」，通過了「基本能力檢測」的標準，即為「普遍卓越」。換言之，學校為了提高教育品質與辦學績效，每年針對各領域之學習，實施基本能力檢測，對於通過之優秀學生，有其他課程及活動適性發展其潛能；而對於尚未通過的學生，則有務實的補救教學與輔導機制配套，協助學生確實習得應有的基本能力，即為邁向「普遍卓越」的學校。

　　「一個都不少」是一種形式用語，是一種結果或成果的描繪，就其內涵而言，前述之「全民就學」、「順性揚才」以及「普遍卓越」實為教育經營上三大具體規準，我們也可以配合「起點（入學）→過程（教育歷程）→結果（學習績效）」三大教育階段來論述。「全民就學」必須仰賴全民入學才能實現，也就是國民的入學機會要完全均等；「順性揚才」必須要有多元適性的教育設施與轉銜機制，才能提供每一位學生不同的秉性與需求，攸關學制、課程、環境、教學及活動的系統思考，學校必須在「關照全面」的前提之下「掌握關鍵」，推動對學生最有教

育價值的事務。

「普遍卓越」是「一個都不少」最深層的意涵，也是從成果績效來描繪學校的教育功能。學校必須確保學生滿意的學習以及成功的學習，每一位學生習得了生活及就業的基本能力，並以其「相對優勢」知能，有尊嚴地拓展其生涯。「全民就學」→起點，「順性揚才」→過程，「普遍卓越」→成果，彰顯了「教人之所以為人」的教育本質，反映了教育「一個都不少」的真實意涵。

🌱 參、理論基礎分析

沒有實務的理論是空的，而沒有理論的實務是盲的，「一個都不少」是實務（學校教育成果）的描繪，我們從前述的理念意涵可再尋繹探究其理論基礎，並從理論基礎的論述，進一步提示學校具體的經營措施。「一個都不少」的理論基礎包括：人文主義教育、教育機會均等、社會正義論、多元智能理論、鷹架理論，以及社會學習理論等，茲逐一說明其核心論點及其與「一個都不少」的關聯如次。

🌸 一、人文主義教育

楊亮功（1972）認為，人文主義（Humanism）一詞係從羅馬字「Humanitas」而來，意為「文化」。換言之，即是以「人」為中心的文化，用到教育上為一種以「人」為中心的教育思想。這種教育思想是「以人類利益、價值與尊嚴高過一切」，並認為一切教育活動和追求，皆應適合於人類利益，而且是一種廣博的教育（liberal education）。

人文主義教育思想主張教育在「教人之所以為人」，從希臘、羅馬開端，中世紀長眠，文藝復興運動復活，以人為本的教育思想，主導了自然主義、唯實主義、科學教育、民主主義、實用教育之發展，可謂近代教育思想及教育主張之共同基礎，認為教育乃人教人的事業，「以人

為本」是所有教育活動最重要的本質。

1982 年，美國人文主義教育學者（以 M. J. Adler 為首）出版了《派迪亞報告》（*The Paideia Proposal*）一書，主張只要是人，均有能力接受 12 年完整的基本教育；為國民規劃完善的 12 年基本「公立」學校教育，是政府應有的責任，也是每一位國民的基本人權（林寶山，1988；Adler, 1982），此為人文主義教育政策的規劃與實踐做了最深層的註解。

「以人為本」、「教人之所以為人」、「提供國民 12 年基本教育」、「人的利益、價值與尊嚴高過一切」，是人文主義教育思想的核心理念，也是台北市教育「一個都不少」的核心理論基礎。我們教育界把所有台北市的市民、學生均當作有尊嚴、有價值的人來看待，提供以人為本的教育措施，讓每一位市民和學生均習得基本能力，讓優勢智能明朗化，每一位都是社會上有用的人，充分體現「人之所以為人」的意義、尊嚴與價值。

🌸 二、教育機會均等

「教育機會均等」理念的實踐，承續人文主義教育思想，在 20 世紀的各國教育發展上普遍被強調，Anderson（1967）認為，教育機會均等具有 4 種意涵：(1)提供每個人同量的教育；(2)學校教育的提供，足以使每一兒童達到某一既定的標準；(3)教育機會的提供，足以使每一個學生充分發展其潛能；(4)提供繼續教育的機會，直到每一學習結果符合某種既定之常模。

郭為藩（1982）指出，現代教育機會均等的概念發展可分為三階段：(1)最初階段只重視入學機會的平等──「有教無類」；(2)次一階段為「因材施教」的強調；(3)最近的觀念即是在減除入學前兒童可能的教育障礙，即「補償教育」之實施。林清江（1991）也指出，教育機會均等概念的演變經過三個階段：第一階段重視入學機會的均等；第二階段重視最低受教年限的實施；第三階段重視受教過程的均等。

鄭崇趁（2006a）歸納教育機會均等的涵義有三：(1)入學機會的均等；(2)受教過程的均等；(3)適性發展的均等。他並分析各國對於教育機會均等的實踐有四大趨勢：(1)全民教育：沒有不可教的小孩，由「多數人」可以接受教育，進展到「特殊少數人」也能夠接受充分的教育；(2)標準教育：要提供「相同品質之教育」，尤其在師資、課程、教學與設施上；(3)多元教育：要符合個別化、適性化、多元化的需求，協助學生適性教育及適性發展；(4)卓越教育：基本教育的結果，我們都希望能造就「卓越的人」，而且是一種「普遍的卓越」，也就是每一個人都「卓越」，不只是少部分的人才能達到「卓越」。

美國 2001 年頒行「沒有落後孩子」（No Child Left Behind）教育改革法案（U.S. Department of Education, 2001）、英國於 2004 年公布「五年改革方案」（Five Year Strategy for Children and Leaders），以及日本 2003 年制定「教育振興基本計畫」等，均屬人文主義教育思想及追求教育機會均等的具體改革措施。

「教育機會均等」理念在我國教育政策上的實踐已有實際行動，例如：郭為藩先生擔任教育部長期間推動「教育優先區計畫」；規劃延長第十年國民教育（延長以職業教育為主的國民教育）；近年將「國民中學設備標準」及「國民小學設備標準」，由「高標準」調整為「基本標準」；推動「建立學生輔導新體制——教學、訓導、輔導三合一整合方案」，喚起所有教師參與學生輔導工作，以網絡運作型態，協助弱勢族群學生，發揮輔導的教育功能等，均為具體實例。

「一個都不少」的目標，承續並且強化了前述教育政策的具體成果，台北市更進一步實施「六零教育」（零中輟、零體罰、零污染、零霸凌、零歧視、零容忍），預為規劃 12 年基本教育配套措施，延續辦理優質學校選拔，確保學校精緻教育歷程，充分實踐「入學機會均等」（全民教育）、「受教過程均等」（多元教育、標準教育），以及「適性發展均等」（普遍卓越教育）的理念與實務。因此，教育機會均等理念為「一

個都不少」的第二個核心理論基礎。

三、社會正義論

John Rowls（1981）提出正義論（A theory of justice），主張「正義即公平」（Justice as fairness），認為正義包含形式上的正義以及實質上的正義。形式上的正義就是我們一般社會上所遵守的法律與社會制度，法律與制度的執行必須按照其所規定的原則和機制作出相對的回應，而不應該因人而異，代表的是「公正」（impartiality）；而實質上的正義則要求合理、公正的分配社會利益及資源，尤其是社會群體中最不利的成員應獲得最大利益，代表的是「公平」（fairness）。因此，形式上的正義必須符合「機會均等原則」，而實質上的正義則須符合「差異原則」（引自吳明儒，2007）。

社會正義論的差異原則，為「社會福利制度」找到了公平資源分配的理由，也為「關懷弱勢族群教育」，找到了最深層的理論依據。教育部門積極規劃延長 12 年國民基本教育，增加弱勢族群學生的就學機會、免學費及雜費，補助學校辦理課後照顧、攜手計畫等措施，推動近似「福利國民教育」體制，將教育資源優先分配給環境背景最不利，但最需要的學生。

四、多元智能理論

1983 年，Howard Gardner 提出多元智能理論（The theory of multiple intelligence），強調 4 個重點：(1)孩子的智能因子具有多重來源（7 至 9 種）；(2)孩子的智能因子呈現多重結構（每一位孩子的每一種智能因子強弱均不同）；(3)每一位孩子均有其優勢智能（相對最強的因子）；(4)優勢智能明朗化，讓學生學習得心應手，進而可以行行出狀元（Gardner, 1983）。

多元智能理論已對當前的教育政策產生明顯的影響，諸如：(1)國民

中小學階段應維持正常教學（使學生的多元智能因子均有接受刺激和啟發之機會）；(2)學校必須使用多元評量，並且不能要求學生五育均優（非優勢智能之表現不必過於苛責）；(3)專科大學學生應以優勢智能（性向、興趣）選讀科系；(4)學校應廣設社團、聯課活動、興趣選項課程（提供優勢智能明朗化機會，並彌補選錯科系之缺失）；(5)鼓勵學生依據性向、興趣（優勢智能）選擇職業，過適配生涯（適配生涯容易得心應手，出人頭地）（鄭崇趁，2006a）。

多元智能理論為「一個都不少」的「普遍卓越」教育找到了可能，也是核心的理論基礎之一。因為每一位學生的智能因子結構不同，為配合九年一貫課程的實施，要求學校依據本位管理的原理，推動學校本位課程與主題式教學，其最根本的思維，是建立在每校均有個殊的「學生秉性與需求」、「教師專長與條件」以及「社區文化與資源」之上。我們的優質學校選拔，列有學生多元展能項目，確保學生習得基本能力之後，其「優勢智能明朗化」，是一個對社會有貢獻的人。我們的教育政策，在實踐多元智能理論，也在反映「優勢潛能開發，一個都不少」的學校教育實務。

🔹 五、鷹架理論

Vygotsky 於 1978 年提出近側發展區（zone of proximal development）概念，指出學生在單獨學習時的實作表現與得到社會支持時的實作表現有所差距，也因為每一個人的潛能及其所能得到的社會支持力量不一，近側發展區的落差頗大（林清山等，1997）。Vygotsky 社會支持的觀點又稱「鷹架支持」（scaffolding），即教育界人士所謂之「鷹架理論」。鷹架理論特別強調，給學生正向有利的社會支持力量愈多，學生的學習成果愈大，故教師、家長及學校均應扮演好學生（孩子）的有用鷹架角色。

鷹架理論已廣泛地被使用在教育領域上，諸如：進用優良師資（好

老師是學生的鷹架）、充實教學設備（好的設備有利學習）、改善家庭氣氛與社會環境（關懷、溫暖支持力量大）。台北市近年來即加強關懷弱勢族群學生，布建三級預防輔導機制，以網絡的形態有效支持適應困難及行為偏差學生；強化學校領域補救教學措施，及時協助學習落後學生，讓每一位學生均能確實習得基本能力；擴大辦理課後照顧，並開放學校設施提供成人教育環境，增加學生的社會支持力量，促進其學習效果。就實務目標而言，不放棄任何學生，教育一個都不少；就學理而言，亦為鷹架理論的實踐。

六、社會學習理論

Bandura 於 1971 出版《楷模學習心理學》（*Psychological Modeling*）及《社會學習理論》（*Social Learning Theory*）兩本書，其中《社會學習理論》於 1977 年再次修訂出版，建立了人類認知行為、社會行為方式、自我態度及自律學習等，有關人類行為改變的理論體系。社會學習理論強調人類行為的改變與發展來自直接經驗（制約與增強）以及間接經驗（模式的學習），尤其是間接經驗中的社會人際楷模模仿、認同、內在化、觀察的學習、社會的助長等作用，均是人類社會行為發展的最重要基礎。

社會學習理論對於「教育」具有正向積極的啟示：(1)教育人員應以身作則，扮演好經師、人師、良師的典範角色，提供給學生及一般社會人士好的模仿典範；(2)良好的教育環境以及優質的教育社群對於學生的學習具有社會助長作用；(3)教育活動與教學方法可善用引起動機式的自我增強或替代增強；(4)培養增進學生觀察判斷能力，有助於學生透過社會學習而提高成就；(5)自律自主的學習有其可欲性，學校的整體教育措施中，可酌於提供學生自律自主的學習機會。

社會學習理論相對忽視「遺傳」所產生的「教育無奈」，為弱勢族群學生的學習方法與教育的可能性，開闊了更為寬廣的空間與舞台；無

論學生的背景及遺傳是優質還是劣勢，增強原則與社會學習交互為用的結果，均可為學生的學習成就開拓一片藍天。台北市優質學校的選拔從多元的面向形塑典範學校，提供楷模學習對象，實施精緻教育歷程，營造每一個學校中的社會助長作用，整合輔導機制及補救教學措施，帶動弱勢族群學生之自律自主學習，運作「間接經驗的學習」來彌補「直接經驗的學習」之不足，達成「教育一個都不少」的目標。因此，社會學習理論也是「一個都不少」的輔助理論基礎之一。

為增進學校教師掌握理論的精神及其與學校措施有效連結，特將前述六大理論之「核心論點」與教育經營實務應用，化約為表 4-1 所示，摘述「理論基礎與實務應用」如次。

表 4-1 「一個都不少」的理論基礎與實務應用

理論	核心論點	教育經營實務運用
人文主義教育	1. 以人為本。 2. 教人之所以為人。 3. 人的利益、尊嚴與價值高過一切。 4. 提供十二年國民基本教育。	1. 教育是人教人的歷程，要尊重學生是有尊嚴的人。 2. 教育的目的在成就每一個人成為他自己心目中理想的人。 3. 教育措施必須以學生的最大價值為依歸，弱勢族群學生的利益與尊嚴要得到一致的關照。 4. 規劃延長十二年國民基本教育。
教育機會均等	1. 入學機會的均等。 2. 受教過程的均等。 3. 適性發展的均等。	1. 全民教育：全民入學，沒有中輟學生。 2. 標準教育：學校設施、師資、課程達標準以上。 3. 多元教育：適用不同學生需要與發展的課程、教學活動。 4. 卓越教育：每一位學生均有其相對優勢的才藝，普遍卓越。

表 4-1 「一個都不少」的理論基礎與實務應用（續）

理論	核心論點	教育經營實務運用
社會正義論	1. 正義即公平。 2. 形式正義——法律制度之前人人平等（均等原則）。 3. 實質正義——弱勢族群得到最大助益（差異原則）。	1. 實踐教育機會均等的四大趨勢：全民教育、標準教育、多元教育，以及卓越教育（均等原則）。 2. 優先關懷弱勢族群學生教育，實踐教育措施符合公正及公平（差異原則）。
多元智能理論	1. 每個孩子具有 7~8 種智能因素，且結構強弱均不同。 2. 協助學生優勢智能明朗化，讓其學習得心應手，進而可以行行出狀元。	1. 中小學應正常教學，提供孩子多元智能因子均有接受刺激的機會。 2. 學校應使用多元評量，對於非優勢之表現免於苛責。 3. 依據優勢智能（性向、興趣）選讀專科大學，發展適配專長。 4. 鼓勵學生依據性向、興趣（優勢智能）選擇職業，過適配生涯。
鷹架理論	1. 有社會資源支持的實作表現優於單獨學習。 2. 兩個層次之學習目標之間，搭建中介鷹架，有助於學生順利完成學習。	1. 學校應建構學生的整體社會支持支援系統，例如：好的師資、有利於讀書的環境、家長聯盟共同支持學生（社會資源鷹架）。 2. 鼓勵教師針對各領域學習的重點知能，編製必要的銜接輔助教材（學習鷹架）。
社會學習理論	1. 人類行為的改變與發展來自直接經驗（制約與增強）以及間接經驗（模仿、認同）。 2. 觀察的學習透過楷模模仿、認同及社會助長作用，成為人類社會行為發展基石。	1. 教育人員應以身作則，扮演好典範角色。 2. 優質的教育環境與社群可提供學生學習的社會助長作用。 3. 教育活動與課堂教學可善用引起動機式的自我增強或替代增強。 4. 培養學生觀察判斷能力，有助於學生透過社會學習而提高成就。

肆、學校實踐指標及其內涵分析

學校是實踐「一個都不少」的主要教育場所，學校必須從學制、師資、課程、教學、環境、輔導等方面努力，並以學生為主體思維，方能讓學生接受到的照顧「一個都不少」。其具體指標與內涵分析如次。

一、多元均等的就學服務系統

「一個都不少」的具體實踐即「全民就學」，對一般中小學而言，「全民就學」也具有三個層次的要求：首先要「學校學區內的學生均能實際就學，全員到齊」，也就是學區內每個人皆有入學機會；其次要「學校要盡其可能預防學生中途輟學」，也就是關切可能中輟學生的因素及需求；最後要「對於中途輟學學生執行復學輔助方案」，也就是提供時輟時學的學生就學配套，不放棄任何一位學生。因此，每一個中小學，均需個別建置「多元均等的就學服務系統」，此一指標具體內涵，包括下列事項：

1. **宣導學區學生充分入學**：學校應掌握本校應入學的學生人數，拜訪里鄰家長或辦理「教育說明會」，行銷學校，吸引學生充分入學。

2. **關注弱勢族群學生就學安置**：弱勢背景學生最可能中途輟學，宜安置合適班級就學，並由班級導師加強關懷照顧。

3. **建立學生缺課通報系統**：學生缺課即輟學的徵兆，學校應結合授課老師、班級幹部運用資訊設施，建立每日上、下午學生缺課通報系統，並有專人（志工）負責即時與家長聯繫。

4. **布建學生中輟輔導機制**：對於時有缺課的學生安排同儕補救教學，對於時輟時學的學生安排課輔教師，對於長期輟學的學生則執行復學輔導方案。

5. **設置多元中介教育措施**：針對長期中輟經輔導復學的學生，安排

中介銜接教育課程，運用社團、中介班級或補救教學方式實施。

🔹 二、專業優質的師資資源配置

教育工作係人與人互動的專業活動，尤其是「順性揚才」的訴求，更需要優質專業的師資結合學校的整體人力、物力的資源配置，始能有效達成。就學校而言，能夠實踐「順性揚才」之優質師資具備三個條件：「充分了解學生」，教師能夠掌握學生的共同性與個殊性，提供適合學生學習的教育活動；「豐厚之專門專業知能」，教師能夠有效地教會不同背景與基礎的學生；「沒有不可教的學生態度」，教師絕不放棄任何一位學生，能夠結合學校其他資源，順性揚才。因此，此一指標係以學校師資為核心，如何實踐順性揚才為半徑，繪製師資資源的晉用分配與專業成長的藍圖，具體操作事項包括：

1. **優先晉用合格高階師資**：新進專任教師及代理代課教師均要有合格教師資格，並以具有碩士學位者及其他專門證照者優先晉用。

2. **配合師資專長授課教學**：提供每位教師人盡其才、才盡其用的整體學校教育情境，也讓學生的學習得到最多。

3. **提高教師高級學位比例**：中小學教育知能的傳遞已需要碩士學位以上師資為基礎，學校應鼓勵教師積極參與進修，提高碩博士師資比例。

4. **鼓勵師生共同研究發展**：為配合學校本位管理、本位課程、本位教學的開展，學校應提供資源及獎勵措施，鼓勵師生成立各類型的行動團隊，共同進行各種行動研究，在行政規劃、課程教學、教育活動上持續研究發展。

5. **引進社區輔助教學資源**：學校能夠了解社區人力及物理資源，有效引進家長及社區志工，配合自然生態及文史資源，開發為學校的輔助教學資源。

🦋 三、本位適性的課程發展結構

「九年一貫課程綱要」頒布實施以後，最大的精神在「課程統整」，希望學校教育能夠教給學生「帶得走的十大基本能力」。課程統整的意涵，就實務操作的層面而言，有三個層級及主要運作點：教育部層級為「頒行課程綱要」，運用「領域統整分科」；學校層級為「推動學校本位課程」，希望學校進一步考量師資專長、學生背景、社區資源及教育理念等的統整，設計學生最需要課程；教師層級則為「實施主題式教學」，運用多元領域教學主題，教給學生統整知識技能。因此，就學校為主體而言，學校必須依據「課程綱要」，發展「學校本位課程」，帶動教師「普遍實施主題教學」，完成本位適性的課程發展結構。其具體之發展事項則包括下列 5 項：

1. **策訂學校總體本位課程**：廣義的學校本位課程，指的是全校的課程總表，包括學生日課表的總和及全校年度的重要教育活動；總體本位課程能夠符應本校學生的最需要，也是本校教師專長授課的最佳設計，對學校學生能夠產生最大的教育價值。

2. **深耕領域年級特色課程**：狹義的學校本位課程指的是特色課程，特色課程為別的學校不一定有的主題教學教材，學校應帶動全體教師普遍開發自身任教的領域課程主題教材，並依年級劃分，深耕特色課程，為學校及教師本身建置寶貴的教育文化資產。

3. **發展領域學科輔助課程**：學校為了確保所有學生均能習得帶得走的基本能力，應召集領域課程小組，針對領域課程中，學生較不易學習之關鍵知能，發展輔助課程，協助學生有效學習。

4. **規劃中介教育銜接課程**：學校應針對中輟復學學生以及弱勢有需要學生，規劃設計選替性課程方案，提供不適應學校正式課程學生，有過渡銜接，補強的受教機會，增進應有的教育功能。

5. **實施多元普及社團課程**：為促進學生多元發展能力成果，學校應

將社團課程正式化，鼓勵全校教師結合社區資源，發展多元普及的社團課程，提供學生啟發才藝專長及文史專門知能的機會。

四、自主統整的教學教育活動

學校課程統整的實踐，展現在學校的課程發展結構系統，以及教師自主教學的教材資料。這兩個面向均需要「系統思考」的觀念與實際行動，才能真的做到所謂「統整」事實，也才能每個學校不盡相同，但都能教給學生帶得走的基本能力。「系統思考」的意涵為：關照全面、掌握關鍵、形優輔弱、實踐目標；意即全校設定的教育活動及教師每一堂課的教學，均需整體考量資源供給（教師專長、設施資源）以及學生最關鍵需求（知能目標、行為養成），採用學生最可以接受的方式，統整自主教學。在觀照全面，掌握教與學的關鍵技術下，每一位學生的優勢智能得到最好的發揮，而原本弱勢族群學生，也一起學會了起碼應具備的基本能力。整體而言，也在追求「九年一貫課程綱要」目標（十大基本能力）的實現。因此，此一指標的學校經營，可以用下列 5 項來加以規劃實踐：

1. **系統規劃學校教育活動**：學校的教育活動除了整體的日課總表外，統稱為潛在課程，可大可小，部分的學校過於簡略，部分的學校則嫌多而雜亂。學校應配合總體課程實施進程，系統規劃大型、中型校際及班際教育活動，以適量適性的教育活動，統整學生的群育學習。

2. **推動年級班群教學措施**：班群的實施也是統整教學的一種運作型態，每一個年級有 3 個班以上之學校均適合推動。班群可以讓教師專長得到更大發揮，學生也可獲致更為豐富、多元、深入的學習。

3. **鼓勵教師發展主題教材**：主題式教學是課程統整之必要手段；主題教材必須因應不同學生需求，由教師自行編製，學校應鼓勵教師發展特殊之主題教材，實踐具體之課程統整作為。

4. **建立領域主題教學資源**：學校課程發展委員會各領域小組，應將本校教師發展之主題教材，運用資訊科技，依領域及年級課程單元，建置儲存，並系統整理，成為全校教師可共同分享之教學資源。

5. **蒐集主題教學評量成果**：學校發展之主題教材是否妥適，能否長期使用，得配合實施過之學生具體反映，因此，學校應在教師實施主題教學之同時，實施教學評量，並系統建置學生評量成果，俾提供後設分析後判斷能否永續或進行必要修飾。

🦋 五、雅緻永續的環境設施規劃

環境情境是潛在教育的一環，也是學校組織氣氛的基礎，學校的整體環境呈現這個學校的表象與大致觀感，也是全校師生的「舞台風景」。學校的環境設施規劃有四大訴求：「安全無礙」、「優雅自然」、「永續功能」，以及「物盡其用」。安全無礙是指建物、設備、設施均符合安檢標準以及無障礙設施標準；優雅自然是指校園環境能夠呈現整體之美及人性化設計；永續功能是指校園設施要配合當代環保訴求，回收及再使用功能；物盡其用則是指各項設施能夠提供師生所有教育活動與各種課程教學使用，具有高度的使用率。符合此四大訴求即為雅緻永續的環境設施規劃，至於學校的具體操作項目如次：

1. **統整規劃校園環境配置**：學校的重要建築要能發揮個殊功能，也要能夠展現整體之美，空間、綠地、人車生活動線均須以自然、便捷、安全、順暢為原則配置。

2. **充分使用學校館舍設備**：學校館舍及主要設備之使用，能夠以均衡、充分、適時適量為原則，並適度登錄場地使用次數與品質，促進「物盡其用」。

3. **定期安檢維修重要設施**：學校建築及重要配備應依規定定期安全檢查，重點儀器設備應適時安檢維修，使學校配備長期維持在堪

用的安全狀態。

4. **規劃完備資源回收系統**：新設學校及新建校舍或重要建物維修時，學校均應系統規劃完備的資源回收系統，增進學校永續經營。

5. **自然永續無礙環境建築**：學校所有建築均應是無障礙設施，然無障礙設施的設計尤應符合自然、美觀、可以永續使用之原則。

六、主動關懷的輔導協助機制

政府教育部門近年推動「友善校園總體營造」及「正向管教」，再與台北市教育 111 政策的「一個都不少」結合，此在強調學校「主動關懷的輔導協助機制」之布建。此一指標的意涵建立在「教育愛」、「觀照能」、「支持網」及「競爭力」四大根基之上（鄭崇趁，2006a）。前兩者係以教師的立場出發，每一位教師必須充滿「教育之愛」，熱愛其教育的對象——「學生」及教育的事務——「教學輔導」，並樂意傳承教育之愛，帶給人類希望。每一位老師也均具備「關懷照顧學生的能量」，當學生需要支持、協助時，老師能夠展現同理的態度及對學生有實質幫助的互動技巧，並且願意協助輔導學校學生。後二者（支持網與競爭力）係以學校的立場出發，學校行政幹部（校長、主任、組長）應為學校師生布建支持網絡系統，全面支持協助弱勢及適應困難學生，帶好每位學生。除上述外，也應設計不同程度學生的具體努力指標，引導所有學生均能積極努力爭取成就感，全面提升學校教育成果與競爭力。至於學校的具體操作事項，主要為下列 5 項：

1. **鼓勵全校教師認輔學生**：認輔學生是一般教師實踐教育愛的最佳管道，以現今環境觀察，全校弱勢族群學生的需求，已需要全校每一位教師均能參與認輔 1 位至 2 位學生，給予「個別關懷」及「愛心陪伴」。

2. **執行適量個輔團輔諮商**：學校之二級預防輔導工作須主動規劃，適量執行。有溫馨雅緻、安全足量的空間環境，讓學生願意借助

輔導的協助面對處境；個別輔導、團體輔導及諮商活動均留有明確紀錄，數量符合學生需求。

3. **規劃班級生涯輔導措施**：人際關係與生涯輔導是中小學輔導工作的兩大主軸，學校應規劃妥適的工具與作法，並定為全校性的班級輔導措施，運用預防性班級輔導，協助學生擺脫不順遂的陷阱。

4. **實施領域學科補救教學**：即時補救教學，沒有學業落後的學生，也是帶好每位學生之最佳策略，更是「一個都不少」的旨趣之一。學校應鼓勵全體教師結合社區志工，布建綿密的補救教學及支持網絡系統，執行領域學科的補救教學，縮短全體學生學業程度的落差，實現「一個都不少」的普遍卓越。

5. **運作輔導網絡危機管理**：學校應定期演練學校輔導支持網絡系統及危機管理機制，使得校內外的輔助資源系統以及管理危機關鍵人物處於活絡、高覺知狀態，能夠即時有效回應學生或校務二級及三級事件的需求。

七、普遍卓越的學生多元展能

教育的對象是學生，唯有每一位學生接受教育之後，均有好的表現，才能真正實踐「一個都不少」的精神，學生的表現不只是「學業成績」，應從更為寬廣而多元的角度觀察。因此，多元展能的學生表現，是邁向普遍卓越的重要途徑，也是學生普遍卓越之後的必然成果。就學校而言，前述 6 個指標的實踐，才得以造就普遍卓越的多元展能學生。因此，本項指標得視同為產出變項（前 6 個為投入變項），其具體的操作事項，包括下列 5 項：

1. **發展學生能力指標系統**：學校應依據「本位管理」的理念與作法，發展學校學生之能力指標系統，頒布給全校師生知曉，作為教師教學及學生學習之參照藍本。

2. **實施學生核心能力檢測**：學校每年應依據學生能力指標系統，參

照國際或全國性標準，實施學生核心能力檢測，並與區域、學校、年級、領域常模比較分析，做為調整教學教育措施之參考。

3. **鼓勵學生才藝專長認證**：「一生一專長」是台北市教育的第二個1，學生在學校的學習至少應具備一項以上的才藝專長，學校應針對學生的背景與性向，發展校本多元專長護照，鼓勵學生爭取才藝專長認證，必要時跨校策略聯盟認證，以多元才藝豐富學生的生涯發展。

4. **規劃學生多元展能配套**：學校應營造多元展能的環境與氣氛，師生認同多元才藝，各類社團提供多元才藝發展，認證措施鼓勵學生積極投入，展演舞台滿足學生成就感。配套措施愈完備，學生成果愈豐碩。

5. **輔助學生生涯展能實踐**：每一層級學校宜銜接建立學生性向、興趣及才藝專長資料，順應學生需求，開闢學生多元學習發展契機（社團或資訊教室），輔助學生生涯展能實踐，必要時跨校聯合培育，為學生開展多元才藝的最大價值。

伍、結語──「一個都不少」需要每位老師的認同、承諾與力行

本文論述「一個都不少」的三大規準及 6 個理論基礎，三大規準指的是「全民就學」、「順性揚才」以及「普遍卓越」，就其內涵所尋繹的理論根源包括：「人文主義教育」、「教育機會均等」、「社會正義論」、「多元智能理論」、「鷹架理論」，以及「社會學習理論」。理論與規準、具體作法之間的連結，已有初步的鋪陳，學校運用時，理論與實務的結合得據以參照。

本文接續建構學校實踐「一個都不少」的 7 個指標，以及每個指標

在學校實施上的具體操作事項，共35項（每一指標5項），其與規準之間的系統結構如表4-2所示。學校得邀集行政幹部與全體教師，針對每一指標之理念與具體操作事項加以宣導、溝通、討論學校本身的可行作法，然後再參照部分實施成功的學校案例，擬定本校的實施計畫，再以計畫執行成果向教育局（處）申請認證。

學校的智慧資本是校長、幹部及所有教師、職工，其中最核心的資本是「全校教師」，教師認同並且承諾，願意力行的政策，才能圓滿成功。教育事業屬於教師們百年樹人的志業，「一個都不少」更需要教師觀念與態度上的認同與支持，唯有全校教師認同「沒有不可教的孩子」，體認弱勢族群學生更需要關懷與照顧，教育資源與心力應該優先投入這些對象，承諾帶好每一位學生，也身體力行，配合學校規劃，協力促成前述的7個實踐指標與35個具體工作事項，學校「一個都不少」的教育才能真正實現。老師「一個都不少」才能教育學生「一個都不少」。

表4-2 學校實踐「一個都不少」的規準與指標

規準及意涵	指標及內涵
一、全民就學 台北市市民能全部就讀中小學，沒有未就學或長期無故中輟學生，並且提供全民可終身學習的環境設施與配套機制。	（一）多元均等的就學服務系統 1. 宣導學區學生充分入學。 2. 關注弱勢學生就學安置。 3. 建立學生缺課通報系統。 4. 布建學生中輟輔導機制。 5. 設置多元中介教育措施。
	（二）專業優質的師資資源配置 1. 優先晉用合格高階師資。 2. 配合師資專長授課教學。 3. 提高教師高級學位比例。 4. 鼓勵師生共同研究發展。 5. 引進社區輔助教學資源。

表 4-2 學校實踐「一個都不少」的規準與指標（續）

規準及意涵	指標及內涵
二、順性揚才 學校教育的課程與活動能夠均衡照顧到每一位學生之「共同性」與「個殊性」，激發每位學生「優勢智能明朗化」，順性揚才。	（三）本位適性的課程發展結構 1. 策訂學校總體本位課程。 2. 深耕領域年級特色課程。 3. 發展領域學科輔助課程。 4. 規劃中介教育銜接課程。 5. 實施多元普及社團課程。
	（四）自主統整的教學教育活動 1. 系統規劃學校教育活動。 2. 推動年級班群教學措施。 3. 鼓勵教師發展主題教材。 4. 建立領域主題教學資源。 5. 蒐集主題教學評量成果。
	（五）雅緻永續的環境設施規劃 1. 統整規劃校園環境配置。 2. 充分使用學校館舍設備。 3. 定期安檢維修重要設施。 4. 規劃完備資源回收系統。 5. 自然永續無礙環境建築。
	（六）主動關懷的輔導協助機制 1. 鼓勵全校教師認輔學生。 2. 執行適量個輔團輔諮商。 3. 規劃班級生涯輔導措施。 4. 實施領域學科補救教學。 5. 運作輔導網絡危機管理。
三、普遍卓越 學校教育能促進優秀學生、一般學生及弱勢族群學生均有「相對優勢」的成就，每一位學生都是國家社會有用的現代公民。	（七）普遍卓越的學生多元展能 1. 發展學生能力指標系統。 2. 實施學生核心能力檢測。 3. 鼓勵學生才藝專長認證。 4. 規劃學生多元展能配套。 5. 輔助學生生涯展能實踐。

〔本文原載於 2009 年，國立台北教育大學主辦，「兩岸高等教育革新與發展——教育哲學與歷史學術研討會」會議論文集，185～200 頁。〕

第五章　教育計畫反映教育政策的學理分析

壹、教育計畫與教育政策之關係

　　教育計畫是指教育行政當局或教育人員為達成國家教育目標，對於教育事業具體之規劃作為，包括：目標之設定、策略之選擇，以及方法步驟之闡明陳述（鄭崇趁，1998a：21）。此一定義具有下列 4 項重要意涵：(1)教育計畫在達成國家教育目標；(2)教育計畫的重心在於是否提出有效的策略；(3)教育計畫的呈現包括了具體工作項目與程序步驟；(4)擬定教育計畫之人員包括教育行政當局及教育人員。

　　達成國家教育目標係教育計畫之總目的，在總目的之下，尚有其個別計畫之個殊性階層目的，包含：(1)解決教育問題（如：輔導工作計畫，旨在解決青少年適應問題）；(2)改善教育現況（如：發展與改進國民教育計畫，旨在改善國民中小學軟硬體設施）；(3)提升教育指標（如：小班小校計畫，旨在提升中小學師生比教育指標）。其階層性目的之呈現如圖 5-1 所示。

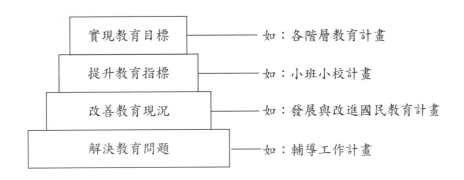

圖 5-1　教育計畫之階層目的

教育政策是指政府機構對於國家教育重要事務之具體作為，「政策」必須由政府「公家」單位發動，且事務的大小要大到一定的程度。是以教育的大事，宜由政府單位如教育部及教育局（處），統一「規範」或「提出作為」者始稱之為教育政策。

依此而論，教育政策與教育計畫的關係密切，近似「教育與哲學」之關係──「沒有計畫的政策是空的，沒有政策的計畫是盲的」。筆者分析我國當前在實施中之中長程計畫，其與教育政策之間存在著三種關係：(1)基礎關係；(2)實驗關係；(3)實踐關係。茲各舉一例，闡述其學理如次。

一、基礎關係

鄭崇趁（2006a）之研究中指出，「教育政策分析」的基礎來自教育本身的「理念」、「法令」以及「計畫」，以國民教育政策分析基礎與向度為例，其關係結構如圖 5-2 所示。

由圖 5-2 的內涵顯示，從事國民教育政策之分析，必須依據國民教育重要的「理念」、國民教育主要的「法令」，以及當前國民教育正在實施的「計畫」（尤其是中長程計畫），來分析國民教育政策的背景緣由以及發展趨勢。而國民教育政策分析之主要向度，可以包括：目標、年限、學制、師資、設施、課程、教學、教材、文化、學生等。

以具體實例而言，鄭崇趁（2006a）依此架構運用文件分析法，分析了國民教育的 5 個重要理念（多元智能理論、學習型組織理論、知識管理理論、人文主義教育思想，以及教育機會均等）、5 個帶動國民教育的重要法令（《教育基本法》、《國民教育法》、《師資培育法》、《教師法》，以及《教育經費編列與管理法》），並參照教育部 2004 年訂頒的「挑戰 2008 國家發展計畫──E 世代人才培育計畫」、「2005～2008 施政四大綱領（主軸）」，及其配套的 33 個行動方案，分析當前我國國民教育政策的發展趨勢為：(1)彰顯適性發展的目標；(2)延長基本教育的

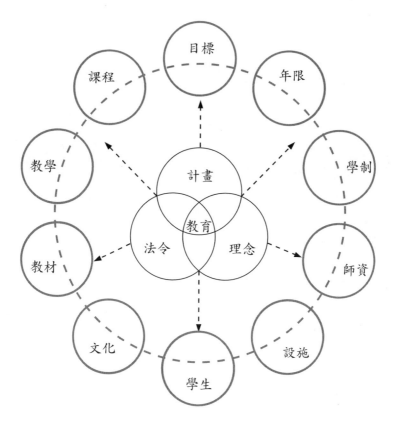

圖 5-2　國民教育政策分析基礎與向度

資料來源：修改自鄭崇趁（2006a：32）

年限；(3)發展多軌多支的學制；(4)規範能力本位的師資；(5)建置優質均等的設施；(6)推動領域統整的課程；(7)實施專業自主的教學；(8)展現多彩繽紛的教材；(9)經營精緻卓越的文化；(10)培育具有產能的學生等 10 個趨勢。概要如圖 5-3 所示。

　　因此，「教育計畫」為「教育政策」的重要基礎，教育計畫的實施反映教育政策的走向，同一階層的教育，其主要的面向（例如：學制、課程、師資、設施等）均得由教育部及教育局（處）所頒行的教育計畫來加以分析探討。

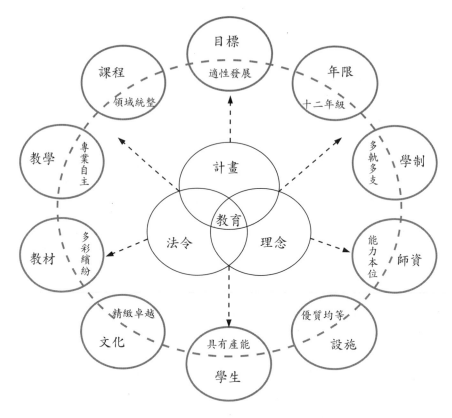

圖 5-3　國民教育政策發展趨勢

資料來源：鄭崇趁（2006a：45）

🌸 二、實驗關係

　　教育部 1998 年頒行教育改革十二行動方案，其中第 11 項「建立學生輔導新體制——教學、訓導、輔導三合一整合實驗方案」，特別強調「實驗方案」是「教育計畫」與「教育政策」實驗關係之經典範例。

　　「教訓輔三合一」反映的教育政策意涵如圖 5-4 所示，本方案具有三大教育意涵：(1)全體教師透過教學、訓導、輔導此 3 個途徑協助學生；(2)「輔導」居中，其與「教學」、「訓導」之比重分量，隨著學生問題之難度，呈現交互消長關係；(3)學校需要社會資源來協助學校照顧關懷學生。

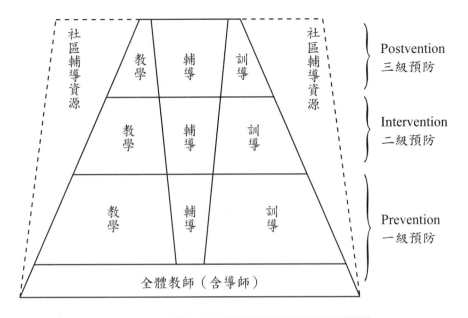

圖 5-4　「教訓輔三合一方案」意涵

資料來源：教育部（1999：12）

「教訓輔三合一方案」之目標、策略與「方法」（17個工作項目），以表5-1呈現如次。

本方案提列了「行動步驟」共10項，分析其內涵，具有「組織→實驗→評估→推廣」之獨特歷程，此一行動步驟實為諸多「教育計畫」或「教育方案」少有之設計。

在組織方面，本方案在教育部成立「建立學生輔導新體制規劃委員會」，在地方教育局（處）成立「直轄市、縣市建立學生輔導新體制督導小組」，在實驗學校成立「建立學生輔導新體制執行小組」，由學校執行小組策訂學校本方案之實驗計畫，執行各項重點工作。直轄市、縣市督導小組，督導所屬實驗學校落實本方案，並協助解決衍生問題；教育部規劃委員會策動整體實驗進程、評估工作，以及推廣規模，逐步邁向全面實施。

表 5-1　建立學生輔導新體制——教學、訓導、輔導三合一整合實驗方案結構表

目　標	策　略	方　法
建立各級學校教學、訓導、輔導三合一最佳互動模式與內涵，培養教師具有教訓輔統整理念與能力，有效結合學校及社區資源，逐步建立學生輔導新體制。	成立規劃執行組織	1. 成立「建立學生輔導新體制規劃委員會」。 2. 擬定實驗學校實驗計畫。 3. 辦理學生輔導新體制實驗績效評估。
	落實教師輔導學生職責	4. 落實教師在教學歷程中輔導學生之責任。 5. 培養全體教師皆具有輔導理念與能力。 6. 實施每位教師皆負有導師職責。 7. 鼓勵每位教師參與認輔工作。
	提升教師有效教學	8. 鼓勵教師實施高效能的教學，幫助學生獲得人性化及滿意的學習。 9. 強化各科教學研究會功能，將輔導理念融入教學歷程，提升教學品質。 10. 實施教學視導及教師評鑑。
	調整訓輔行政組織運作	11. 調整學校訓導處之行政組織及人員編制，兼具輔導學生之初級預防服務功能。 12. 調整學校輔導室（學生輔導中心）之行政組織及人員編制，加強各級心理輔導及諮詢服務工作。 13. 調整學校行政組織及人員編制。
	建構學校輔導網絡	14. 建立學校輔導網絡，結合社區資源，協助辦理學生輔導工作。 15. 運用社區人力資源，協助學校推動教育工作。 16. 研訂學校教師輔導工作手冊。 17. 辦理學校教師、行政人員、義工及家長研習活動。

資料來源：鄭崇趁（1999：91）

教育經營學導論——理念、策略、實踐

在「實驗→評估→推廣」方面，第一年僅設計 30 校（實際核定 28 校），經評估其優劣得失之後，酌予調整實驗內涵，繼以三種模式，提供各校自由申請。第二年除基隆市全面試辦外，另約有 100 校申請，核定 58 校，再經督導及評估之後，第三年將擴充至每縣市均有不同規模類型學校參與實驗，或更多區域性中小學全面實驗。經再評估之後，將實驗成果作為修訂各級學校法之基礎，擇期全面實施。

關於實驗的歷程與成果績效，教育部均留下詳實紀錄，彙編成冊，期待全面實施時提供各校規劃執行三合一方案之參據。其中「研討機制」與「督導機制」之配套設計，乃本方案具有「實驗」性質的另一大特色，方案本身僅提供目標、策略與工作項目，而其推動之方法交由學校人員經由「交互作用、整合發展」，逐步研討、督導、改善而找到最佳的作法；充分反映了「教育計畫」與「教育政策」之實驗關係。此其二。

🍀 三、實踐關係

教育計畫與教育政策的第三種關係為「實踐關係」，亦即教育計畫本身就是教育政策的實踐。以教育部（2004）頒布之「2005～2008 施政四大綱領（主軸）」及其配套的 33 個行動方案而言，33 個行動方案本身即為「教育計畫」（且多為中長程教育計畫），他們即在實踐四大教育政策（培育現代國民、強化台灣主體、擴展全球視野、重視關懷弱勢）。

再以教育部推動「友善校園總體營造」的政策而言，其政策之構念包括 4 個個別性計畫的組合：建立學生輔導新體制、人權教育、性別平等，以及生命教育。其結構關係與計畫目標，如圖 5-5 所示。

至於「友善校園總體營造」政策的實踐作為，教育部在 2003 年頒布計畫方案時，除了前述所列 4 個個別型態之既存計畫之外，更以「總體營造」之理念，整合相關處室單位有關之作為，明列為各計畫之主要工作項目，例如：在「建立學生輔導新體制」方面，以「和諧關係」為營

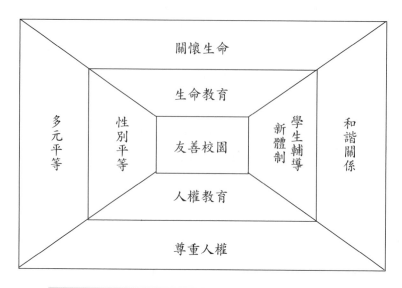

圖 5-5 「友善校園總體營造計畫」結構與目標

資料來源：教育部（2003）

造目標，主要工作及負責單位包括[1]：(1)研議各種弱勢族群學生教育輔導措施（國、中辦、特、訓）；(2)研訂社區志工、退休教師、專業人才參與輔助弱勢族群學生辦法（國、訓）；(3)強化中輟學生輔導與選替性教育措施（訓）；(4)獎勵學校規劃人際安全創意空間（國、體）；(5)加強學校實施認輔制度及輔導網絡運作（訓、中辦）；(6)鼓勵學校教師交互支援教學及教育活動（中辦）；(7)推動高中職社區化方案（技）。

在「人權教育」方面，以「尊重人權」為計畫目標，主要工作及負責單位包括：(1)定期調查弱勢族群學生（統計處）；(2)推動沒有體罰校園運動（訓、中辦）；(3)倡導師生問候禮貌禮儀教育（訓、國、中辦）；(4)扶助高中職以上弱勢族群學生就學（高、技、中辦）；(5)輔助國中小

---

[1] 國：國教司；特：特教小組；中辦：中部辦公室；訓：訓委會；技：技職司；高：高教司；體：體育司；中：中教司；環：環境小組；電：電算中心；軍：軍訓處。

弱勢族群學生學習（國）；(6)加強品德教育（訓）；(7)強化公民意識
（訓）。

在「性別平等」方面，以「多元平等」為實施方案目標，主要工作
及負責單位包括：(1)強化弱勢跨國婚姻子女輔導與選替性教育（國、
訓）；(2)推行學校師生一人一樂器、一校一藝團、一人一運動、一校一
團隊（體）；(3)推動高中職多元入學方案（中、技、中辦）；(4)開放學
校運動場地設施（體）。

在「生命教育」方面，以「關懷生命」為追求目標，主要工作項目
及負責單位包括：(1)落實執行校園建築安全與健康環境檢查工作（國、
中辦、體）；(2)推動永續校園計畫（環）；(3)定期演練危機處理小組與
輔導網絡運作（軍、訓）；(4)鼓勵師生共同參與生命體驗營活動（訓）；
(5)建置生命教育學習網（電）。

因此，「教育計畫」設定的各項重點工作，就是「教育政策」理念
與方法作為的具體實踐，為「教育計畫」反映「教育政策」最為深層的
註解。一般社會大眾如果對於當前的「教育政策」不夠了解，不知道「政
策」在哪裡，事實上可以從當前正在推動的「教育計畫」內容，即約略
可以知其梗概。也就是說，研究教育計畫是了解教育政策的捷徑。

❤ 貳、政策與計畫均企圖結合教育理論與實務

再從「政策」與「計畫」的共同學理進行分析。教育政策的企圖是
希望好的教育理念，能夠透過政策的作為，改善造福教育的實況；「政
策」實施好或不好的判準，在於政策秉持之「理念」與教育「實際」本
身之符合程度，符合程度愈高，政策的評價也愈高。「教育計畫」的崇
高旨趣亦然，除了「計畫目標」要反映政策目的外，其計畫項目愈具有
教育理論支撐者，同時也做得通者，其計畫內涵愈能夠獲得高度評價，
換句話說：教育計畫也是一種結合教育理論與實務的工具，好的教育計

畫就是指愈能夠有效結合理論與實務的計畫。茲再分別論述如次。

🦋 一、教育政策須具有核心價值或理論根源

最近在企業領導行為以及學校領導組織變革上，均強調「建立（形塑）共同願景」、「剖析核心價值」，其主要作用即在為組織的「決策」找到更為高遠、深層而可資遵循的原則及方向。而每一個國家的教育政策，因應時代的需求與社會變遷之事實均不一致，究其原因，其所遵循的「核心價值」時有差異，亦為主要因素之一。

鄭崇趁（2006a：6）指出，我國教育發展歷程中，現階段為大家討論最多、運用最廣，為當前教育政策的核心價值者有五：人文、均等、適性、優質、卓越。其更以人體作隱喻，將教育政策之五大核心價值結構設計，如圖 5-6 所示。

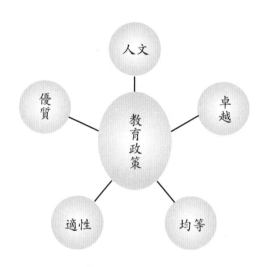

圖 5-6　教育政策的核心價值（隱喻圖像）

資料來源：鄭崇趁（2006a：6）

‧ 以人體作隱喻，「人文」為頭，居總指揮；「適性」與「均等」為雙腳，是政策規劃的基本前提；「優質」及「卓越」為雙手，

是政策實施的進階指標。

・我國現階段之教育政策以「人文」的思維引導，踏著「適性」、
「均等」的腳步前進，展現「優質」、「卓越」的歷程與成果。

在五大核心價值的引導之下，結合各階段教育措施之理論根源，我
國教育政策具有下列重要的發展趨勢：(1)落實均等優質的國民教育；(2)
回歸基本綜合的高中教育；(3)發展多元適性的技職教育；(4)兼顧卓越普
及的高等教育；(5)規範能力導向的師資培育；(6)營造人性和諧的學生輔
導；(7)結合休閒才藝的全民體育；(8)實施融合取向的特殊教育；(9)接軌
國際脈絡的教育設施；(10)推動永續創意的環境教育（鄭崇趁，2006a：
6-12）。

二、教育計畫的理論依據（範例）

優質的教育計畫，其重點工作項目，通常有教育理論的支撐，愈是
能夠將教育理論或理念的重要論點，系統結合成計畫內涵的工作項目，
其計畫的品質愈高。就以「建立學生輔導新體制——教學、訓導、輔導
三合一整合實驗方案」為例，鄭崇趁（2002）分析其背後所依據的教育
理論有：學習型組織理論、多元智能理論、鷹架理論、知識管理理論，
以及漸進決策模式等 5 種，這 5 種教育理論與整體方案的關係，如圖 5-7
所示。

「教訓輔三合一方案」的實施對象，在帶動教學（教師）、訓導、
輔導三種人，帶動的理念為「交互作用、整合發展」，而帶動的作為包
括 17 項具體工作項目，這些工作項目來自前述 5 種教育理論的核心論
點，表 5-2 即可呈現 5 種理論核心論點與工作內涵之對照。

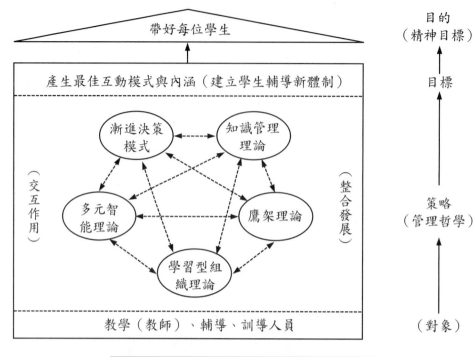

圖 5-7 「教訓輔三合一方案」理論依據

資料來源：修改自鄭崇趁（2002：41-56）

表 5-2 「教訓輔三合一方案」教育理論之應用

目標	策略		教育理論應用
建立教訓輔三合一最佳互動模式與內涵，實現帶好每一位學生的教改願景。	交互作用、整合發展	成立規劃執行組織	・試辦推廣（逐步漸進） ・討論最佳作法（系統思考、知識螺旋）
		落實教師系統輔導學生職責	・了解系統職責（系統思考） ・增益輔導知能（自我超越） ・交互支援功能（共同願景、知識螺旋） ・認輔支持學生（充實鷹架）
		增進有效教學措施	・觀摩研討教學（自我超越、知識螺旋、團隊學習） ・提供適性滿意學習（多元智能） ・教師及教學評鑑（知識外部化）
		整合訓輔行政組織	・整合調整（系統思考） ・彈性定名（漸進發展）
		建立學校輔導網絡	・結合資源（豐厚鷹架） ・交互支援（共同願景、知識螺旋）

資料來源：修改自鄭崇趁（2006a：180）

「教訓輔三合一方案」與「邁向學習社會白皮書」，係教改十二行動方案中，與促進「組織文化」改變的 2 個方案，被評價為「沒有任何爭議與負面影響作用」的方案，做得多正面功能就多，做得少或沒有實施也不致於有任何負面負擔，是屬於只有好處，不會有缺點的方案。尤其是「教訓輔三合一方案」，以之為主題之論述文章已超過百篇，而碩博士論文也已近 20 篇，在台灣教育史上，有其一定的價值與地位，究其原因，與本計畫（方案）能夠有效結合豐富的教育理論與實務攸關。

三、如何實踐教育理論是政策與計畫的共同目的

就目的或目標旨趣而論，無論是「政策」或「計畫」，均在探求如何實踐前導的教育理論或是教育理念（思想），期使其能帶動教育實況的發展，逐漸靠近教育的理想。

「政策」與「計畫」是一體兩面，而理論、理念是其共同目的，就以前述當前我國教育政策的前三個階段──「國民教育」、「高中教育」、「技職教育」分析其政策與計畫的共同教育理論，如次。

（一）落實均等優質的國民教育政策

國民教育階段的重要教育計畫有：(1)提升國家語文能力計畫；(2)推動師生英檢計畫；(3)建構數位化學習環境計畫；(4)推動教育優先區計畫；(5)5 年 200 億全面更新校舍計畫；(6)頒行「九年一貫課程綱要」計畫等。從這些中長程計畫內涵分析，最重視「教育機會均等理念」及「精緻優質教育」之追求；在「入學機會均等」方面，強調優質而沒有落差的師資及設備；在「教育結果均等」方面，強調學生學得語文、數學及生活的基本能力均在一定水準以上，在社會上是一個具有產能，有教養的現代國民。是以國民教育階段之政策發展趨勢，定名為「落實均等優質的國民教育」。

（二）回歸基本綜合的高中教育政策

我國高級中等教育的學制分為普通高中及高級職業學校，前者為大學的預備教育，後者為培育技術人員的終結教育性質，唯後來國內技職教育體系蓬勃發展之後，技術學院、科技大學林立，高職也成為預備教育性質。

國內七〇、八〇年代推動綜合中學及完全中學，是中等教育的重大變革。綜合中學以「課程選修」替代「學校分流」；完全中學嘗試將中等教育回歸到基本教育範圍。中學應屬地方（直轄市及縣市）權責，並且要設法與國中教育階段有效銜接。

政府及學者多次倡議「延長十二年國民基本教育」，雖未具體實現，當前持續推動的重要政策，例如：多元入學方案、高中職社區化方案、高中職課程改革等，事實上均在為延長十二年國民基本教育預作準備。今後之高級中等教育政策發展，會回歸到以縣市主辦，銜接國中教育，成為基本教育的一環，並且以綜合中學型態為主，或以區域性三、五所高中高職策略聯盟，共同招收學生為輔，吸引全民入學。從「政策」及「計畫」的內涵分析，均在提供適性選讀共同基本課程的機會，並且強調優質、卓越的教育歷程，以達成人文主義教育的理想目標。是以高中教育階段政策發展，定名為「回歸基本綜合的高中教育」。

（三）發展多元適性的技職教育政策

技職教育與普通教育之不同在「職業專業導向」的教育目標，培養學生一技之長，具有生產能力且符合其性向、興趣為辦學之最高旨趣。教改十二行動方案之一的「技職教育精緻化中程計畫」實施之後，技職教育體系空前活絡，選讀之學生已不再有「二流學生」、「二流教育」之想法，整個社會的人力需求與接納程度，也逐漸調整重視「實用專業導向」，歡迎技職教育畢業學生就業。

就技職教育「政策」與「計畫」的內涵分析，實乃追求「多元智能

理論」之實踐，強調學生具備多元智能與結構有其個殊性，政府應規劃多元適性的教育環境，促使每一位學生的「優勢智能明朗化」習得一技之長，以優勢智能服務社會，每個人均具有產能，提高國家整體競爭力。是以技職教育階段之政策發展，以「發展多元適性的技職教育」命名。

參、優質的計畫才能反映良好的教育政策

教育計畫反映教育政策的學理分析概如前述，在教育歷史的長流裡，不時有「教育政策」的更迭，也不時有推陳出新的「教育計畫」，為何某個時期的「教育績效」與「教育成果」較為顯著？而某個時期的教育大家並不滿意？我們可以得到一個較為可以接受的講法：「教育政策」的作為必須順應當時人民的最需要，解決問題並引導發展；「教育計畫」的體質必須優質而關鍵可行，才能具體反映良好的教育政策。

優質的教育計畫有明確指標可尋，例如：

1.計畫目標能夠適度陳述政策的精神旨趣。

2.實施策略能夠引導大方向，且具有邏輯秩序。

3.執行項目能設定最關鍵可行的工作點。

4.執行內容能夠清楚呈現單位、方法與結果（或目的）。

5.執行要領能夠明確規範必要的配套措施（或行動方案）。

6.目標、策略以及項目之間能夠成為系統結構。

筆者以多年教學教育計畫經驗，深知前述之優質計畫指標均有「要領」及「技術」存在，是可以教學的，只要從研究所碩博士班課程，或由教育部及縣市教育局（處）辦理校長、主任及行政人員「計畫作業」研習，即可收到實質成效而大幅改善。其中第 6 個指標「目標、策略、項目」成一有機的系統結構，係一概念性指標，以下以表 5-3（空白表）稍加說明如次。

表 5-3　目標、策略、項目結構表

目標	策略	執行項目
	（一）	1. 2.
	（二）	3. 4. 5.
	（三）	6. 7. 8.
	（四）	9. 10.

　　不夠優質的計畫，「目標」內容、「策略」內容，以及「項目」內容不一定具有「關係」，好似各自為政，互不相屬，而優質的計畫特別強調三者彼此之間的關係。「目標設定」必須要蘊含「策略」的方向；「策略分析」必須承接目標，並為下游的項目作分群的「共主」，且有邏輯秩序；「項目選擇」則能夠在「策略分群」的前提下，找到最關鍵、符合需求，且可行的具體工作點。「目標」、「策略」、「項目」三者之間環環相扣，系統整合，「計畫本身」儼然像一個精緻的藝術品，可以從各個不同的角度加以觀賞、把玩。

　　當前教育改革的績效未能彰顯，部分原因來自於教育行政機構頒行的計畫過於粗糙；因為計畫是政策作為具體的實踐，計畫本身不夠優質，以致於無法有效帶動學校及教師產生實質改變，達成政策原有的改革目標。優質的教育計畫不夠多，長期以來教育行政單位並未重視教育計畫本身的「品質」，以致於配合教改理念所強調的政策調整作為，缺乏夠精緻有效的計畫來加以促成，是以「教改像月亮，初一十五不一樣」，基層教育人員無所適從，中央或地方教育行政首長又何嘗真正知道「政策」在哪裡？具體作為（計畫）是什麼？沒有優質的「計畫」搭配教改

的「政策」，是教育改革績效不彰的真正原因。

為今之計，重視教育計畫的品質，將成為推動教育政策之關鍵事務；重視教育計畫品質的具體作為，可以從組織、人員及研究教學三方面著力：(1)在組織方面：教育部宜有教育計畫（或企畫）司之設置，而教育局（處）應有教育計畫課（科）之設置，並且聘用具備教育計畫專長之行政人員為主管及成員，負責全國性或全縣市教育計畫之參與策訂，以計畫的專業知能協助教育行政單位，配合政策發展產生較為優質的教育計畫；(2)在人員方面：凡考取高普考，取得教育行政單位任用資格人員以及學校校長、主任人員，均應接受 2 學分或一個工作坊時間的教育計畫專題研習，使之具備擬訂優質教育計畫之基本素養；(3)在研究教學方面：大專校院教育相關系所均應開授教育計畫專題研究課程，一方面透過教學，傳布計畫理念與技術，另一方面鼓勵教師從事計畫與方案評估學術之研究，深耕教育計畫學理，從「計畫」的領域，開拓其對於教育實際應有的貢獻。

❦ 肆、研究教育計畫具有時代意涵──代結語

當前的教育現況充滿著「計畫教育」之色彩：學制是一種計畫教育，課程綱要也是一種計畫教育，日課表也是一種計畫教育，學年學分制更是一種計畫教育。可以說當前的教育就是「計畫教育」的具體寫照，任何的教育措施均是有計畫的。

計畫教育（現況）受到社會變遷及時代需求的更迭，必須適時調整改善，而扮演調整改善計畫教育內涵角色者為教育計畫。教育計畫依其階層與實施範圍劃分，可分為 4 個層次：(1)中央或地方教育行政人員主導的「教育計畫」；(2)學校校長、主任主導的「校務計畫」；(3)學校教師及行政人員主導的「班級經營計畫」；(4)教師本身主導的「學科教學改進計畫」。教育計畫與計畫教育的關係，鄭崇趁（1998a）曾以圖 5-8

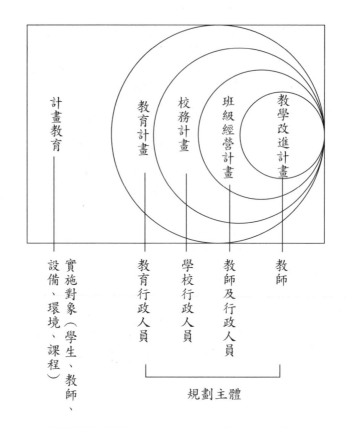

圖 5-8　教育計畫與計畫教育的關係圖解

資料來源：修改自鄭崇趁（1998a：6）

表示。

　　教育計畫與計畫教育具有相互依存的關係。「計畫教育」提供給「教育計畫」運作的舞台空間，而「教育計畫」扮演著充實、改善、調整、提升計畫教育實質內涵之角色，兩者彼此互補，相互依存。

　　今日教育改革需求殷切，代表當前之「計畫教育」（現況）已不符時代需求，急需調整改善，同時也代表「教育計畫」沒有扮演好其應有的角色功能——透過 4 個階層的教育計畫作為，將教育現況調整改善至社會大眾滿意。

今日的「教育改革」在調整教育現況，使之達到大眾的最滿意程度，而「教育計畫」是政策的具體實踐，也扮演著調整改善教育現況之功能，教改績效不彰，需要教育政策調整校正，更需要有優質的教育計畫作為具體實踐之工具。重新重視教育計畫，研究教育計畫，協助策訂優質的教育計畫，具有深層的時代意涵。

〔本文原載於 2008 年，教育研究月刊，第 167 期，68～80 頁。〕

第五章　教育計畫反映教育政策的學理分析

教育經營學導論——理念、策略、實踐

第六章　從法治觀點談友善校園文化的建立

壹、緒言──「零體罰」是友善校園文化的實踐嗎？

2006 年 12 月 27 日立法院修訂通過《教育基本法》第 8 條。條文內容如次：「……學生之學習權、受教育權、身體自主權及人格發展權，國家應予保障，並使學生不受任何體罰，造成身心之侵害。……」

教育界人士並不意外，也欣然接受。部分媒體及倡議零體罰學者則宣稱，台灣教育從此進入了零體罰的時代，再對照教育部的重要教育政策──友善校園總體營造計畫。好似「零體罰」就是友善校園文化的具體實踐，兩者交互輝映，撐起了新台灣教育的「新時代」。

「零體罰」真的是「友善校園文化」的實踐嗎？在此有必要從法治的觀點，以及「友善校園」文化之本義加以分析探究，給予適當的註解，賦與其應有的角色地位。

貳、法治的來源

人類最原始的生活，並不需要法治，自己高興怎麼活就怎麼活，不需要任何「規範」的法治生活。然而，人必須與他人一起生活，由於團體生活的需要，不能夠再「只要我喜歡，有什麼不可以」，也才有所謂的必要「規範」。隨著人類文明文化的進展，人類團體生活的精緻化，才離不開所謂的「法治」，並且愈是文明先進的國家，其「法治化」的程度愈為深入徹底。

人類的現實生活往往面臨兩難，一方面希望個性伸展、自由自在，完全按照自己的意思過生活，能夠完全或大部分按自己意思過活的人，即充分「自我實現」，展現了可貴的生命價值；另一方面，則必須適度的遷就他人，為了團體與組織的需要，尊重多數決，必要時得放棄自己的主張，改變自己的生活實際，以求得「和諧共榮」。維護個人的自由自主，與団體組織的民主生活本就具有衝突矛盾。

此一矛盾衝突並沒有擊倒人類，人類的理性發展，已經為「保障個人自由」以及「實踐民主生活」找到了共同原則，也就是「法治」。筆者認為，法治的來源是因為人類民主的生活需求而來，而其最根本的意涵在保障或維護個人在團體或組織中最起碼的自由、平等、價值與尊嚴，是人類理性的另一種「智慧發明」。所以有人主張，「民主政治」就是「法治政治」，「民主生活」也就是「法治生活」。

從法治的起源來探討「零體罰」規定與「友善校園」之關係，就形式上而言，「零體罰」確實是友善校園文化的實踐之一，至少規範了「校園之內」嚴禁涉及身體的責罰，為教師與學生間搭建一個「友善」的基礎平台。就「友善校園文化」之實質需求而言，「零體罰」則又顯得狹隘，其內涵與實質均為「友善」的一小部分，且扮演了從「消極面」到「積極面」之間的角色功能，身分地位特別敏感。「零體罰」是友善的基礎之一，但真正具有「友善校園文化」的學校，又似乎不屑談它，把它當作理所當然的事。

❧ 參、「友善校園」的來源與發展

「友善校園」一詞來自教育部的「友善校園總體營造計畫」，「友善校園總體營造計畫」係配合教育部規劃「2005～2008施政四大綱領（主軸）及配套行動方案」，而進行擬定的中長期計畫。教育部為了不讓「配套行動方案」過多，淡化了四大綱領（主軸）之明確性與導引性，即用

「社區總體營造」之概念，由訓育委員會將教育部各單位與學生訓輔、健康促進、多元社團有關之工作，整併為「友善校園總體營造計畫」，並將其列為教育部施政四大綱領（主軸）下的33個配套行動方案之一。

　　教育部頒布的「友善校園總體營造計畫」，包括四個重點教育政策：「建立學生輔導新體制與中輟生輔導」、「人權法治教育」、「性別平等教育」，以及「生命教育」。建立學生輔導新體制之目標在和諧關係，人權法治教育之目標在尊重人權，性別平等教育之目標在多元平等，生命教育之目標在關懷生命。其概要結構如圖6-1所示。

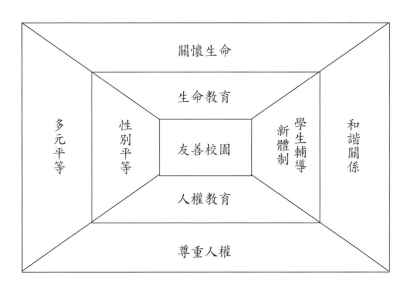

圖6-1　「友善校園總體營造計畫」結構

　　在「建立學生輔導新體制與中輟生輔導」方面的主要工作有[1]：(1)研議各種弱勢族群學生教育輔導措施（國、中辦、特、訓）；(2)研訂社區志工、退休教師、專業人才參與輔助弱勢族群學生辦法（國、訓）；(3)

---

[1] 國：國教司；特：特教小組；中辦：中部辦公室；訓：訓委會；技：技職司；高：高教司；體：體育司；中：中教司；環：環境小組；電：電算中心；軍：軍訓處。

強化中輟學生輔導與選替性教育措施（訓）；(4)獎勵學校規劃人際安全創意空間（國、體）；(5)加強學校實施認輔制度及輔導網絡運作（訓、中辦）；(6)鼓勵學校教師交互支援教學及教育活動（中辦）；(7)推動高中職社區化方案（技）。

在「人權法治教育」方面，主要工作有：(1)定期調查弱勢族群學生（統計處）；(2)推動沒有體罰校園運動（訓、中辦）；(3)倡導師生問候禮貌禮儀教育（訓、國、中辦）；(4)扶助高中職以上弱勢族群學生就學（高、技、中辦）；(5)輔助國中小弱勢族群學生學習（國）；(6)加強品德教育（訓）；(7)強化公民意識（訓）。

在「性別平等教育」方面，主要工作有：(1)強化弱勢跨國婚姻子女輔導與選替性教育（國、訓）；(2)推行學校師生一人一樂器、一校一藝團、一人一運動、一校一團隊（體）；(3)推動高中職多元入學方案（中、技、中辦）；(4)開放學校運動場地設施（體）。

在「生命教育」方面，主要工作有：(1)落實執行校園建築安全與健康環境檢查工作（國、中辦、體）；(2)推動永續校園計畫（環）；(3)定期演練危機處理小組與輔導網絡運作（軍、訓）；(4)鼓勵師生共同參與生命體驗營活動（訓）；(5)建置生命教育學習網（電）。

「友善校園總體營造計畫」係以「總體營造」的整合理念來策動學生事務與輔導工作，表象上屬於「拼湊型」的計畫方案，實施上則較為龐雜；如要有預期績效，須統整其實施的四大介面，發揮真正的「總體營造功能」，其具體作法包括：(1)環境上：成立各縣市中心學校，多元發展四大主題教學活動資料；(2)課程上：倡導融合課程，實施主題教學、活動作業；(3)師資上：強化人文素養，熱愛學生，也具備關照學生能量；(4)學生上：以生命教育為核心，體現「珍愛生命」→「發展生涯」→「自我實現」的生命階層目標；(5)文化上：展現溫馨、和諧、尊重、自主、積極、優質的友善校園（鄭崇趁，2006b）。

嚴格來說，「友善校園總體營造計畫」係屬拼湊型的計畫，其工作

項目之龐雜，已超過了教育部司處個別單位能完全主管的範疇，必須要跨單位通力合作，才能真正形塑「友善校園」之風貌與內涵。「總體營造」來自「社區總體營造」的理念，其實更能彰顯「友善校園」的本質與需求，唯現今皆不予論述，至為可惜。

肆、友善校園文化的意涵

無論教育部「友善校園總體營造計畫」的動機與目的為何，這幾年來，「友善校園」已成為教育人士朗朗上口的名詞，學校行政人員與教師均應面對，且列為校務重點工作之一；而「友善校園文化之建立」更成為其他領域及教育界共同期待的指標。客觀形勢而言，大家期待學校早日建立優質的友善校園文化，落實周遭人士對於校園文化發展上的共同訴求（或美其名曰「願景」）。

就學校實務運作而言，教育部帶動的 4 個子計畫工作：「建立學生輔導新體制及中輟生輔導」、「人權法治教育」、「性別平等教育」，以及「生命教育」，其工作內涵之總合，豈止是「友善」的校園而已。珍愛生命，追求自我實現；彼此尊重，共建祥和平等社會；實踐民主法治生活，享受自主人權尊嚴；交互作用、整合發展，發揮關照能，布建支持網，有效協助弱勢族群學生，實現帶好每一位學生之「潛在願景」，其崇高涵意，超越了「友善」的校園甚高、甚遠。

友善校園文化既已成為大家共同期待建立之指標，筆者謹就「實務面」及「理念面」論述其現階段應有的意涵，俾以作為「法治思維」上初步之基石。

一、在實務面的意涵

就學校實務而言，「友善校園」指人的友善與環境的友善。人的友善包括教師與學生之關係，以及教師與教師、學生與學生本身之間的關

係必須「友善」；更大的範圍則包括領導階層（校長、主任、行政人員）與師生及家長之間的關係，也必須「友善」。環境的友善則包括物理環境的人性化、美化、實用化，以及制度規範的合理化、激勵化，讓生活在校園裡的師生，具有充分的人性尊嚴以及教育上的意義與價值。

因此，學校中的「人」與「環境」均應有適合的指標，以作為鑑衡是否符合「友善」的程度。筆者建議構設如次。

（一）教師的友善指標

- 喜歡學生，熱愛教育（教學）。
- 願意輔導學生，有能力具體協助學生跳脫困境。
- 關照弱勢族群學生，能夠成為這些學生的靠山（支持網絡之一）。
- 有效教學，使得任教學生均能有效學習。
- 能夠處理班級危機與衝突，降低人際傷害。
- 能夠帶領學生養成優質生活習慣，進而形塑品味風格。
- 教師同儕和諧相處，並能彼此激勵專業成長。

（二）學生的友善指標

- 好的生活習慣多於不好的生活習慣。
- 願意遵守校規及班級公約，為團體的榮譽共同努力。
- 不會霸凌幼小，暴力同儕。
- 優質學生願意適時協助落後學生。
- 順從教師與學校必要的輔導管教措施。
- 偶有違規犯過，願意以服務學校改過銷過。

（三）行政幹部的友善指標

- 邀集師生家長共同訂頒合宜的輔導管教學生要點。
- 遵守訓育原理輔導化，運用輔導服務替代規訓責罰。
- 建立缺曠課即時通報系統，並即時關懷缺曠課學生。

‧執行校規及班級公約，遵守立法從嚴、執法從寬原則。

‧成立人際衝突處理小組，及時化解師生人際糾紛。

（四）物理環境的友善指標

‧校舍及主要設施符合安全規定。

‧空間與整體環境能夠展現整體之美與個別功能。

‧人車動線經由妥適規劃，具有安全、和諧、效益之價值。

‧具有永續校園運作基礎。

（五）制度環境的友善指標

‧學校訂有合宜友善的教師輔導與管教學生要點。

‧學校體制運作能夠吸引優質教師留任，不適任教師困難生存。

‧學校規章與班級公約能夠保護師生個人安全，並增進友善和諧。

‧對於違規犯過、行為偏差學生，有周延制約及輔導機制。

二、理念上的涵義

「友善校園總體營造計畫」雖為拼湊型的計畫工作，依舊難以跳脫各自為政、系統整合困難之窠臼，然就「把每位學生帶上來」的崇高旨趣而言，其訓育輔導措施、生命教育、人權法治教育、性別平等教育、中輟學生輔導，以及「教訓輔三合一方案」等重點工作，仍有其理論或理念的基礎，我們在研究友善校園文化時，必先了解這些根源的教育理論或教育理念。

鄭崇趁（2006b）論述中小學校務經營理念，主張「學生輔導」方面的重要理念包括：教育愛、關照能、支持網、競爭力，以及訓育原理輔導化等，概要介紹如次。

（一）教育愛

「教育愛」是指，教師體認到愛護學生、關心學生、教導學生、協

助學生成長，為其畢生最有價值的志業，願意無條件的關照學生，又稱為教師的大愛。教育愛的動源來自前述「價值」的體認，是一種情操的展現，與另外兩種人間大愛有所不同：父子之愛來自「血緣的必然」，以「情緒」為基礎；男女之愛來自「尊重的需求」，尊重之愛乃「情感」的表達。而教育之愛，則來自價值的體認，乃「情操」的彰顯。

「教育愛」有 4 個特質：(1)接納包容之愛：教育的對象並非全屬英才，身為教師首要接納包容不夠理想、弱勢條件的學生；(2)積極關注之愛：教師能夠主動協助需要幫助的學生；(3)沒有差別之愛：教師不會因為學生的背景與條件不同而給與不同的對待；(4)不求回報之愛：教師關懷學生不求物質條件的立即回饋，而期待學生順利成長發展，對國家社會有貢獻，屬於追求長期之精神回饋。

「教育愛」的實踐篤行最為重要，當代教師可以從下列 4 個著力點實踐教師大愛：(1)提升教學效果：將有緣的學生在最經濟的時間內，教會其該習得的知識技能；(2)擔任認輔教師：協助適應困難、行為偏差的學生，提供關愛支持力量；(3)關照特殊學生：給予弱勢族群學生必要的了解與協助；(4)增益學生能量：教導學生累增知識、技巧、方法、增益適應，進而順利成長發展。

（二）關照能

「關照能」是指，教師或教育人員具備關懷、照顧、協助、幫忙學生處理困難、跳脫困境的素養與技術，也就是有能力的愛或者教師能夠操作（使用得上）的輔導態度與技術。用輔導與諮商的術語來說，「關照能」的重要內涵應包括輔導員（教師）的基本態度及諮商初階技術。基本態度，例如：溫暖、真誠、接納、尊重、支持等；諮商初階技術，例如：同理心、回饋、引導、自我表露、問題解決等。

「關照能」的培育與宣導確為「友善校園總體營造」的重要根基，而全面提升教師輔導知能乃培育關照能的不二法門。全面提升教師輔導

知能的必要措施，包括：(1)持續辦理教師基礎及進階輔導知能研習；(2)推動教師輔導主題工作坊研習；(3)規範中小學學程學生必修「輔導原理與實務」學分；(4)鼓勵中小學教師進行輔導主題行動研究；(5)開設輔導學分班及輔導教學碩士班；(6)積極辦理輔導學術研討會及行動研究發表會。

當代教師必須具備兩大核心能力：「教育專業」的能力，以及「愛人助人」的能力。「教育愛的傳承與實踐」是教師的觀念與意願的強化，「關照能的培育與篤行」則是教師的能力與執行的落實，兩者之整合正是「愛人助人」核心能力的具體內涵。

（三）支持網

「支持網」是指，「教訓輔三合一方案」所強調的「學校輔導網絡」，學校教師及輔導專業人員結合社區與輔導有關的資源人力，共同協助學生，稱之為輔導網絡。「網絡」含有「系統」及「絡繹不絕」之意。「教訓輔三合一方案」要求各校必須建立學校輔導網絡，等同於要求學校要為學生建構一個明確的「支持網」。

「支持網」所要結合的主要對象，宜包括：學校教師、訓輔人員、社輔單位社工人員、衛生單位公共衛生人員、醫療單位心理諮商人員、法務警政單位警察司法人員、公益組織團體或個人、退休教師或志工、家長，以及社區人士等，從「支持性」到「矯正性」，網絡愈綿密，愈能有效支持學校帶好每個學生。

「支持網」的建立應該劃分等級，教育部要建立全國的支持網絡系統，縣市也要建立全縣市的支持網絡系統，學校則需個別為學生建立學校支持網，全國的支持網絡系統應以電腦系統資料庫為之，建置輔導人力系統、輔導設施系統、輔導課程系統、輔導活動系統、輔導測驗系統、輔導個案系統，並定期（按季或半年）維修，提供學校規劃辦理輔導工作的豐沛資源。

縣市的支持網絡系統應以全縣市社輔資源的蒐集為主，每年編印手冊發送學校，也可透過電腦系統，傳送各校使用。學校支持網呈現的最佳狀態宜用「摺頁」，將學校鄰近可行結合的社輔單位及人力資源繪成系統圖，提列單位名稱、電話、負責人或聯絡人，印發給所有教師及家長，必要時可啟動網絡系統資源，及時協助需要的師生。

（四）競爭力

「競爭力」是指，學校的辦學績效，獲致學生、家長、社區、主管機關，以及學校同仁本身的共同評價。學校的競爭力呈現在三方面：基本設施的跨校比較、學校組織文化與成員滿意度，以及學生學習成就表現。

「競爭力」近年受到企業界以及各級政府機關的關注：企業界關心公司的永續經營，必須評估「市場競爭力」；政府受到國際競爭力指標評比的壓力，十分重視「國家競爭力」的提升（因競爭力名次的起伏象徵施政績效的優劣）。在教育領域內，近年也強調「教育競爭力」以及「學校的競爭力」，是以積極從事各種教育指標的建構以及教育評鑑的實施，指標建構在建立國際化及校際化評比基礎，評鑑的實施則在提供學校回饋機制，找到提高學校競爭力的著力點。

提高教育的競爭力需要政府部門的政策引導，例如：提高合理教育投資比例，讓每一個學校均有符合一定標準的基本設施（如：師資、設備、環境），並有效獎勵優質人才投入教育人員行列；所謂人才在哪裡，建設就在哪裡，教育競爭力的提升需要優質的人才為基石。

提高學校競爭力的具體作法則可參採下列幾項：(1)強化多元智能教育歷程，讓所有學生在正常化教育之下均有適性發展的機會，帶好每位學生；(2)增進教育人員管理能力，教育行政人員有責任在有限的資源下，透過經營管理運作，提高效能與效率；(3)全面提升教師教學績效，每位教師均能有效教學，學生基本能力普遍提高，沒有落後的學生；(4)選替性教育普及化，每一個學校均能為不適應正常課程學生，普遍提供選替

性課程方案及補救教學方案，以銜接中介的教育歷程，提升學生學習成果。

（五）訓育原理輔導化

「訓育原理輔導化」是指，今後的學生事務，應以輔導的原理原則與方法來辦理為主軸，包括：嚴重違規、偏差行為以及過去需要管教懲戒之學生，亦以輔導的觀念與作法來因應。訓育原理輔導化自 1991 年起教育部推動「教育部輔導工作六年計畫」被強調開始，歷經「青少年輔導計畫」、「建立學生輔導新體制——教學、訓導、輔導三合一整合實驗方案」，以及現今的「友善校園總體營造計畫」持續實施，均列為整體訓輔工作的核心理念，也是學校辦理學生事務的重點參照指標。

「訓育原理輔導化」屬概念性名詞，化作具體學校措施或行為指標，可由下列事項得致參照檢核點：(1)零體罰：學校之內部不再發生教師體罰學生事件，尊重學生基本人權；(2)訂定合宜的學生輔導管教辦法：學生違規犯過先經必要的輔導再施予管教，管教措施有嚴明的程序規範；(3)落實班級學生輔導及常規管理：強化每位教師教學中輔導學生的能力，以及促進班級團體動力，養成學生優質行為習慣；(4)學校建立完備的三級預防輔導學生機制，逐步取代傳統制約性規範；(5)推動「服務銷過」辦法，輔導學生以「服務他人」為悔過銷過的方法，間接養成正向積極行為。

就前述五大理念的系統思維，「訓育原理輔導化」係總體方向，而「教育愛的傳承與實踐」以及「關照能的培育與篤行」，是以「教師」立場著力的兩大根基，「支持網的建立與運作」以及「競爭力的追求與實現」則是以「學校經營」立場著力的另外兩大根基，筆者曾名之為 21世紀新台灣教育（尤其是友善校園）之四大根基（鄭崇趁，2006a）。

❧ 伍、友善校園文化中的法治思維

本文從法治的觀點來建立友善校園文化，換言之，即友善校園文化的建立，需要哪些具體的法治配套。在民主社會中，校園內的人與環境既然被要求必須「友善」，那麼在物理文化、心理文化，以及制度文化中，有部分的「規範」是必要的。

❧ 一、物理文化中的法治——符合基本設備標準的永續校園

物理文化泛指學校軟硬體設施的配置及使用，及其給學校師生的綜合感受。學校中的物理環境包括：校地、校舍、空間、綠地、一般教室、專科教室、社團活動場所、音樂、舞蹈、體育活動設施、圖書館、視聽室，以及其必要的軟體、硬體設備；事實上學校的這些設施均規定在「學校基本設備標準（基準）」中，物理環境的主要法源依據即各級學校基本設備標準。唯有符合設備基準的學校，才具備「友善校園文化」的基礎。

至於學校軟硬體設備之使用，如何才能夠彰顯友善校園之文化？則有待學校設定場地使用辦法時，能夠考量使用者的安全、便捷、公平、經濟，並能物盡其用，讓設備創造更大的功能與價值，就整體校園而言，看到友善、活力、充滿希望與競爭力的景緻。

❧ 二、心理文化中的法治——實踐教師輔導與管教學生要點

校園中的心理文化泛指人與人之間的人際關係，學生覺得老師對其友善，學生也要覺得其他學生及學校所有的人均對其友善，教師及行政人員也要覺得學生對他是友善的。「友善」的訴求來自多元互動的管道，而非單一的「教師對學生必須友善」。

就前述友善校園文化意涵之探討，學生本身的友善指標，包括願意遵守校規及班級公約，為團體的榮譽共同努力，其表現在教師面前，也

應是彬彬有禮、順從優雅，能夠展現「友善」的具體行為。

在校園中，學生個體尚未完全成熟，必須要由教師施予教育、教學、輔導、管教，以輔助其順利成長發展。主控權在教師；校園中能否成為「友善校園文化」，主導者當然也是教師，唯有所有的老師基於教育輔導上的專業，參酌學校學生的最大價值，策訂合宜的輔導與管教學生要點，並由全校教師實踐篤行，心理環境上的「友善校園文化」才得以逐次孕育形成。

🟣 三、制度文化中的法治——訂頒學生（或學校）輔導法

從法治的觀點來看友善校園文化的建立，真的需要立一個法——《學生輔導法》或《學校輔導法》，單單只看到「零體罰」入了《教育基本法》，是不夠的。

21 世紀的台灣，已進入了後現代社會，價值多元，缺乏中心思想。市場化、功利化、全球化、少子化一直挑戰教育的實施，又面臨教育轉型衝擊，適應困難、偏差行為學生、弱勢族群學生及憂鬱症傾向學生不斷累增，要把這些學生一起帶上來，辦好教育並非容易。務本之道，有必要訂頒《學生輔導法》（或《學校輔導法》），規範學校整體輔導學生機制，建立學生輔導新體制，始能有效引進資源，從多元管道協助教師輔導學生，讓教育發揮其應有之功能。

《學生輔導法》應以規範下列七大事項為優先考量：(1)教師輔導學生的責任與輔導知能素養：如：所有教師均應參與學生輔導工作，擔任導師、認輔教師並注意教學中輔導；每個教師均應參與 36 小時（2 學分）以上輔導知能研習，全校五分之一教師研習輔導學分 10 學分以上，十分之一教師修習輔導學分 20 學分以上；(2)學校輔導學生系統化機制：如：輔導行政組織，處理學生問題三級預防的單位與程序；(3)依學校規模（師生人數）規定專業輔導人員（諮商心理師、臨床心理師、社工師）駐校輪值的基本時數；(4)建置學生的測驗與輔導完整資料；(5)逐年訂定

學校三級預防輔導工作計畫，以及完整的評鑑檢核機制；(6)建立學校輔導網絡，結合社區資源共同輔導學生；(7)成立校園危機處理小組，有效因應緊急突發狀況。

🌿 陸、結論——全民參與、全民教育、全民法治、全民友善

近年在教育政策與管理研究所講授「教育政策分析」課程，就思想層面而言，影響近代教育政策最深的兩大支柱為：人文主義教育思想以及民主主義教育。「人文主義」又稱人本主義，是長期以來教育政策規劃所依循的「核心價值」，強調教育措施必須以人的尊嚴、價值、意義作最優先考量，教育的目的在「教人之所以為人」。「兒童本位」、「自然與興趣」、「關懷弱勢」，以及今日的「友善校園」、「零體罰」等，均為人文主義思想導引下的教育政策。在 Dewey 發表「民主主義教育」之後，將「全民參與」的民主社會，進一步與「全民教育」的需求作結合。人文主義大師 Adler 則承續人文與民主的精神，推動「十二年國民基本教育」，認為：只要是人，均有能力接受十二年完整的基本教育，為國民規劃完善的十二年基本「公立」學校教育，是政府應有的責任，也是每一位國民的基本人權。

「友善校園總體營造計畫」要有具體績效，必須要有《學生輔導法》或《學校輔導法》的立法；「十二年國民基本教育」的實施，「方案法制化」似乎也是唯一可行的途徑。我們期待「全民參與」、「全民教育」、「全民法治」以及「全民友善」的時代早日來到。

〔本文原發表於 2007 年，向陽基金會主辦，「法治與友善校園研討會——如何消除不友善環境為中心」。〕

Part **2**

策略篇

經營策略

旨在　尋找著力點

教育的著力點

創發於

教育人員　的

交互作用　整合發展

第七章　卓越學校行政經營的理念與策略

❦ 壹、緒言──發展層次不同的學校需要不同的行政經營

　　優質卓越的學校是大家共同的期待，一個名符其實的卓越學校，其行政經營必然有其可觀之處，然而並不是每一個學校以同樣的行政經營，就可以造就所有的學校均成為優質卓越學校。

　　學校的行政經營約可分成三個層次，這三個層次與學校本身之基礎、環境條件，以及時代文化（組織氣氛）有關，如果前三個個殊條件均弱，則學校經營首重「正常運作」，此為第一層次；如果三個條件均為中等，則學校之行政經營重在「開創新局」，此為第二層次；如果前三個個殊條件已屬中上，則學校之行政經營重在「邁向優質卓越」，此為第三層次。因此，每一個學校的發展階段不同，就要有不同的行政經營策略。

　　基於前述緣由，學校經營的本質與理念是共通的，均是學校的核心基礎，而行政經營策略則可因應不同的學校發展層次而有不同的行政作為。本文論述 6 個行政經營的核心理念，並以此基礎發展 6 個經營策略，且在每一策略之下，指陳不同發展層次之學校應有的具體作為。

❦ 貳、卓越學校的行政經營理念

　　筆者在第三章曾論述卓越學校的理論基礎，在行政經營方面提到了 6 個重要的理論與如何應用，此 6 個理論包括：本位管理、目標管理、全面品質管理、專業分工、績效責任，以及創新經營。本文謹再以組織

運作的不同層面，論述核心之行政經營管理理念，包括：系統思考（領導者）、活力積極（文化氣氛）、順性揚才（組織成員）、賦權增能（幹部）、本位管理（歷程），以及績效責任（成果控管）（鄭崇趁，2007）。

🟣 一、系統思考（領導者的行政經營理念）

學習型組織理論強調五項修練，即自我超越、建立共同願景、改變心智模式、團隊學習，以及系統思考。前四者較容易明瞭其概念型定義以及操作型定義，而「系統思考」之意涵與具體操作事項，較不易理解，也常常困擾一般領導人員。

「系統思考」是指一個學校的領導人（校長）或主要幹部（主任），對於學校事務要下決策時，必須要有系統思考的修養與作為，其具體之內涵包括「關照全面→掌握關鍵→形優輔弱→實踐目標」之心理歷程，此一系統思考之心理歷程，得以確保領導人之決策行為，大多能夠符合學校教師及學生之最大價值，為學校之教育品質與辦學績效作出貢獻。

能夠系統思考的領導人，最能夠整合教育部、教育局（處）、行政長官、家長、社區、教師與學生對於學校教育之不同需求與看法，最能夠整合教育政策、教育理念與學校教學之實際，能夠找到經營學校的最佳著力點，帶領教師及行政同仁為學生提供最妥適的教學與服務。且每個人均有重要的事做，但績效奇佳，絕不必人仰馬翻，學校中大多數的同仁，均能夠在適度的付出中，實現了教育目標，也實現了個人目標，為自己的生涯賦與高度的價值與意涵。

系統思考的要義在「整合」與「次序」，「整合」的意涵前已述及，「次序」則指具有系統思考的領導人擁有高度的「邏輯思考」，對於學校經緯萬端之工作，何者先做，何者其次，何者擺在最後之「次序」，格外精準，能引導學校同仁均能以「一次性」完成需要完成之事項，且因為工作「次序」正確，前面事功有利於後續的長期績效，而後面的永

續經營更能夠為學校開創新局。「次序精準」的功能就好似優美的音樂旋律，帶領學校教師在充滿喜悅，猶有餘裕中完成教育的神聖使命。

二、活力積極（卓越學校應有的文化氣氛）

學校的組織文化走向，是學校績效表現的根源，績效不佳的學校會因為其成員的組織文化優質化而逐漸彰顯其教育績效；一個原本卓越優質的學校，如果其組織文化開始惡質化，則學校的實際表現，也會跟著走下坡。一個學校要發展成卓越學校，其組織文化之最大特質為「活力積極」。

活力積極是一種態度，也是一種行為表現。活力的態度能夠彰顯在學校教師、學生與幹部職工身上，看到的是一種活潑、明朗、笑臉迎接、勝任愉快、樂於共事、分享、勇於挑戰新績效的文化氣氛。積極的態度則展現在每天的例行工作與個殊的計畫性工作上，學校同仁每天面對這些事務，均能主動承擔、分工合作，大家「搶著」把該辦的事早點完成，共享成果，且勇於開發新事務，迎接高績效挑戰。

活力積極的文化氣氛不會憑空驟降，也不易形成，通常要學校校長一、兩年的持續耕耘。校長先要專業示範，用教育專業解析所有的教育事項，用教育專業解決經營衍生問題，用教育專業發展學校本位課程與特色課程，帶領教師和職工持續增進教育及教學專業知能。校長也要展現「僕人領導」的一面，以「服務大家」的立場，領導大家完成學校教育使命。校長更要要求幹部處室之間「交互支援」，承接全縣市性或大型的教育活動，提供同仁「交互支援」、「同心協力」之機會，並在適當時機賦與活動本身的教育價值與其深遠意涵，活力積極的文化氣氛始能逐步形成。學校中活力積極的氣氛一旦形成，即是蛻變成長、邁向卓越之前奏。

🌺 三、順性揚才（學校成員的行政經營理念）

「上善若水，水就可下，因材器使，成就萬物；教育若水，激發潛能，順性揚才，玉成眾生」（鄭崇趁，2008c）。順性揚才是教育的本質之一，教育事業的終極目標，就在於激發每一個人的能量，使之有所成就，能夠貢獻於國家社會。一個學校的經營更應該符合此一教育的本質，校長、主任、組長、教師、職工等所有的學校組織成員，均應「順性揚才」，以每一個人本身之個殊才德，合力為學校服務，工作勝任愉快，才有較高的產能。

順性揚才的經營理念類似「專業分工」以及「專長授課」之原理原則，在一個學校中教學授課、行政事務、社團發展、環境維護等各種鉅細靡遺事項，均能夠符合其專長與意願，使每一位同仁均在從事他最專長以及最喜歡的事，自然願意盡心投入，希望耕耘更好的成果，創發更高價值。

一個學校遵循順性揚才的理念，其具體操作事項可包含下列：(1)依教師之最優先專長排課，且協調充分尊重其本人意願；(2)行政職務考量主任、組長的個別性向與興趣，以其最能發揮長才做基礎；(3)將有個殊專長教師和職工安排其帶領指導學生社團及校際競賽團隊；(4)依據多元智能理論，學校中建置教師及學生多元展能舞台（含：社團、競賽活動、休閒育樂活動等）；(5)鼓勵教師開發課程及教學方案，並參加校際展覽或競賽；(6)鼓勵師生分組進行各種教育行動研究，持續運作專長，提升教育品質。

🌺 四、賦權增能（幹部領導的行政經營理念）

學校經營的法門之一，就是將幹部領導好，如果每一位幹部均能發揮其最大貢獻，則校務競爭力自然日益提升，學校校長就能有更多的時間，思考學校的進一步發展，採行更有幫助學校本身的策略或措施，永

續經營這一所學校。

如何才能將幹部領導好？如何才能讓每一位學校主任、組長及課程發展委員會召集人發揮其最大之貢獻？已成為校長們最應思考與實踐的課題，而賦權增能就是其中最重要的核心理念。高明的校長會遵循教導型組織理論的要義，運用「賦權增能」原理來培養教導主要幹部，使之快速成長，每個皆成為校長之左右手，這樣一來，學校的行政服務周延及時，教育品質提高，競爭力持續累增，校長本身也更加地受到尊崇。

賦權增能的理念在學校經營上的運作，可以採行兩種措施：「任務授權」以及「領導授權」。任務授權是指校長依據分層負責規範，提高主要幹部（主任）的權限與責任，運用專業任務的性質，全權交給主任負責處理，並賦與其明確的績效責任，有所獎勵，歸署負責幹部；有所不足，校長承擔責任，並協助其完成。經驗累積之後，每一位幹部之表現能量大增，校務自然蒸蒸日上。

領導授權則是指校長常以自己本身的領導權（例如：會議主席、專業報告、行動研究主持人）交由幹部代為執行，扮演實習指導人之角色功能，督促幹部早日成長，能夠分擔校長的工作負荷。無論是任務授權或是領導授權，均應以學校最大價值考量，對學校教師及學生提供更佳服務為前提。

五、本位管理（實施歷程的行政經營理念）

「本位管理」原本是一個好的觀念，但在現今的社會中常被批判為自私自利者，所以教育界好似已經不屑談它，十分可惜，而這也代表著教育人員本身對於「本位」、「本位管理」、「本位主義」之真實意涵並沒有深究，也沒有掌握到其關鍵好處，閒置未用。

「本位管理」主張，學校應重視學校本身的既有資源及條件，針對學生之最需要，安排課程教學及教育活動，使學校整體產生最大的教育產能與價值。本位管理在學校的運作結果有：個殊的行政服務系統、學

校本位課程與特色課程、有別於他校的教育活動，以及學校整體資源整合與運作型態等。

　　成功的本位管理建立在兩大基礎之上：「掌握資源的個殊性」以及「服務設計的最適化」。學校資源包括：教師的專長分布與優劣程度、學校可用之社區資源豐富性與個殊性、策略性引進之教育資源（如：專案計畫的經費補助），以及領導人與主要幹部之教育理念與素養。「掌握資源的個殊性」即學校經營者對這些資源的了解與整合層次；「服務設計的最適化」則指前述之資源引進與整合仍有時代性，組織上的服務系統必須能夠產生對當下師生最大幫助之謂，兩者均佳才能實踐真正的「本位管理」。

　　「本位管理」結合「全面品質管理」，則兩者同樣重視「歷程管理」，從某一面向來看，「本位」事實上就是「全面歷程」均予關注之意，是以實踐本位管理亦應兼重歷程管理。在學校中實際的操作事項是：(1)重視形成性評量，在教學歷程中適時了解學生學習成果，必要時立即進行補救教學，作好學習歷程品管；(2)每週召開行政會議，定期檢討學校服務系統運作品質，發揮服務設計最適化功能。

六、績效責任（成果管控的行政經營理念）

　　績效責任是指組織成員為自身承辦事務，負成敗優劣之完全責任，係專業分工組織系統、層級節制，以及分層負責運作下的成果管控原理。就組織成員個別來說，績效責任之實施，對於負責盡責、績效卓著的人員，得到應有的獎勵回饋，激勵士氣的作用最為顯著；對於推諉逃避、辦事不利人員，也具有明確的警示作用，表現不致於落後太多。就組織整體的競爭力而言，績效責任的實施，獎懲交互作用的結果，也會不斷提升競爭力，實為學校行政經營在成果管控上的最佳理念。

　　績效責任理念的運作，核心要素在「承擔」與「負責」。承擔是指組織成員有強烈的意願，為承辦事務承擔責任；負責則是指組織成員願

意進一步對所承辦之事務負責到底。前者為「意願」，後者為「實踐」。以學校經營為例，行政幹部均願意主動承擔職務分配所賦與之工作事項，並且執行徹底，以完成所有事務為己任，學校績效自然能日益提升。

　　學校經營中運作績效責任，除了一些形式上的「獎懲」操作外，重在如何鼓舞全校教師和職工「心態」上的績效責任觀念與實踐。所有的老師均有強烈的意願教好班上學生，並且負責到底，如有學生學習落後，也願意立即執行補救教學。所有的行政同仁均有強烈的意願為所有的師生服務，提供最好的行政支援品質，為學校建構最好的教學環境，若有自己經辦事務而同仁反映不佳或未執行，也願意立即檢討改善，提升服務品質。此一心態上的績效責任觀念與實踐，如能長期受到激勵支持，永續不歇，學校的總體經營績效亦當持續提升，此應為可行的著力點。

❤ 參、卓越學校的行政經營策略

　　前述的行政經營理念，多屬學校領導者（校長）本身即應具備的教育行政學或管理學上的重要素養，偏於觀念層次，並以組織不同層面為主軸，提示之重要運作指標。行政經營策略則進一步論述指陳學校可行的具體作法，本文將接續論述「願景形塑策略」、「目標設定策略」、「計畫管理策略」、「定期溝通策略」、「實踐篤行策略」，以及「回饋省思策略」等在學校運作中的意涵，及針對不同發展層次學校之可行作法。

❤ 一、願景形塑策略

　　「建立共同願景」是學習型組織理論上的第三項修練，目前在企業團體及文教機構運用甚廣，凡是要建立學習型組織，均要運作「建立共同願景」。目前的中小學因為「九年一貫課程綱要」的推動，為了本位管理及發展學校本位課程之需求，幾乎每一個學校均已建立了學校願景，

「願景形塑策略」對於每一學校已有經驗，並不陌生。

　　筆者多年來參與了近百所中小學的校務評鑑，觀察所得，中小學運作「願景形塑策略」成功的案例並不多，甚至有多數學校校長、教師對於目前的學校願景並不滿意，但不知如何妥適處理。「願景」比「目標」更為神聖，對學校本身來講，更為「個殊」、更為「本位」，「願景形塑策略」的意涵與不同發展層次學校的可行作法，確有必要詳加分析與論述。

　　學校領導人（校長）運作「願景形塑策略」必須先思考 3 項基礎性工作：(1)如何向全校教師和職工說明「願景」與「目標」的區隔？(2)如何帶領全校師生體認「當代願景」的涵義、精神與時代性？(3)校長本身的辦學理念與學校的教育目標、未來願景三者如何結合，方能為這個學校的現階段產生最大價值？此三大基礎性工作必須在就任後約 3 個月至半年間完成。

　　前述三個基礎工作完成了，即可進入「形塑願景策略」階段，決定續用時，應繼而進入操作願景階段，設法賦與願景新義，提出與辦學理念結合後願景所要帶動的學校發展目標為何；當決定調整更新時，也繼而進入「形塑願景」階段，設計教師和職工討論學校新願景的步驟與時程，直至公布新願景為止。

　　學校願景形塑策略具有下列功能：(1)帶領教師和職工了解教育新趨勢與組織成員（學校教育成員）的時代職責；(2)重新思考學校的優勢、劣勢與經營發展條件；(3)找到學校當下最需要與長遠的核心價值。因此，體質較弱的學校（師資、環境條件、社區資源、組織文化較不理想者），其操作策略應強調下列作法：(1)邀請學者專家到校演講「建立共同願景」的要義；(2)課程發展委員會各領域小組，直接討論學校的最佳願景與領域教育目標；(3)請各處室主任帶領處室同仁，討論學校願景與處室服務目標；(4)校長按月定期召開擴大行政會議，請各單位分享處室及領域願景與教育（服務）目標；(5)校長綜合分析各單位意見，提出校長版的學

校願景與教育目標，再請大家表達意見；(6)召開校務會議，討論決定學校願景與現階段學校教育目標。藉由此一形塑願景歷程，帶動大家回復正常教學，努力於學校例行性事務，以更實際的行動建構願景、邁向願景。

體質中等之學校（客觀條件、環境設施、組織文化均屬中等者），校長進行願景形塑策略時，除了前述一般學校的步驟流程之外，應再強化下列事項：(1)邀請優質願景學校校長或主任到校分享該校的作法，提供楷模學習，刺激學校同仁思考創新作為；(2)組織學校願景形塑工作團隊，以行動研究的方式，深入研討「優質願景」、「願景操作」、「願景形塑配套」等關鍵事項，並適時提供同仁階段討論及綜合討論時參考；(3)跨校策略聯盟，尋找條件雷同、功能互補的學校訂定策略聯盟約定，適時引進資源，激勵本校教師和職工創新成長。

體質中上或優質卓越學校，校長領導操作願景形塑策略時，則應再強化下列事項：(1)定期公開論述學校願景意涵精神及其與教育活動當下的結合，藉由教育原理的發揮，強化師生對於願景的體認；(2)鼓勵學校教師設計各項課程教學方案及參與競賽活動方案時，均將學校願景精神融入設計，形成標幟系統；(3)運用教導型組織理論，培養幹部及教師、學生論述學校願景能力，並提供舞台空間，使其有表現機會，讓學校之願景形塑發揮最大、最具價值的引導學校經營功能。

二、目標設定策略

目標設定策略來自「目標管理」、「自主（本位）管理」、「績效責任」管理理念的應用，經營學校時設定「學校發展目標」、「服務品質目標」、「績效（品質）達成目標」、「設施檢核更新目標」、「學生團隊技藝目標」、「競賽活動目標」、「組織文化趨向目標」等，提供同仁努力目標；以明確之目標，帶動全校師生績效表現，此之為目標策略。

目標設定策略必須注意下列 4 項原則方能成功：(1)目標的提出要及時，讓學校幹部及教師和職工，立即知道接下去怎麼做，做什麼；(2)目標的順序要正確，通常短程、中程及長程目標互為因果，邏輯順序正確才能事半功倍；(3)目標的內涵可予系統分析，也就是工作目標之達成均可以經由工作分析技術，循釋出系統的具體工作事項；(4)目標的達成有賴形成性評鑑，按週、按月、按季的必要檢核與回饋，才能確保年度目標或整體目標之達成。

學校體質偏弱時，學校領導人策動的目標設定策略，可優先採取下列作為：(1)以正常服務作息為最基礎目標，杜絕翹班摸魚的劣質現象；(2)倡導學生生活好習慣為開學階段目標，進而帶動學習好習慣，教師則盡心力於教學好習慣；(3)定期辦理各類競賽活動，並將班級參賽（包含得獎）目標融入教學情境，以收激勵導向學習之效；(4)鼓勵教師輔導學生，運用多元智能理論，學生發展一人一技藝、一人一團隊，並定期展示成果；(5)規劃引進家長志工數量（目標），有效整合資源，協助學校發展；(6)策定中長程計畫，明列學校近、中、長程發展目標與具體重要工作事項。

學校體質條件中等時，學校運用目標設定策略可以提高其「目標設定層次」，諸如：(1)要求教師和職工設定其個人工作目標，作為其平時努力的方向；(2)要求處室單位及年級策訂月及季的工作目標或教學表現成果，以階段性單位目標之達成來累積績效；(3)鼓勵幹部及教師和職工參加校際競賽，以參賽來努力練習，爭取得獎來彰顯成果及楷模學習；(4)普遍建置多元知識管理平台，定期辦理知識成果分享，激勵教師和職工永續增長教育知能；(5)實施補救教學，及時協助課業落後學生達成學習階段目標；(6)定期檢核學校輔導機制（三級預防）的各項具體工作成果，並調整實施方式達最適化（最適合學生需求）。

學校整體條件已達中上，或本身已具優質卓越學校實質時，目標設定策略則應提升至哲學層次，與願景形塑策略相結合，激勵教師和職工

服務士氣能夠維持於高檔，而有傑出優質的高效能表現，讓學校競爭力邁向顛峰。學校領導者尤應強化下列事項：(1)策訂中長程校務發展計畫，計畫中提列學校更前瞻、更專業之發展目標，引發同仁共同努力邁進；(2)定期發布先進國家教育成果與碩博士論文重要發現，提供教師策訂教學目標時參考；(3)定期邀請校長領導卓越獎及教學卓越獎得主到校與教師分享得獎方案，促進楷模學習；(4)獎勵學校教師發表行動研究或研究進修成果，並依質量目標達成度進行獎勵與知識建檔；(5)鼓舞所有教師和職工建立個別化的生涯願景，以個人生涯目標融合於學校組織發展目標，開拓每一位職工最有價值的人生；(6)策訂每年參選優質卓越學校評選目標，作為大家共同努力指標，維持高峰表現。

三、計畫管理策略

「計畫管理」是當代校長或企業領導人的核心能力之一；「計畫管理策略」是指領導人運用適時的妥適計畫，來帶動經營一個學校或一個組織單位，並且以計畫本身設定的執行或實施步驟流程來管理達成既定的目標。計畫管理策略的應用上有兩大層面：一為擬定出好的計畫；另一為務實地執行既定計畫，有效管理計畫歷程，實現目標。因此，當代的校長（領導人）應設法進修學習「計畫專業知能」，提升自己的計畫觀念、技巧及相關知識能力，使之能夠訂定好的計畫來實踐計畫管理策略。

好的計畫具有 4 個特質：(1)具有系統思考，能夠觀照全面，並且找到關鍵事項；(2)呈現系統結構，計畫之目標、策略與項目之間具有相屬結構關係；(3)執行工作符合學校現階段之最需要、最具價值性；(4)有利於學校（或組織）的長遠發展。學校領導人（校長）允宜指導各處室單位，針對學校的最需要適時推出好的教育計畫，並落實各項計畫之執行。

體質偏弱的學校在計畫管理策略之運用時，可優先考量推動下列事項：(1)每週召開行政會議，定期檢討學校例行性工作的成果與績效；(2)

交付處室主任輪流提報重點工作事項的更佳作法；(3)辦理組長以上幹部及學年主任、領域召集人之教育計畫工作坊研習，教導行政幹部同仁，學習結合重點工作擬定計畫之能力與方法；(4)在行政會議時由處室輪流提報重點工作計畫；(5)督導各單位及領域召集人，落實執行各項計畫，管理工作進程；(6)重要教育活動以計畫方案形態公告通知、共同執行。

體質中等的學校在計畫管理策略之運用時，得繼續強化下列事項：(1)學校行事曆將各處室、年級、領域小組擬提報之計畫方案併入安排；(2)鼓勵教師和職工參與處室、領域、年級重點教育計畫之擬定；(3)行政會議或擴大行政會議，由主要幹部（主任或組長）輪流報告重點工作計畫之設計與執行情形，並聽取同仁意見，檢討改進；(4)運用學校教師定期進修時間，安排他校優質計畫方案主持人到校分享、交流經驗，提升學校同仁的計畫觀念與知能；(5)鼓勵幹部及精英教師分組進行重點工作計畫行動研究，藉由行動研究歷程，增進工作計畫的精緻化與妥適性；(6)結合辦學理念、學校願景、學校需求等，邀集學校人員共同策訂學校中程發展計畫，確定學校辦學方向與重點工作。

體質中上或已優質的學校在計畫管理策略之運用時，有必要結合賦權增能及績效責任理念統合運作，可強化下列事項：(1)年度伊始，校長與行政、教學幹部協商，確認年度重要教育計畫十項及中小型教育計畫名稱，並賦與單位責任；(2)舉辦校內優質行政計畫、教學方案之競賽評選活動，獎勵優秀計畫並促進彼此觀摩交流；(3)推薦學校優質計畫方案參選校際競賽，爭取更高榮譽，並與他校交流學習；(4)策定學校中長程計畫，以中長程計畫規範學校重點工作事項及短、中、長期辦學目標；(5)籌組行動研究小組，定期檢核中長程計畫與當年度重點工作之銜接，系統思考整體資源的計畫運用；(6)進行優質教育計畫方案之知識管理，累積學校師生的智慧，發揮計畫管理策略價值最大化。

四、定期溝通策略

優質卓越的學校建立在所有學校人員的共同努力上，需要每一位同仁均有「價值最大化」之表現，學校才有可能優質卓越。在學校既有的組織系統中，唯有大家的目標一致、分工互補，讓個人與組織的競爭力同時提升，才能實踐「價值最大化」。因此，學校成員必須定期溝通，共同形塑願景，規劃對如何實踐目標要有一致的看法與作法。

定期溝通策略是指學校領導人（校長）設定時間期程，舉辦各種會議或座談，溝通重大校務的具體作法；運作各階層同仁多元參與各種會議，聽取大家的心聲與建言，蒐集資訊，讓校務之執行符合大多數人之期待，並以密集溝通討論處理校務推動歷程所衍生的問題。

體質偏弱的學校，應定期溝通策略的主要目的在了解學校的問題、原因與同仁間的主流文化心聲，因此，其具體作法以下列事項為主：(1)定期（每月或每季）與職員工友聚會，提供管道讓基層員工反映學校問題及他們的看法；(2)落實各種會議效能，發揮會議（溝通）治校的應有功能；(3)開闢「與校長有約」時段，定期提供教師、職工、學生、幹部直接發表意見機會；(4)每週行政會議安排學校的重要問題討論，謀求解決問題或校務發展之最佳策略；(5)每月由校長、主任、組長定期與家長會、學校志工、社區代表互動，蒐集家長及社區人士對於學校的期待與重要意見；(6)指定專人，按月整理輿情報告，於擴大行政會議中報告，並陳述學校回應對策，必要時列為議題討論。

體質已發展至中等的學校，應定期溝通策略主要的目的在鼓舞教師和職工士氣，提升個人及學校教育競爭力。因此，其具體作為以下列事項為主要：(1)執行走動式管理（溝通）：校長每週必有一次巡視校園，到各單位走動，直接鼓舞同仁工作辛苦，另一方面了解服務情形，並與基層同仁溝通；(2)定期獎勵同仁優質表現，以同仁之優質表現示範溝通工作的品質與服務心態；(3)建立學校網頁溝通平台，並由專人彙處蒐集

到的校務重要議題，按月提交擴大行政會議討論，進行深度溝通，期能為學校找到最佳的處理作法；(5)舉辦學校重要計畫或活動前的定期溝通，蒐集大家的意見與看法，提升參與意願及成果績效；(6)舉辦學校重要計畫及活動實施後的檢討溝通，激勵優質有貢獻人員，孕育日後校務整體更佳表現。

體質中上、邁向優質卓越的學校，應定期溝通策略旨在激勵學校教師和職工創新經營教育活動，為學校再創高峰。學校的高峰，在於每位教師均能實施高品質的教學，學生的學習成就傑出，沒有一位落後，校園組織文化和諧共榮，並展現積極活力，環境設施與教育活動能夠充分與社區結合，並展現永續發展成果。因此，定期溝通策略之具體作為宜提升至下列事項：(1)貫徹實踐各種會議決議事項，尊重正式溝通的效果，鼓勵大家勇於溝通，面對溝通的績效成果；(2)進行必要的溝通研究，對大家意見尚屬紛歧之重大校務，得指定專案小組採行動研究方式，進行必要的定期溝通研究，以溝通研究謀求共識；(3)定期引進專家進行專業對話，提升學校人員素養，促成優質的專業共識；(4)公布學校短、中、長程的計畫，定期（按月）蒐集大家對於計畫執行上的意見，期能以最妥適之作法，發揮計畫效益；(5)定期（每學期）舉辦教育政策與教育理念辯論會或競賽活動，導引學校師生和職工與時代脈動同步，了解面對重要的教育理念或政策之實踐；(6)校長本人定期向學校師生講述教育原理與措施，溝通宣達辦學理念，並蒐集回饋意見。

定期溝通策略仍有其限制，有效果的溝通才是學校經營的法寶。學校領導人（校長）及幹部（主任、組長）在執行定期溝通策略時，應注意下列原則：(1)計畫性：按週、按月、按季、按學期學年舉辦何種會議、座談或活動，要有通盤計畫，溝通定期、定次效果方能預期；(2)時間性：每次溝通（尤其是會議）宜設定時間量，各種會議逾 90 分鐘，效果將遞減；(3)對象性：參與溝通人員需要同質或是異質，總量人數多少，宜預先規劃；(4)主題性：每次會議或座談，甚至拜訪諮詢均要有明確主題，

主題引導溝通歷程，成果較能明顯；(5)價值性：溝通的目的在為學校找到經營之價值，宜作為溝通時的最高準則；(6)可行性：避免溝通學校無法執行的事項。

五、實踐篤行策略

「執行力」是當代企業組織所強調的重要理念，執行力愈強，實際的企業競爭力也就愈強。部分的企業體有崇高的經營理念，也有平實穩健的計畫，然而因為某種因素而造成「執行力不佳」，不但「歷程」部分落後而不連貫，整體產能也大打折扣，影響公司之獲利及品牌信用，造成公司營運上之困擾，甚至成為公司萎縮之致命傷。

「執行力」強調運用在學校經營之上，即「實踐篤行策略」，學校領導人（校長）積極帶領幹部及師生和職工，按學校計畫，實踐篤行，依設定之方法步驟、時間期限，圓滿完成學校重要工作，讓這些工作對學校師生產生最大價值，也彰顯了學校之教育執行力。

實踐篤行策略具有 4 項特質：(1)校長及學校幹部（主任、組長、領域召集人等）必須示範帶動，實踐篤行含有帶領實踐之意；(2)實踐篤行強調依原計畫執行之意，不輕易改變初衷（目標、標準）或調整作法，便宜行事；(3)追求圓滿完成工作，具有不達目的絕不終止之意；(4)實踐篤行亦含有「留下完整紀錄」（檔案）之意。學校重要工作事項，從「計畫」、「實施歷程」、「成果」均留下具體資料檔案，並以電腦儲存，備供查考評鑑。

體質較弱的學校，其實踐篤行策略宜優先實踐下列事項：(1)正常教學：所有教師均能依課表及原有時間進度實施正常化教學，帶領學生正常化學習；(2)即時服務教師教學所需配套措施：校長帶領行政同仁為教師之正常化教學工作提供即時性的支援服務，確保教學順暢，增進學生學習效果；(3)鼓勵各領域教師實踐篤行形成性評量，並以形成性評量的結果，調整教學措施（如：補救教學或加深教材難度）；(4)規範學生學

185

第七章 卓越學校行政經營的理念與策略

習及生活上之好習慣指標，並由校長、幹部及教師們帶領實踐篤行，引導形塑學生生活與學習之好習慣，進而成為優質文化；(5)發展並落實執行各類競賽活動，提供師生多元競爭舞台，激發學生優質性向潛能；(6)獎勵褒揚實踐篤行楷模師生，發揚實踐篤行教育價值，促進教育執行力之提升。

　　體質中等的學校，其實踐篤行策略旨在帶動學校提高教育競爭力，讓學校教育成果能夠數據化與行銷化，使學生家長、社會與主管機關，能夠感受到學校的進步。因此，其具體實踐篤行，宜強化下列事項：(1)各項計畫撰擬工作：尤其是校長、主任，應有能力帶頭撰擬學校所需之各項計畫；(2)執行重點計畫工作：尤其是原有計畫工作而歷年效果不佳的事項，校長、主任宜帶頭突破瓶頸，實踐計畫成果；(3)鼓勵幹部帶領教師等組織行動團隊，進行行動研究，開發行政、課程、教學、活動、休閒之各項特色方案；(4)強化工作成果展示：尤其是各項競賽活動之得獎成果應予定期展示，擴大實踐篤行效果；(5)校長及主要幹部每年至少示範觀摩教學、研習心得分享、撰擬計畫等重要工作至少一次以上，並接受討論評述，帶動實踐篤行，挑戰對學校有價值之高難度工作；(6)示範會議領導：校長要以領導會議歷程之效率及篤行會議之決議來帶動實踐篤行策略，賦與各項會議的價值性，發揮其應有功能。

　　體質已屬中上的學校，其實踐篤行策略主要目的在協助學校師生實踐精緻教育意涵，表現優質卓越行為，為學校開創永續經營的著力點，形塑學校教育品牌，充分達成國家教育目標，實踐帶好每位學生的教育理想。因此，實踐篤行策略尤須強化下列事項：(1)運用教育理念或學理闡述教育工作與活動的意涵及應行作為，示範專業領導；(2)示範以教育理念處理解決教育問題，將教育的發展措施與其衍生之問題，回歸到教育本質來解決；(3)強調師生好習慣及服務心的品德教育與校園文化，孕育優質學校風格；(4)校長及主任帶領參與校際及全國性的教育競賽活動，並適時分享榮譽及參賽心得；(5)定期檢閱學校重點工作實踐篤行檔案紀

錄，並以系統思考歷程，重組歸併，整理為以學校為主軸的發展筆記；(6)結合歷年學校實踐篤行成果（發展筆記），策訂學校中長程校務發展計畫，為學校永續發展尋根與奠基。

六、回饋省思策略

傳統的行政三聯制，強調「計畫→執行→考核」；當代的行政歷程，注重「計畫→組織→領導→溝通→評鑑」。三聯制中的「考核」以及行政歷程中的「評鑑」實為一體兩面，我們所強調的「評鑑」，事實上就是更為周延，更為現代化的「考核」。在教育活動中，教學歷程上的「教學評量」加強重視評量結果的「回饋歷程」作用；多元智能理論所強調的「多元智能」包括了「人際省思」智能；九年一貫課程綜合領域之實施，格外強調「體驗→省思→實踐」歷程之活動設計。綜合這些行政上與教學上的教育發展脈絡，筆者名之曰「回饋省思策略」。

回饋省思策略是指學校領導人（校長）運用考核與評鑑之基本原理，帶領學校幹部與教師和職工落實執行教學計畫與工作計畫，設定適當檢核點，適時依進程實施形成性教學評量或工作檢討會議，定期對當下教學及行政工作進行回饋省思，必要時調整後續計畫措施，達成全面品質管理之實質歷程與結果之謂。

回饋省思策略之操作宜注意下列四項原則：(1)全面參與：全校教師、職工、組長、主任、校長均應全員加入回饋省思對象，不要形成有些人拚命檢討改進，有些人則好似與其無關；(2)重點校務均適用回饋省思策略事項：以事務為主軸，定期帶動參與工作者做省思回饋整合；(3)設定明確檢核點：教學歷程中應設定期中、期末之定期考查之外的形成性評量次數與日程，教育活動在計畫實施階段中有 2 至 4 次明確檢核點之設定；(4)留有檢核紀錄：回饋省思的實務在確保服務之最佳品質，因此，歷程中之各次檢核，應留有檢核日期、時間、方法、成績及建議調整事項或必要之論述。

體質較弱的學校，其回饋省思策略之主要目的，在於引導幹部及教師和職工如何對於教學及行政工作執行評鑑考核，並賦與回饋省思之教育意涵。因此，其具體操作事項可從下列最基礎工作著力：(1)家庭聯絡簿及各項作業簿定期檢核，務必要求每一教師對於學生作業及家長意見立即批閱，即時回饋；(2)學生生活常規的定期檢核與省思策進，務必促使每一班級、每一位學生均養成生活上及學習上的好習慣，增進有效學習；(3)鼓勵老師們增加形成性評量次數，充分了解學生學習情形，做為改進調整實際教學之參考；(4)每週召開之行政會議，定期檢討重要校務之實施成果，討論以後之更佳作法；(5)指定專人蒐集教師及行政同仁回饋省思之心得與建議，定期作專案報告，提供後續工作參考；(6)針對實施不理想之校務，請同仁蒐集他校成功之作法，併同討論分析。

體質中等的學校，其回饋省思策略旨在檢討現在、策劃未來，讓校務推動之方法優質化，師生之表現卓越化，提升整體學校之教育實力。因此其具體作為，可在前述之基礎上，強化下列措施：(1)鼓勵教師及行政幹部製作回饋省思檔案，將定期檢討改進教學與行政事務之心得彙編成冊；(2)校長及主要幹部帶頭優先分享「回饋省思檔案」，將學校具體改善教學與行政措施之心路歷程與大家分享，喚起共鳴；(3)引進他校回饋省思成功案例，激勵學校教師和職工勇於省思實踐；(4)推動教師評鑑，並由校長、主任優先辦理，倡導以系統指標帶領教師回饋省思；(5)設定每年教師舉辦教學觀摩及行動研究之明確數量，引導定期回饋省思之實踐；(6)設置學校全面品質管理獎，頒獎鼓勵回饋省思成果豐碩之行政人員與教師。

體質已達中上程度的學校，其回饋省思策略旨在激勵成員創意思考，為學校帶進教育藍海，發展學校的個殊方案與賣點，使學校在教育領域中出類拔萃，成為優質卓越的學校。因此，領導者（校長）宜強化推動下列事項：(1)鼓勵教職員工全面參與在職進修，尤其是攻讀碩博士學位，以碩博士層級之教育專業素養，協助自身在教學及行政工作上之回饋省

思；(2)設定學校同仁每年行動研究之數量，並公開發表，運作行動研究執行回饋省思；(3)在每次的定期會議設定「回饋省思」時段，檢討改進重點校務工作；(4)聘請校務經營顧問，邀聘學者專家到校諮詢，增進同仁回饋省思專業品質；(5)迎接各項教育評鑑，藉由評鑑準備帶領同仁實踐回饋省思，並爭取評鑑成果等第，帶領學校邁向優質卓越；(6)接辦全縣市或全國性大型教育活動，並歡迎他校或教育團體參訪，領導學校師生擴大視野，結合時代脈動。

❤ 肆、結語

～教育人員個別化生涯願景在卓越學校中實現。

行政經營無非在提高學校的教育競爭力，也就是在促進辦學績效的全面彰顯，辦學績效要從學生的成就表現，以及教師的作為歷程加以觀察。優質卓越的學校必須建立在每一位組織成員均奉獻其心力且人盡其才、才盡其用、整體互補、和諧共榮之基礎上始能得致。就企業發展與學校經營而言，仍有其難度，是以成功之企業有之，而經營未成功之企業仍然有之；優質而卓越的學校有之，經營未成功之學校仍然有之。

前述學校行政經營的理論與策略，乃筆者多年來教學與觀察學校後之具體心得，提供給學校經營者（校長、主任、教師們）參考選擇；不同發展層次之學校，允宜採行不同的經營理念與策略，所謂君子而時中，對於個別學校能夠產生最大教育價值者，即為最理想的理念與策略。

這些理論與策略之論述，多以事務為核心，討論學校經營的具體作為。唯成事在人，就人的主體而言，如何才能讓所有的教師和職工與行政幹部均能如前述般的奉獻心力，且人盡其才、才盡其用，領導人（校長）允宜激勵學校同仁適時思考個人的生命最大價值所在，建立自己的個別化生涯願景，運作所謂「個別化願景領導」。

189

第七章　卓越學校行政經營的理念與策略

「個別化」來自特殊教育上的「個別化教育方案」原理，我們在對於特殊教育的學生，均為其訂定「個別化教育方案」，確保教學歷程與課程內涵對於學生個人產生最大的教育價值。「願景領導」來自第五項修練之「建立共同願景」原理，領導者促進成員之個人目標（及心聲）與組織目標融合一致為共同願景。個人生涯目標與組織目標一致時，每一位成員才有可能盡心盡力為組織賣力。因此，校長為了有效運作前述理念與策略，得經常提醒所有教師和職工，省思生命價值，在教育領域中建立個別化生涯願景；唯有大家的生涯願景與學校願景一致，所有成員才會有教育能量的最大產出，才得以建構真正的優質卓越學校。我們期待，有朝一日，所有教育人員的個別化生涯願景均在卓越學校中實現，教育的桃花源將在台灣出現，而不只是在芬蘭。

〔本文原載於 2009 年，2010 台北縣邁向卓越學校——指標系統與行動方案，62～75 頁。〕

第八章　品德教育理念與策略

壹、緒言——國民的品德是國家最深層的競爭力

「九年一貫課程綱要」少了「公民與道德」學科，常被批判為「缺德的教育」。政黨再次輪替之前，政府官員的貪污失德行為，讓整個國家朝野，都重新強調品德教育的重要。事實上，品德教育本來就十分重要，歷來的教育家及政治領袖們無不給予認同及強調。然而，因為人的「品德」屬於「內蘊行為」，比較困難從「外顯行為」完全論斷一個人的「品德素養」，加以歷代教育家主張「品德教育」之「目標」與「方法」均有不同重點，一般學校教師要帶著學生們「實踐品德教育」，也就難有一致而有效的作法。九年一貫課程之所以未將「品德教育」列為學科教學，是要教師們自主地將品德教育融入各領域統整教學，並未「缺德」；倒是政府官員的貪污行為才是真的「缺德示範」，將學校「品德教育」的功能，抵銷殆盡，是國家最大的不幸。

從正面且積極的面向來看，一個國家國民之品德素養，就是這個國家最深層的競爭力。有品德素養優質穩定的國民，才是國家實施民主法治體制的基礎；有品德素養國民奠基的國家，才能推選出才德兼備的政府首長與民意代表；有才德兼備的政府首長與民意代表才能激發「有為政府」，進而帶動「百業興隆」，充分彰顯國家競爭力。一個國家的整體競爭力，固然要從國家的經濟、社會、政治、教育等面向統整觀察，然而這個國家國民的「品德素養」，卻是競爭力的共同基礎。

貳、品德教育的意涵

品德教育的重要性概如前述，以下接續論述品德教育的意涵，確認

所謂「品德教育」之概念型定義與操作型定義。筆者主張品德教育的操作型定義有四：

- 教如何做人。
- 學人際關係。
- 養品格情操。
- 育優雅國民。

教育的本質在教「人之所以為人」，品德教育強調人的尊嚴、意義與價值，共同追求所有人類的最大價值與尊嚴，是在教「內蘊的行為表現」，屬於「如何做人」。從學習的立場來看，品德教育是要學生學會與人相處，在社會群體生活中，與人相處的情緒處理、情感表達皆需妥適合宜，也就是在學習人際關係。

再從「情意教育」的培育養成方面來看，品德教育希望培養學生崇高的情操，具有大仁、大智、大勇的胸懷；行為表現流露出自主風格與個殊品味，而非盲從或隨波逐流。就國家需求層面來看，品德教育無非在培育造就所有學生均具備優質內涵、行為雅緻，以及成為能以「在地知識」融合「國際視野」的現代化優質國民。

筆者據此四面向的操作型定義，再結合本文後續將再論述之「品德教育的核心因素──好習慣與服務心」，將品德教育的概念型定義界定如次：「品德教育係指學校課程或教育活動中，能夠激勵教師帶動學生增進好習慣與服務心之歷程，重點包括：教如何做人、學人際關係、養品格情操，以及育優雅國民。」

❧ 參、品德教育的核心因素與內涵──好習慣與服務心

品德教育建立在兩個核心因素上：好習慣與服務心。「好習慣」來

自柯永河先生《習慣心理學》一書中之主張。柯先生的大作《習慣心理學》國際知名，也是我國少數能享譽國際的心理諮商大師，其主張「好習慣多於不好的習慣」即為「心理健康」，符合「心理衛生」。言簡易懂，啟發筆者進一步認為：「好習慣的養成，是品德教育最核心的基礎」、「一個人的品德教育素養與情操，應從小時候的好習慣開始建構」。

孫中山先生曾說：「人生以服務為目的」，主張人類生命的可貴與價值在於能夠服務人群，為國家社會作出貢獻。是以有能力服務十人者應以為服務十人為榮，有能力服務千百人者，亦應以服務千百人為人生的抱負。此種「服務他人」之心理態度，啟發筆者第二個主張：「品德教育建立在，有才德能力之人願意奉獻其才智來服務別人，共享社會的文明與和諧，具有生命共同體的觀念與作為」。是以，「服務心」是品德教育的第二個核心因素。

在教育的歷程中，學生「好習慣」的養成應從「生活」、「學習」以及「處事」三個面向著力強化；學生「服務心」的孕育，則宜從「信念」、「力行」以及「省思」三個面向逐次統整建構，圖 8-1 呈現品德教育此一核心因素與內涵之結構關係。

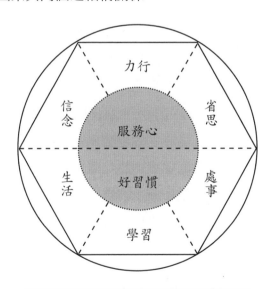

圖 8-1　品德教育核心因素與內涵

一、「好習慣」的內涵分析

教育的課程與活動，均在教導學生「知行合一」，而知行合一的具體操作，即在教學生活上、學習上，以及處事上的好習慣。這些好習慣的養成必須隨著年齡與課程及活動設計，逐步「教」與「學」互動形塑，並非一蹴可幾。是以古代朱熹的白鹿洞書院學規即以指標提示方式，明示學習者「五教之目」、「為學之序」、「修身之要」、「處事之要」，以及「接物之要」。

- 父子有親，君臣有義，夫婦有別，長幼有序，朋友有信。（五教之目）
- 博學之，審問之，慎思之，明辨之，篤行之。（為學之序）
- 言忠信，行篤敬，懲忿窒欲，遷善改過。（修身之要）
- 正其義不謀其利，明其道不計其功。（處事之要）
- 己所不欲，勿施於人，行有不得，反求諸己。（接物之要）

朱熹白鹿洞書院學規中之「修身之要」、「處事之要」，以及「接物之要」可說是古代之品德教育經典。「苟知其理之當然，而責其身以必然」，我們似可以學習白鹿洞書院學規的方式，將學生在生活上、學習上、處事上的「好習慣」，配合當代「行為目標」及「基本能力指標」的敘寫方法，歸納其內涵指標，作為教師的「教」及學生的「學」之主要引導與參據。

在學生生活的好習慣方面，下列 4 個指標最重要：(1)生活規律，勤奮學習：以規律生活節奏，豐厚生命意涵，以積極進取學習，充實生活知識技能；(2)動靜分明，身心健康：靜如處子，動如脫兔，讓身體及心理效能常處最佳狀態；(3)行為中節，人際活絡：情緒情感之表達得體妥適，為大家所認同、信任，進而彼此願意共事合作；(4)興趣多元，彩繪人生：依據個人性向、興趣，從小養成藝文、休閒、運動之生活好習慣，彩繪個殊多彩的人生。

在學生學習的好習慣方面，下列 5 個指標最為重要：(1)計畫選課，彰顯優勢智能：參照多元智能理論，多選性向、興趣課程，發展相對優勢智能；(2)專注學習，儘量全勤到課：為自己所選負責，絕不無故缺課，課堂上專注學習，養成當下學會計畫課程知能好習慣；(3)即時作業，檢核學習成果：老師交代之作業應即時完成，適時了解各階段學習成果；(4)補救學習，避免落差掉隊：遇有困惑未能真正理解之處，應適時請教師長、同學，即時補救學習，避免「時過然後學，則勤苦而難成」；(5)規劃願景，循序築夢踏實：每位學生均應配合學習階段，策訂個別化生涯學習目標，逐次追求實現，以目標達成之激勵效果，增進次一目標之規劃與實現。

在學生處事的好習慣方面，下列 4 個指標最為重要：(1)積極任事，追求績效：主動承擔應作的工作事項，並以工作績效貢獻給組織榮譽；(2)服務他人，和諧共榮：組織成員（學校及班級同學）均有生命共同體意識，每位學生均能以服務大家，共同促成組織目標（學習目標）為榮，共享學習成就；(3)努力練習，盡情表現：各種學習（練習）均能全力以赴，學到每一角色之精髓，成果檢核（演出）時則盡情發揮，創造自己之生命旅程；(4)關懷支持，激勵成長：適時關懷自己的團隊成員（班、組同學），彼此交互支援，共同激勵、共同成長，以實現自己及團隊共同目標為榮。

❧ 二、「服務心」的內涵分析

服務心是一種態度，是一種奉獻自己，為群體盡力，願意配合他人，交互支援，同舟共濟，努力追求組織目標達成之心理態度，此種心態堅信：「我為人人，人人為我」、「為別人服務，為組織盡力，一定功不唐捐」。由於「服務心」是一種態度的養成，在教育的歷程上，必須以「信念」的教學為基礎，以「力行實踐」的教學為過程，更須以「反省

思考」的教學來檢視回饋。

在學生服務心「信念」的教學方面，教師在各領域學科教學以及大型教育活動上，必須融合主要教材，不斷教給學生下列信念：(1)人生以服務為目的：將孫中山先生的至理名言，適時傳承給將來國家的主人翁，讓所有國民均信念「人生以服務為目的」；(2)任何團體組織（包括班級、學校）均需要主動服務他人：唯有同學願意站出來主動為大家服務，班級的共同事務才會有人做，班級組織氣氛才會優質發展；(3)服務能量累增到一定程度，必有優質回饋：因為人非草木，每一個人的施受必會尋求平衡，服務心實踐之後不一定求回報，然日久之後必然有優質回饋；(4)服務感恩，化解人際僵局：人的互動有時會僵化，不知如何開始，表達服務感恩的心與行動，往往是人際互動好的開始。

在學生服務心的力行實踐教育方面，教師應輔導學生積極主動參與下列工作，以力行實踐「服務他人」：(1)主動擔任班級幹部：以班級幹部的職責，實踐服務班上同學的實際；(2)爭取學校服務性質工作：如巡守隊、糾察隊、社區清潔服務等事項，一方面奉獻己力，不使人生留白，另一方面增益學校聲望與競爭力；(3)成立各種類型之服務性社團：結合服務信念較為一致之同學，以社團型態服務學校及社會，運作行動團隊，擴展個人服務貢獻能量；(4)參與公益組織及相關活動：支援公益團體人力資源，服務各類型需要協助之人群，成人成己，促使自身高度自我實現，豐厚生命意涵與價值。

在學生服務心的反省思考教育方面，教師應適時地提醒學生下列反思焦點：(1)是否真的對當事人（事）有幫助價值：是否有違初衷？是否已經時空不宜？是否不再產生價值意涵？(2)是否用到最節能與付出：服務是一種奉獻，奉獻不宜無止盡，奉獻也應講究品質與效能，在服務的同時，要經常思考是否節能與付出的價值性；(3)此一服務性工作能否與自己的生命目標相呼應：能夠與自己生命（生涯）目標相呼應的服務性工作，猶如自己的生涯願景，方得以永續深耕；(4)有否帶來負面的影響：

服務性工作有時類似一個計畫或方案，本質上也是一種「資源流動」，任何資源流動均對某些人有直接幫助，但應避免對部分人產生負面影響。

肆、品德教育的經營策略

品德教育的推動與實施，應從「學校」以及「班級」兩個層次來規劃。「學校的」品德教育措施，由學校行政人員來擘劃，整合帶領學校師生實踐；「班級的」品德教育作為，則由級任導師帶動班級幹部計畫管理，實踐篤行。筆者從團體動力學、行政管理學之學理，結合輔導工作基本原理，介紹學校及班級可以使用之 8 個經營策略，包括：願景領導策略、民主參與策略、激勵賞識策略、文化形塑策略、自主規範策略、同儕輔助策略、服務銷過策略，以及網絡支持策略。前四者屬於鉅觀文化領域，積極帶動品德教育策略，後四者屬於微觀文化領域，個別關懷品德教育策略。茲簡要論述其意涵，及其在學校與班級經營層面之操作策略如次。

一、願景領導策略

願景領導是指當代企業及學校組織領導人，運用學習型組織理論（五項修練）中的「建立共同願景」方法，帶領組織成員（企業員工或學校師生），面對組織的挑戰與未來發展，永續經營之需求，形塑組織願景目標，並領導全體成員實踐願景之作為。

願景領導策略在學校為主體的操作，必須執行下列事項：(1)確認學校願景符合當前學校需求及未來發展需要；(2)將願景文字懸掛學校中心位置，並將文具紙張列印願景文字，成為標識系統；(3)重要慶典活動由校長結合願景闡述該活動的教育價值；(4)策訂學校實踐願景方案，由校長領導逐次完成。

就以國立台北教育大學為例。國立台北教育大學在師專時期的校訓

（願景）為「良師興國」，改制為師範學院之後，新訂願景為「敦愛篤行」，均懸掛在學校校門的背面，每位走出校門之師生，只要抬頭，即可看到這 4 個字，每一次默唸，每一次均得到喚起認同教育的情愫，啟示著每一位走出校門之師生，要傳承教育之愛，要力行實踐給每一位有緣的學生看。

在中小學要實施願景領導，可結合中心德目系列，闡述中心德目與願景意涵的連結也是極為可行的策略。將實踐中心德目之行為指標朝向學校願景層面設定與註解，長期經營，是涵養學生品德素養的積極作法。

從班級經營立場來看，願景領導在班級運作中，可由導師指導學生，透過班會，策訂班名、班旗，形塑班級的共同願景，鼓勵學習。師生參與校內外各項競賽活動，共同訂定參與校內外活動指標及學科能力表現指標。組織目標與個人目標吻合即為願景，在班級的經營上，如果每一位同學均能為自己的學習表現及參與競賽活動的表現，設定具體的成績成長目標，並努力積極實踐，賣力達成，對個人來說，表現優質卓越，獲得教育價值與尊重，實現個人目標；對班級群體來說，各項競賽成績名列前茅，獲得團體榮譽與價值尊嚴，也實現了組織目標。願景領導策略可帶動班級及學校的凝聚力及競爭力。

🦋 二、民主參與策略

學校有關學生本身的生活與學習事務，交由學生透過委員會或會議方式自主決定，達成學生事務由學生共同參與，符合民主歷程，此一經營方式，稱為民主參與策略。

民主參與策略在大學校院運用較為廣泛，例如：成立學生自治會，依據章程，選出自治幹部，為全校學生提供事務性服務工作。又如：成立學生議會，模擬政府議會方式，導引學生民主參與學校及學生本身事務。再如：設立多元社團，提供學生自主參與學習，發展己身專長優勢。再如：輔導學生成立專門專業學會，提供學生專業學術及專門技能領域

上，也有民主參與、個殊發展之途徑。

民主參與策略在中小學階段的運用上，每年常有學校舉辦「模範生」選拔或「自治市市長」選拔，事實上乃是安排一個「選舉活動」讓全校師生學習「民主參與」的歷程經驗，屬於一種潛在課程的活動式教育。

事實上中小學要運用民主參與策略，宜集中在班級經營上，班級級任老師得輔導班級學生召開班會，在班會的運作中，策訂議事規則，選舉班級幹部，策訂幹部職責功能、服務準則，共同決定「班規」、「班費」事項。部分優質班級，還可討論審議「班級經營計畫」，以及設定「班際競賽活動」之目標與準備配套。民主參與策略在帶動學生透過民主程序，參與而自主地決定與自身有關之團體事務，其遵守民主的歷程就是「好習慣」的養成與發揮；是否有豐厚的成果，則有賴班上學生「服務心」的表現，積極熱情的參與公共事務，願意藉由公共事務之參與，服務大家，共同達成組織目標。

三、激勵賞識策略

激勵賞識策略是指，學校行政首長（校長、主任）或班級教師，針對學生的表現優質行為或意見給予讚賞激勵，誘發其持續表現，甚至深耕經營，創造更為輝煌成果之謂。激勵賞識策略常用的方法，包括學校層級的：設置建言獎及服務獎、依績效責任執行獎勵，以及經常獎勵行為楷模師生等三種方法；班級經營層級則有：運用教師期望（比馬龍效應）、表揚獎勵班級服務幹部、操作效果律，以及定期講述時事名人事跡等四種方法。

學校定期頒獎表揚師生和職工建言獎及服務獎，象徵三種意涵：(1)引導師生關心學校，並為學校的更好或未來發展尋求著力點；(2)服務大家奉獻自己，功不唐涓，玉成美事；(3)激勵大家正向思考，積極投入學校公共事務。

依績效責任執行獎勵以及獎勵行為楷模師生的方法，係屬全面品質

管理及楷模學習理論之運用，提供「績效獎金或獎勵」，誘發師生「楷模學習」，普遍（全面）提升「教」與「學」之水準，且在「邁向典範」歷程中經營，而非「接受管理」中擔心受怕。既是「好習慣」，也是「服務心」。

教師期望（比馬龍效應）是班級經營經常運作的方法，儼然已成為一般優質教師之基本態度與素養，教師必須以正面、積極、希望的面向看待每一位學生，讓每一位學生對於學習、生活以及課業目標之達成，有持續不斷的激勵資源，呵護其信心與毅力，終至如期達成階段目標。

班級經營上的「效果律」包括兩種形態：一為每一門課每一位教師的授課教學，教師應針對教材主題內涵，劃分階段階層學習指標，由易而難編序，循序漸進教學，引導學生在短期間逐次習得各階段應學會的知識與技能；二為以前階段的學習效果來增進下一階段的學習，終至精熟學習主題內涵。

比馬龍效應、效果律以及時事名人事跡講述，可成為品德教育的潛在課程，此三者之運用，從過程的面向上來看，就是教師本身提供「好習慣」及「服務心」的範例，引導班級學生之楷模學習。

四、文化形塑策略

「好習慣」與「服務心」兩者的深層內涵，均與群體之文化攸關，優質文化要素之一，就是指團體中的每一位人，多數具備好的生活習慣與知識表現習慣；優質文化的另一要素，也指群體中的每一個人，均具有願意主動服務別人之意向與具體行為表現。文化形塑策略是指學校領導人（校長、主任）或班級教師安排增進文化素質的教育活動，交互支援措施，帶領全校或班級組織氣氛，朝向積極主動發展，形塑優質進取文化之謂。

文化形塑策略應用在一個學校的運作上，有下列方法可以進行：(1)操作願景：運用前述願景領導之策略，形塑學校實踐願景文化；(2)標示

教育核心價值與學校行政經營指標，結合目標領導，孕育培養學校優質文化；(3)成立師生行動團隊，積極進行行動研究：促進積極進取持續成長改善之文化導向與內涵。

文化形塑策略運用在班級經營上，有下列方法可以參照：(1)激勵幹部服務班級事務：褒獎同學為同學服務的人生價值與教育意涵；(2)獎勵分組團隊成果：尤其團隊間交互支援最密切者，獲致最高肯定；(3)提供弱勢族群學生有機會回饋班級同學：給予表現或服務機會，尋求平衡，奠定更為深沉穩定之文化內涵。

文化形塑策略雖屬抽象概念，但依據上述 6 個方法操作，亦可透過全班（分組）同學的交互支持，養成彼此關照之「好習慣」以及奉獻團體（班級）之「服務心」，此亦為提升品德教育的有效策略。

五、自主規範策略

自主規範策略是指，學校教師引導學生共同參與決定有關學校學則規範、行為獎懲辦法、班級生活公約或管理規範等事項。主要精神在彰顯「學生規範事項由學生共同自主決定」，而非由學校專斷決策，也非由教師以長者身分予以決定。

學校的學則與學生獎懲辦法由學生議會審議通過，代表學生們願意共同遵循「全勤列課」、「面對考試」的優良習慣，如有缺課或行為不當，亦願意接受應有的罰責。規範約束事項經由學生決定，其可行性與信賴性高，也是品德教育有效的著力點。

從班級經營的方面來看，自主規範策略可以從下列事項實施：(1)共同訂定班級生活公約：規範班級生活秩序及學習服務事務；(2)對於各科教師要求與需遵守事項條文化：明確顯示規範內涵，導引師生彼此表現滿意行為；(3)共同討論服務課程之實踐方式：以大家認同的最佳方式來執行服務課程，表達「服務心」的價值性，並讓課程活潑化與豐富化。

六、同儕輔助策略

同儕輔助策略是指學校或班級導師運用學生同儕資源，執行學校服務性公共事務或班級生活、學習及臨時教育性任務。這些服務性工作，具有引導優質同學輔助其他同學之意涵，藉由交互支持、彼此關照，一起達成目標。

同儕輔助策略在學校層級，可規劃推動下列工作：(1)自治幹部及會議代表：選出合適人才來為大家服務，也提供有心服務大家之同學明確奉獻服務管道；(2)籌組校園巡守隊：藉由學生本身資源，服務校園安全事項；(3)倡導多元社團：讓社團性質的服務工作普及化及多元化；(4)規劃年級式補救學習：鼓舞學習優質學生來教導需補救學習學生；(5)成立服務學生團隊：以此團隊學生執行學校臨時性教育任務。

同儕輔助策略在班級經營的運用上較為廣泛，例如：(1)學科分組學習：每一學科均有不同組合之分組，每一分組均提供小老師帶動組員之輔助情境；(2)分組作業討論：由作業做對的同學，討論教導尚未答對之同學；(3)分組執行教育任務：提供大家合作，交互支援，共同完成工作之情境；(4)分組共同解決問題：大家一起思考如何解決共同問題，輔助營造最佳學習環境。

同儕輔助策略最適合運用在常態編班（異質編班）之班級，因為常態編班之型態與現實社會一致，提供各方面表現優秀同學分享貢獻其優勢的舞台，一方面滿足個人之成就感，另一方面能協助同儕一起完成學習目標，這種「自己好」之外，亦能幫助他人，使「大家一起好」之「服務心」與「奉獻力」，正是長大成人之後大智、大仁、大勇品格情操之基礎。

七、服務銷過策略

服務銷過策略是指學校或班級訂定辦法，提供學生以公共服務型態來註銷其原本違規犯過之記點或應有之懲罰。服務時間愈長，或服務價

值愈高，抵銷之過失記點愈多（大）。各校在執行服務銷過策略時，通常定有明確標準，例如：勞動服務 2 個小時，抵銷一次過失記點；勞動服務 6 個小時，抵銷申誡一次；勞動服務 10 個小時，抵銷警告一次；勞動服務 30 個小時，抵銷一次小過；勞動服務 100 個小時，抵銷一次大過。

　　為有效執行服務銷過策略，學校必須先行規劃學生得以工讀服務事項，平時交由申請工讀同學執行，如有個案申請銷過服務，則給予優先，鼓勵學生以服務銷過來塗銷違規犯過之事項。學校之學務處亦須設置工讀服務單一窗口，負責學校服務性工作之整體規劃，並方便工讀同學申請或需要服務銷過學生之申請。

　　服務銷過策略之本質亦在啟發「服務心」之萌芽，有過當罰，我們用「服務替代責罰」。就執行歷程而言，拉長了服務省思與實踐力行時間；就教育價值而言，使用了「服務大眾」的好習慣來形塑學生的品德。

　　服務銷過策略切忌執行過當或流於形式，執行過當有若壓榨學生勞力，勢必留給學生怨懟；流於形式則有時藉服務之名，而欠缺服務之實，反而對於學生品德之養成教育並無助益。

八、網絡支持策略

　　網絡支持策略是指學校或班級教師為協助學生適應學校（班級）生活以及學生有效學習，建置之生活服務網絡、學習支持網絡，以及適應支持網絡等系統，為學校師生提供絡繹不絕（永續）之資源協助。

　　生活服務網絡得由學校整體規劃，邀集社區家長志工，協助交通安全服務、學生路隊維護、特殊學生接送上下學。亦得由班級導師及幹部共同設計，引進班級家長志工，結合優質學生幹部，組成班級學生生活服務網絡系統，為全班學生提供生活服務工作。

　　學習支持網絡由學校規劃者，是指各年級各領域補救教學系統之建置，其主要資源來自教師、家長志工及部分優秀學生幹部。由班級經營來看，學習支持網絡之主要資源為班上優秀學生，以及知識份子的家長

志工,學習支持網絡愈為綿密,學生學習成就亦能相對提高。

適應支持網絡即為學校之輔導網絡系統,學校結合輔導教師、一般教師以及社區輔導資源,建置學校三級預防輔導機制,提供學生教學中輔導、班級輔導、課輔制度、個別諮商、小團體輔導,引進諮商心理師到校輪值,並適時演練危機處理工作事項。

網絡支持策略之運作在發揮「交互作用、整合發展」之功能,不只有網絡資源絡繹不絕的投入,也需要資源本身能夠彼此串連、互補短長,才得以用綿密的網狀系統,周延的幫助學生。

網絡支持策略在教育的本質上,也是「服務心」的深耕,以及「好習慣」的具體形塑。系統資源主要在「有效服務學生」;資源能否發揮應有之功能,則有賴「好習慣」作為人際間互動之主要媒介或基石。

❖ 伍、結語──品德教育經營策略需要系統思考

國民的品德是國家最深層的競爭力,品德教育應有的意涵為:教如何做人、學人際關係、養品格情操、育優雅國民;品德教育的核心因素在「好習慣」與「服務心」。本論文提供了品德教育經營上之八大策略,這八大策略可以同時並進,亦或有部分需配合協調轉型發展。八大經營策略在學校抑或在班級均可通用,唯整體與個別之影響程度不一,如何才能有效發揮,則須經「系統思考」,系統思考的要義在:「關照全面,掌握關鍵,形優輔弱,實踐目標」。我們相信經由系統思考之後的策略選擇,必能為學校帶來學生的「好習慣」與「服務心」,達成品德教育目標。

〔本文原發表於 2008 年,向陽基金會主辦,「法治教育與友善校園學術研討會」。〕

第九章　正向管教理念中的班級經營策略

壹、緒言——「訓育原理輔導化」是正向管教的核心理念

　　「正向管教」是教育部當前的重要政策，教育部訓育委員會運用各種途徑積極倡導「正向管教」，特別舉辦各級學校之優質「正向管教方案」甄選，選拔出足以提供各學校參照之「正向管教」作為。並由《學生輔導》（季刊），分兩期刊載「班級經營」及「個案輔導」之正向管教專輯，積極宣導「正向管教」之理念以及在「班級經營」和「個案輔導」上的可行作法。

　　如果有人問筆者，正向管教的核心理念是什麼？筆者會毫不猶豫的回應：正向管教是「訓育原理輔導化」的具體實踐，是新世紀重要人權國家之必然趨勢，也是新台灣教育對於「管教學生」的核心思維。「訓育原理輔導化」自1991年「教育部輔導工作六年計畫」被強調以來，一直是訓輔工作最關鍵的政策指標，此一理念引導之政策發展，包括《大學法》修正案將原來的「訓導處」改為「學生事務處」，而後《高級中學法》以及《國民教育法》持續跟進，「青少年輔導計畫」以及「教訓輔三合一方案」繼「輔導工作六年計畫」之後，持續以「輔導」為核心，整合訓導及教學中之輔導工作，人權與民主法治教育的加強，運用「友善校園總體營造計畫」來統合運作訓輔措施，以及目前之「零體罰」、「正向管教」宣導。就領導人的任用上，教育部訓育委員會常委一職，自1991年起，連續聘請了2位輔導諮商專業人員擔任。這些措施與領導人之更迭，均是「訓育原理輔導化」的實踐，而「正向管教」則為現階

段的重點政策。

正向管教中的班級經營策略，可從兩方面來進行探討：「積極帶動」面向以及「輔導適應」面向。積極帶動面向是指班級導師能夠運用團體動力學的原理原則，領導班級學生積極主動參與班級事物，有效完成班級任務使命，並達成學習目標；輔助適應面向是指班級導師能夠參採團體輔導及諮商的技術，輔導學生減緩消極或偏差之行為表現，維護或增益學生受教權，發揮輔導的教育功能。茲論述其可行策略如次。

貳、積極帶動的班級經營策略

就前述意涵，積極帶動的班級經營策略較常用者包括：「民主參與策略」、「激勵賞識策略」、「願景領導策略」、「賦權增能策略」、「績效責任策略」，以及「班風形塑策略」。上述這些經營策略，多數來自教育行政學與管理學，筆者僅據其原理原則在班級經營上的運用作為論述，希能引導各級學校教師們，以更為宏觀之視野，了解正向管教之意涵，並知曉其實際帶班的操作技術。

一、民主參與策略

「民主參與」不只是政治學上的口號，在學校經營與班級經營均可以實際運用。民主參與是指學校要決定重要校務時，能夠適時適度地尊重學校主要成員（教師、行政幹部、職工、學生及其家長）的意見，經過系統思考後才做決定。在班級經營上則是指班導師在帶班的措施上，凡是生活規範的訂定、班級活動的規劃、班級事務之處理，均能夠公開討論，讓所有學生參與，表達意見之後，再依據民主程序做成決定。

民主參與策略能夠彰顯三大特質：(1)本位管理：自己班上的事，由自己班上的同學自己（本位）管理，因為自己最了解自己的需求與組織目標；(2)自主決定：規範嚴謹與寬鬆程度、活動規模大小，以及班上瑣

事處理程序，由班上的同學共同設定，能夠均衡大家的意願與條件，重視學生的自主權；(3)榮辱與共：由於是大家共同決定參與的事，事務的順暢與成敗，班級同學會當作自己本身的事功，有榮辱與共的情懷，展現班級的凝聚力。

民主參與策略在班級經營上的運用，以下列事項為主要：(1)班會的議事規則，由全體同學共同討論決定；(2)班規公開徵求提案，且以多種版本在班會上討論通過；(3)班費之額度與繳交方式徵求大家意見而後決定，且能給予經濟困難同學最大彈性（甚至免繳）；(4)班級經營計畫項目大家都可以提案，經班會公開討論後再請老師參酌；(5)班際競賽活動參與人員的選拔，經公開投票選定；(6)班上服務性質工作，由有意願者優先擔任。

民主參與策略的另一個特質，具有彰顯導師器度的一面，唯有導師本身具有專業素養，願意包容不同學生的不同見解與需求，且能在最有效的時間內統整這些不同意見，關照所有學生，學生才能夠信服，進而積極投入，因此教師的專業氣度是民主參與策略成功與否之關鍵。

🌸 二、激勵賞識策略

激勵賞識來自心理學理論，也稱比馬龍效應或自我應驗的寓言。激勵賞識策略是指班級教師持續給予學生肯定、讚美，鼓舞其正向表現行為，期待學生們以龍鳳自許，日久之後學生自有近似龍鳳之優質行為表現。激勵賞識策略除了增進學生個別的正向行為表現以外，在班級經營上，更可以促進學生對班級的認同度、滿意度，以及向心力。

教師在教學活動及班級經營上可以採行下列激勵措施：(1)運用積極正向的教師期望，使學生產生自我應驗（比馬龍效應）效果；(2)實施賞識教育，使學生肯定自己的優點，進而激發更豐富的學習成就；(3)採行效果律，使學生對於學習結果能夠滿意，增進後續的學習效果；(4)適時講述時事名人的辛苦奮鬥歷程及突破困境超越自我的喜悅與貢獻，引起

學生的學習動機，激勵學生學習心向；(5)掌握學生背景，協助排除不利學習因素（鄭崇趁，2006b）。

激勵賞識策略的積極面在激發學生的滿意度與凝聚力，願意結合自我實現及班級規範為組織奉獻心力、努力學習；消極面則是在經營保健因素，讓學生沒有不滿足，避免班級規範之運作，產生不愉快或怨氣，抵消了班級教學的效能。

三、願景領導策略

願景領導原本是企業經營使用的理念，近年來已經逐漸引進在學校經營層面上，尤其是九年一貫課程推動以來，因為發展學校本位課程之需要，每一個學校均需學習如何形塑學校願景，事實上目前的中小學已經運用願景領導在學校課程發展上。筆者進一步主張，願景領導亦可落實在一個班的班級經營上。因此，「願景領導」是指班級導師或學科教師能夠帶領班級學生共同討論針對班級的發展，形塑較為崇高的追求指標，並且給予書面化或標語化，作為全班師生共同努力經營的方向，稱之為願景領導。

願景領導的原理來自學習型組織理論所強調的第二個修練——「建立共同願景」，一個班級即為一個組織，「共同願景」對於班級的影響作用包括下列 5 項：(1)共同形塑努力的圖像；(2)為工作目標與工作任務註解；(3)標示更具前瞻性、未來性的努力方針；(4)做為激勵士氣，凝聚整合團體之共識；(5)提升組織核心價值，發展班級特色。

班級上的願景領導可從下列事項著力：(1)策訂班名、班旗：以之作為全班師生的圖像；(2)揭示全班信條或方針：如「團體合作」、「敦愛篤行」、「實踐力行」、「愛與希望」、「優質卓越」，作為共同努力的指標；(3)將班名及信條（或稱信念）以標語大字懸貼教室前後牆壁，強化境教功能；(4)策訂參與學校競賽活動的成績目標；(5)設定學科能力表現目標，督促自我實現篤行。

班級事務的願景領導可以包括一些「目標管理」的事項，鼓勵學生設定生活目標、學習目標，以及發展目標，協助本身「築夢踏實」，由近程目標的實現，漸進達到中程及遠程目標，這些目標的總合就是「願景」的實現。

四、賦權增能策略

　　賦權增能（empowerment）是增進組織功能的理念，指領導者適度授予部屬做事權力，反而更能增進部屬做好事情的能量；在組織或成員中，每一個人的能量增加，組織之競爭力自然提升。Empowerment 一字在國內有諸多翻譯，不一而足，然以「賦權增能」及「增權益能」較能彰顯其積極意涵。

　　賦權增能具有下列特性：(1)自主力：提高成員獨立自主決定的能力；(2)自律性：成員具有提升自尊及自我約束能力；(3)解放性：權力由獨享解放，成員享有參與決定權力；(4)參與性：成員透過參與擴張價值角色功能，增益組織附加價值；(5)責任性：有權亦有責，激勵成員勇於承擔績效責任（吳清山、林天祐，2005）。

　　賦權增能策略在班級經營上的運用，可從下列途徑開展：(1)鼓勵班級開闢公共服務時間，提供班級同學依據專長主動服務同學；(2)建置班級同學專長服務系統、學習服務系統、社團競技服務系統，以及藝文服務系統等；(3)各服務系統均分組設置領導人；(4)鼓勵各服務系統分組領導人建置服務檔案，發展服務共學教材，並篤行公共服務；(5)舉辦班上公共服務分組競賽，運用參賽準備歷程，提升學生整體競爭能量；(6)推派合適代表參加班際及校際競賽活動，爭取更高榮譽。

　　賦權增能策略旨在提供班上同學「有機會」服務大家的名分，因為賦有要服務大家的責任（權利），每位同學會努力將此一任務做好，自然會設法提升自身能量到更高的層次，此一歷程可增加班級的活力與競爭力。

🌸 五、績效責任策略

績效責任是指組織成員為自己所承辦的事務，負完整的成敗責任。就學校中的班級經營而言，一個班級的整體表現，優劣風格當然要由級任導師負全責，級任導師當負班級經營的績效責任。然就一個班級中的各層面表現，依據「績效責任」原理，即應由各層面負責的同學及其指導教師（或學科教師）直接擔負成敗責任；有好的成果表現，榮耀歸他們，有較不理想成果，也應由他們直接設法加強補救。

在班級經營中，績效責任策略之運用可承接「賦權增能」之途徑，強調下列事項之作為：(1)頒給服務同學應有的獎勵與榮耀；(2)對於代表班上參與班際競賽活動的同學，得獎者再由導師在班上公開頒獎乙次，並給予榮典；(3)對於未能得獎者亦須在班上給予獎勵與讚賞；(4)為班上之各項服務工作訂定每週工作目標，凡是達成目標之服務同學，均能得到獎賞；(5)為班上之各重要學習活動訂定每月成長目標，凡能如期達成之個人或小組，均能得到獎賞；(6)鼓勵班上同學承辦班際或校際教育活動，一方面增長視野經驗，另一方面力求服務績效，發展才能。

績效責任策略在班級中推行，具有下列較為特殊性之特質：(1)強調服務性工作：由同學自願為班上從事服務性工作（沒有具體報酬）；(2)只獎不懲：同學表現好，公開給予獎賞，不再懲處不佳同學；(3)重視目標的設定與達成：班級事務績效的彰顯，需要不斷地設定目標與檢核其達成程度。

🌸 六、班風形塑策略

一個班級的組織文化氣氛稱為「班風」，班風代表一個班級的「風格」，也象徵著這一個班級的生活文化內涵與經營趨勢。班風有優質性班風及劣質性班風，優質性班風如：積極、服務、活力、務實、團結等的班級；劣質班風如：消極、被動、吵雜等的班級。班風形塑策略是指

班級導師透過專業示範、實踐篤行、情境營造、風格領導等方法，帶動班級同學交互支援、整合發展，塑造班級成為優質組織文化之謂（鄭崇趁，2007）。

優質班風的形塑要考慮下列要件：(1)班上學生的性向、興趣與能力：依據學生的基礎與志趣考量班風的指標；(2)班上學生的最需要事項為何：依據學生需求的滿足，作為考量班風的另一個選擇指標；(3)班上學生的最佳互動模式為何：依據班級團體喜好的型態選擇班風的發展指標；(4)班級發展的近程目標與遠程目標為何：由近程及遠程目標結合前述三個要件，系統思考班風形塑之指導。

班風形塑與一般組織團體建立共同願景的步驟流程頗為相似，主要有下列幾項：(1)導師與班上同學共同討論，確立班級之學習目標、生活目標與服務目標；(2)揭示邁向班級目標之主要方法，以及與同學之間需交互支援之事項；(3)以同學之間必須交互支援事項之心態做為大家共同努力的指標，如：服務、支持、關懷；(4)班上參與任何班際、校際活動，或導師生活輔導、科任老師學習輔導，均能以大家共同努力的指標結合各種活動強化論述，成為班風。

每一個班級的班風會有雷同一致的地方，但因為學生的組合不一樣，老師的帶班理念也不盡相同，對不同的班級會順性揚才，選用不同的策略與方法，因此班風通常都不太相同。然而所有的班風形塑，均應符合優質性發展為標的，也就是對於班級同學自身有幫助，且不會影響或不利於其他班級同學，唯有優質性班風才符合積極正向管教原理。

❦ 參、輔助適應的班級經營策略

中小學多數為常態編班，常態編班的班級學生異質性高，約有三分之一至四分之一同學會有適應上的困擾，輔助這些同學的適應成長，成為班級經營的第二個重要面向，以下論述這些輔助適應的班級經營策略，

包括：「自主規範策略」、「同儕輔助策略」、「補救教學策略」、「服務銷過策略」、「認輔陪伴策略」，以及「網絡支持策略」等。

一、自主規範策略

國家有法律，學校有校規，班級也有生活公約。「自主規範策略」是指級任導師帶領班級同學，運用班會議事程序，全班同學參與，自主討論班級上的生活公約與學習規範，並將此一公約規範條列公告於教室明顯位置，宣示大家共同遵守，並由幹部負責督促實踐篤行。

班級經營上的自主規範策略，主要有兩大面向：「生活」與「學習」，在生活規範上允宜包括：(1)按時上學、鐘響後3分鐘內進教室等；(2)上課專注聽講，積極參與討論，且絕不干擾同學學習；(3)注意服裝儀容，重視整齊、清潔、樸素；(4)競賽活動互助合作，避免危險動作；(5)優先做好個人承諾服務事項，並設法支援其他同學；(6)養成反省實踐習慣，增進人際關係與生活效能。在學習規範上允宜包括：(1)每日按時繳交作業；(2)養成當下專注學習，有問題馬上問的習慣；(3)同學發問時，不譏笑同學，且設法協助解答；(4)小組討論時，已經學會的同學，有責任輔導尚未學會的同組同學；(5)勇於表達己見，並有氣度接受批判討論；(6)學會策訂每週學習目標，並按時達成。

自主規範策略之應用尚需注意下列原則：(1)循序漸進：年級愈低的學生愈需要領導，年級愈高自主的程度會逐漸放大；(2)定期檢核：導師要帶領幹部適時檢核生活公約及學習規範之執行、落實成果；(3)介入輔導：部分績效不如預期之作為，仍須老師或幹部適時介入，給予輔助，帶動篤行。

二、同儕輔助策略

班級經營的主角是老師加學生，老師如果能激勵學生彼此關照輔助，以個別之優勢條件，交互支持，將全班每位同學之學習與教育任務、服

務性工作，均成長到目標範圍內，藉助同儕動力，交織協助，帶好每一位學生，是謂同儕輔助策略。

同儕輔助策略可從下列事項著力：(1)學科分組學習：在小組中，已學會的同學輔助尚未學會者，共謀成長；(2)分組作業討論：作業完成後，可交互批改，並共同討論學習；(3)分組執行教育任務：已熟練之同學帶領未熟練者，一起完成學校或班上交付之任務；(4)分組共同解決問題：部分同學遭遇困難問題，同學共同組輔助小組，以同儕力量協助面對解決；(5)分組策訂成長計畫：以小組為單位，策訂學習目標，彼此督促、共同成長。

同儕輔助策略類似企業管理上的行動團隊型態，也具有教育措施上的行動研究功能，強調 4 個特質：(1)適當的分組：通常是異質團體，且以 3 人至 5 人為宜；(2)關懷與支持：分組成員必須能夠彼此關懷，交互支持（鄭崇趁，2006a）；(3)共同的目標：小組目標與個人目標是一致的；(4)實踐的尊榮：每一個人均能夠實踐組織目標，並以沒有人掉隊為最大目標。

三、補救教學策略

很多學生的適應困難，多從學習落後開始，數學或英文學習落後之後，往往帶動更多學科也落後；由於功課沒趕上同學，也連帶生活適應及人際關係互動也就跟著產生困擾。因此，學習落後，是諸多適應問題的源頭。班級導師能夠整合師資及學生幹部資源，為全班學生建置系統性的補救學習機制，對於所有學習落後的學生，均能適時實施補救學習，把每一個學生都帶上來，謂之補救學習策略。

班級的補救學習機制應有 3 個層次：(1)提供學生問題諮詢：每週各學科進度的相關問題，均有同學主持討論與回答，不使疑惑長存；(2)作業診斷與補救學習：作業失誤部分以分組討論矯正，不會的作業，由幹部或老師補救教學；(3)關鍵知識的補救學習：每一學科教師，每週提供

2 個小時，為週考或段考未達預期成績的學生，進行關鍵知識的補救學習，務必帶好每一位學生。

補救學習策略的實施，需要班級師生具有健康的「教」與「學」態度，此一健康的態度指標有三：(1)老師充滿教育愛，學生積極投入學習；(2)教師掌握學生學習情形，學生也知道本身的限制；(3)學生願意努力提升自我，教師樂於盡力教導達成。

補救教學策略也需要班上優秀學生的參與，班上前五分之一優質學生，如能擔任分組幹部，協助主持學習主題之討論、解答同學學習問題、輔導校正作業等基礎工作，則整體之補救教學機制始得常態運作，發揮系統學習之預期功能。這些優質學生，若從小時候的學習歷程中就能學習輔助那些不如自己的人，扮演關懷支持者的角色，長大成人之後，對於全人格的教育、服務他人的胸懷，必有更充分的發揮。

四、服務銷過策略

服務銷過策略原指學校訂定辦法，以公共服務性工作來抵消學生違規犯過之記點，例如：勞動服務 1 個小時抵銷一個記點、勞動服務 3 個小時抵銷一個申誡、勞動服務 10 個小時抵銷一個警告、勞動服務 30 個小時抵銷一個小過等。在班級經營中，服務銷過策略的運用指兩方面：一方面鼓勵班上同學申請以服務時數來抵銷違反學校規定之記點；另一方面則指班上同學違反生活公約及學習規範時，也以班上之公共服務來抵銷記點。

班級是學校的次級團體，學校有校規，以校規來規範學生的共同生活秩序，班級也有班規或生活公約，也是用來規範學生在班級中的生活準則。部分學生的服裝儀容、生活常規、作息習慣自主性較強，常有逾越此規範的行為，以往的管理方式從口頭訓誡到申誡、警告、記過、記大過、退學等方式來約束學生，較不順從者不服管教、常與師長爭執、視記過如兒戲，累積到兩大過之後，只好勒令退學，學校本身少了一位

問題學生，然而社會上卻多了一位中途輟學學生。此種管教機制並不能為社會帶來長治久安，反而可能是將來社會和諧與治安上之包袱。

服務銷過策略在台灣各大專校院及高級中學已實施多年，部分學校運用此一策略再結合輔導諮商機制，已發揮絕佳之效果。筆者認為此一種理念與作法，可以再縮小範圍與對象，直接運用在班級經營上，其具體操作步驟可參照下列流程：(1)透過班會，訂定「生活公約執行要點與服務銷過要點」；(2)督責班級幹部落實執行生活公約及學習規範，每日以基點登錄應予獎勵與違規同學；(3)每週由導師公開獎勵具有貢獻同學，並接受核准違規同學申請服務銷過；(4)次週在獎勵有貢獻同學之同時，公開宣示上週服務銷過同學的具體服務事項，塗銷登錄；(5)同學爭取到校級榮譽或服務銷過事項併同班級經營辦理。以服務學校、服務班級、服務同學來轉化違規犯過的陰霾，積極拓展自己對團體的貢獻。

五、認輔陪伴策略

認輔陪伴策略是指，班級導師針對班上明顯適應困難及偏差行為的學生，透過學校輔導室運作，安排學生喜歡的校內教師或家長志工，擔任認輔教師，對於學生實施「個別關懷、愛心陪伴」之作為；也就是教育部帶動學校推動的「認輔制度」，落實在班級經營上。

認輔制度在國內的發展已逾 10 年以上，自教育部「輔導工作六年計畫」起，為整合「朝陽方案」、「璞玉專案」、「攜手計畫」、「春暉專案」等個別作法，教育部於 1995 年頒行「教育部推動認輔制度實施要點」，鼓勵學校教師結合家長社區志工，全面認輔適應困難及偏差行為學生。認輔制度是一般教師得以參與學生輔導工作最「根本」的途徑，一般教師提供給受輔導學生「個別關懷、愛心陪伴」足以。唯實施以來，或由於宣導策略不佳，或由於「認輔紀錄冊」過於繁複，每一年各級學校實際擔任認輔教師人數約僅占 20%～30%，未如預期理想，至為可惜。

班級經營若運用認輔陪伴策略，其主要步驟流程如次：(1)導師選定

班上適應困難或行為偏差學生約 2～4 位；(2)透過輔導之認輔制度運作時程，推薦 2～3 位認輔教師（含志工）；(3)安排班上學生與認輔教師會面；(4)督導班上同學定期找認輔教師晤談，或接受電話關懷及親師晤談；(5)必要時與認輔教師會面，討論協助個案學生事項。

就輔導之三級預防層次而言，認輔陪伴策略屬於初級預防層次，認輔教師主要在提供「個別關懷、愛心陪伴」之功能，並視個案的需要或嚴重程度，有必要進行二級預防者，鼓勵督促學生接受輔導室安排之團體輔導及個別諮商；有必要進行三級預防者，鼓勵督促其接受網絡資源之診斷及治療，或許有認輔教師之陪伴督促與關懷，其接受二級及三級預防之處遇，才能產生正面而積極之功能。

六、網絡支持策略

網絡支持策略是指班級導師為班上學生建置完整的生活、學習、適應支持網絡系統，此一支持網絡系統為一多元資源的整合串連，包括：班級同學幹部、同學家長、學校志工、教師與專業心理諮商人員、社工人員，以及醫療網絡系統人力，這些多元資源交織成一網絡運作型態，配合班級學生需要，能夠及時地有效支持每一位學生之需要。支持網絡愈綿密，每一位同學所得到的照顧與支援愈加周全，更能夠確保其成長發展之順遂。

網絡支持策略之運作，宜從三方面著力：(1)生活服務網絡：班上能有效串連同學幹部及同學家長志工，支援同學在生活上的救助服務事項，如：加送外套、處理上下學擦傷意外、協助連絡上班之父母親等；(2)學習支持網絡：班上能串連優秀同學及學科教師或具專業教學之志工，依據學生之需要，提供領域補救學習，不使任何一位學生落後；(3)適應支持網絡：班上幹部及級任教師熟悉學校輔導網絡系統資源，能夠適時鼓勵有需要同學，尋求二級及三級預防之協助，不使班上學生因適應問題，困擾各領域學科之學習，抵減了接受教育之功能。

網絡支持策略就如同學校的輔導網絡系統，其資源人力雖然存在，往往閒置而未用或少用，如欲發揮其功能，必須由學校訓輔人員定期啟動演練，師生才得以熟悉運用，在班級經營上亦然，導師及班級幹部應經常說明班上三大支持系統的存在資源，以及其具體支持個案同學之事例，讓師生均熟悉此一資源系統，進而善加運用，助人自助。

肆、結語——策略選擇須要系統思考

班級經營必須經由級任導師之系統思考，所謂系統思考具有四大指標：觀照全面、掌握關鍵、形優輔劣、實踐目標。因此，前述之六大輔助適應及六大積極帶動的班級經營策略，必須針對班級學生之最大（共同）需要為前提，以能夠為班上學生帶來最大價值之運作方式（策略）為核心，再搭配其他之策略作為，化繁為簡，讓導師及班級幹部容易操作，能順暢有效地經營班級，帶動班級學生成功學習。當每一位學生的潛能都得到最大的激發，也都為自己的表現感到滿意，方足以彰顯正向管教理念之善。

〔本文原載於 2008 年，學生輔導雙月刊，第 105 期，30～41 頁。〕

教育經營學導論——理念、策略、實踐

第十章 學校創新經營的積極策略

　　創新經營是教育當局期待學校發展的重點施政之一，教育部及國科會每年均以補助經費方式，委請中華創意學會辦理學校創新經營及教學創新方案競賽，選拔績優創新案例，並推廣至各校，企圖帶動中小學全面創新經營，提升學校教育品質。

　　創新經營隨著教育部（2002）《創造力白皮書》的腳步，為當前沉悶的教育政策改革，注入了一股清澈的活水，也試圖為長期傳承的學校運作體制打破僵局，尋求可能的出路。學校創新經營的主要功能有四：(1)變化：學校具有鬆散結構組織的特性，一方面具有行政組織階層化的型態，教師教學又具有專業自主的訴求，企業界的績效責任與品質管制很難在學校中發揮，而「階層組織」及「專業自主」均容易陷入照本宣科的固定作為，品質難斷；帶動學校創新經營，即希望學校產生「變化」的功能，增加組織運作及教學活動多元價值，能更符合師生人性的本質；(2)活力：「好奇」與「新穎」是人性的本質之一，學校師生亦然，傳統的中小學在升學壓力的洪流中，行政服務與教學實務已受到嚴重的扭曲，學校教育流為升學的工具，考試領導教學，一片死寂，活力不再，奢談快樂的學習；學校創新經營的第二功能，企圖從「新穎」的開展，誘發師生「好奇」的本質，讓學校再現積極活力；(3)突圍：部分的學校會面臨發展上的瓶頸，諸如社區老化，學生嚴重流失；師資年齡過於集中，人力產生斷層現象；校舍整建趕不上學生驟增需求；校園組織文化改變困難等，創新經營的第三個功能，即在為這些面臨發展瓶頸的學校，找到突破的可能著力點；(4)創新：學校創新經營即再為學校建構一個「創新」的局面，此一創新的局面包含積極優質的校園組織文化，師生均有「交互作用、整合發展」的具體行為實踐，學校能夠在環境設施、課程

教學及行政管理上均有精緻卓越，而不一定與他校有相同的表現。

　　本文之旨趣即在前述四大功能導引下，為中小學尋找歸納具體可行的 12 項實施策略，提供給學校領導者（校長、主任、教師）參酌選用，希望對於學校創新經營的實施有所幫助。簡要論述說明如次。

❧ 壹、提升開會品質與效率

　　在學校的領導行為中，「開會」是最主要的「途徑」，也是幹部與教師、幹部與幹部間最重要的溝通管道。學校中有各種會議，包含：「行政會議」、「早會」、「夕會」、「課程會議」、「各種委員會」、「校務會議」等，行政幹部參與大大小小的會議每週至少在 3 至 5 次之間，因此，會議的品質與效率是影響校務經營與發展的核心工作之一。

　　開會的次數、型態與內容會隨著校長的觀念與習慣而改變，很多學校的會議容易產生下列 5 項缺失：(1)開會次數過於頻繁，次數過多而沒有決策功能；(2)每次會議時間過長，占用幹部及與會人員太多時間，影響其他重要事務之處理；(3)會議的提案沒有經過審查或規劃，重要事項與平常事務同時占用會議時間；(4)部分重要應提會議討論事項沒有依規定適時提會討論，降低重要委員會功能；(5)主席及參與成員於會前毫無準備，重要事項議而未決或不敢決策。

　　由於學校開會運作不當，往往浪費學校人力及時間資源，降低整個學校的服務功能及品質，是以，只要學校「會議文化」能有適度改善，提升開會的品質與效率，即是校長創新經營之積極策略。提升開會效率與品質的具體作法，可以參考下述要點：(1)準時開會，準時結束：以行政會議為例，中小學每週召開，宜選在週一上午舉行，並以一小時為限，準時開會，準時結束，幹部主管可以有效規劃辦理其他重要校務，不致於被「會議」綁住時間；(2)規劃整併各種委員會議，將法令規定及學校運作需要成立的各種委員會，盡量予以整併聯合開會，並且定在每個月

的固定時間召開（如：每個月第一個週三上午），並以 1 個小時至 2 個小時之內為限；(3)每一層級之會議，均要指定固定的幹部（主任或組長），負責議程的整合擬定及提案之審議；(4)會議之提案內涵關於跨單位之配合事項時，應在會前知會有關單位，會前預為準備（含資料及建議），便於會議時即時討論，易於尋求共識，縮短開會時間；(5)具有爭議或需長遠規劃的問題或議題，應指定學校專長或負責幹部，以類似行動研究之專案報告型態在會中報告，聽取大家表示意見後，再做必要決定或「處理的程序」（處理程序也是決策的一種）；(6)學校資源或現有資料無法做決定之事務，應該及時諮詢校外專業顧問，並適時反映給主管機關了解，避免提會討論，浪費大家時間。

❤ 貳、落實分層負責及績效責任

「賦權增能」、「全面品質管理」、「績效責任」等觀念及作法，逐漸在行政領導上被強調，這些管理學上目標之實現，有賴「分層責任」的落實實施。惟有學校真正的實踐分層負責，主任、組長、教師、組員均能為其法定職務負起完全「決定」及「績效」責任，組織（學校）才能發揮「賦權增能」與「全面品質管理」之理想功能。

當前的學校行政運作，在這一方面常有下列「事與願違」的現象：(1)校長本身強調「授權」，要主任、組長多擔負責任，但做事的方法必須遵照校長自己的作法；(2)校長關心的事項過於細緻，主任、組長反而「粗略即可」，因為校長會再加指導，經過校長指導後，事情的處理才會「真正周延」；(3)主任、組長之聘用來自校長，常有學校主任、組長等待校長交辦事項，而沒有細讀「分層負責明細表」，主動系統思考自身職務如何有效實踐；(4)比較重要或中大型教育活動，欠缺完整的「實施計畫」，沒有「計畫管理」的觀念與作為，大家急就章，一起辦好「應辦的事」即滿意了。

為了增益學校創新景象，發揮真正「賦權增能」之功能，提高行政管理層面的品質績效，學校領導人（校長）可調整下列作為：(1)每週的行政會議由主任或承辦的組長依分層負責明細表，提報重點工作實施計畫及已辦事項之檢討；要求幹部對自己職務負完全績效責任；(2)學校的獎懲對象，以權責人員為限；(3)校長對於各項教育活動之「實施計畫」應盡量尊重設計人員想法，除非有重大負面影響應予避免外，過程留供幹部創意發揮（增能），但求績效能夠彰顯教育價值即可；(4)鼓勵各處室適度辦理校內及校際重要教育活動，一方面藉機會展現平時績效，另一方面也增加觀摩學習，經驗交流歷練，增進能量，以便足以承擔更重大責任。落實「分層責任」，要求「績效責任」是「賦權增能」以及「全面品質管理」的核心基礎，也是學校創新經營的積極策略之一。

參、激勵創意思考，實踐共同願景

九年一貫課程實施之後，幾年來的發展結果，中小學均已訂定了學校教育願景，例如：「愛與希望」、「敦愛篤行」、「學習、成長、健康、快樂」、「關懷、人文、科技、卓越」、「快樂、成長、精緻、卓越」、「愛、學習、卓越」、「效率、品質、創新、前瞻」等，琳瑯滿目，不一而足。學校有願景，如果沒有具體的實踐作為，則將流於形式，沒有達成所謂「五項修練」的目的——「形塑共同願景，改變心智模式」。因此，如何操作願景，能夠激發全校師生創意思考來實踐學校教育願景，形成另一個重要課題，也是重要的積極策略。

學校操作願景的基礎配套措施及可行的作法，可參考下列：(1)將願景文字懸掛在學校最中心位置，使學校師生每天均能看見，產生導引心向之境教功能；(2)配合學校重要慶典及大型教育活動，由校長或重要來賓幹部，闡述該教育意涵與學校願景的融合；(3)將願景文字與意涵發展成標示系統，在學校的印刷品及活動資料上持續呈現，運作願景與師生

生活完全結合；(4)將願景上網，公告在學校首頁，並闢有討論區蒐集大家對於願景及實踐作為上的意見；(5)甄選「實踐願景方案」，鼓勵全校師生參與設計與選拔，激勵創意思考，實踐共同願景；(6)將願景意涵譜寫成校歌，教導全校師生共同傳唱；(7)將學校之環境設施，進一步結合願景與教育目標，學習主題規劃布置，並培育「小小解說員」，由學生以工作站方式註解闡述學校願景的意涵與運用。

肆、設置建言獎，鼓勵創意點子

「多元參與」、「扁平化領導」、「本位管理」、「民主決策」是現代行政管理的重要訴求之一，希望學校領導者能夠運作這些理念與作法，得到最客觀及最關鍵的資訊，做最好的決策，冀能符合學校最需要，帶動校務積極發展，又能符合全體教師和學生之最大價值，得到「民之所欲，常在我心」的共鳴效果。

此種景象不太容易真正地出現，必須要領導者（校長）本身要具備「包容多元」、「禮賢下士」、「真誠待人」的心胸雅量，以及「統整判斷」、「實踐篤行」的核心能力為基礎；並且組織成員均有「管道」提供建言，而提供建言之後均獲致好的回饋與不錯的「結果」。兩個條件均具備，才有發展實現的可能。

經營學校這兩個條件的具體作為，可設置「建言獎」，每半年至一年公開頒獎表揚「最多建言」、「關鍵建言」、「創意建言」、「影響建言」、「努力建言」等人員，並開闢「多元管道」，蒐集全校師生的建言，包括：網頁校務建言、討論區、校長每週2個小時「與校長有約」時間設定、重要會議建言紀錄、隨時約定建言紀錄等，並且由校長機要直接彙編各項建言研處結果，做為選拔獎勵之基礎素才。藉由「建言獎」之設置，鼓勵創意點子的出現，為「多元參與」、「扁平化領導」、「本位管理」、「民主決策」的實踐，發展成更上層樓、更為具體的景象。

伍、增進教師會專業成長的組織功能

學校的核心人員在「全體教師」，教師有創意，校務經營自然充滿創新的服務與教學。為了提升教師的專業成長，《教師法》賦與教師組織「教師會」的權利。然而各校的教師會以及縣市教師會，全國教師會均未體認《教師法》原意，籌組教師會以「為教師爭取權益」為目的，未將重點擺在「專業成長」，形成教育改革上最大的「弔詭」與另一個「衝擊」。

就筆者近年來在各縣市中小學校務評鑑之經驗，學校「教師會」組織的定位與角色功能的發揮，可以明確觀察到這一個學校在校務發展上的進程：(1)學校未成立教師會者，代表教師尚未關心教改的各項壓力，沒有力圖精進，尚不致於飯碗不保；(2)學校教師會與學校行政制衡對立者，尚處於改革初期，學校整體尚未有發展共識，教師之主要能量多浪費在意氣之爭；(3)教師會已成為專業成長策進組織，則學校氣氛最為融合積極，構成學校蛻變發展的新契機，卓越可期。因此，學校領導幹部（校長、主任）應運用自身的專業素養與專業表現，積極輔導學校教師會組織的成立，並運作為教師專業成長的組織，協助學校行政，全面提升教師專業成長，以學校教師專業成長的程度創新校務的整體經營。

學校教師會帶動全體教師專業成長的具體作為，有3個明確的方向：(1)規劃學校本位教師在職進修計畫；(2)策動學校教師成立行動團隊及行動研究；(3)協助每位教師製作教學資料網頁，提供知識管理知能。此三大方向：第一個方向在尋求教師普通知能及專業知能之提升；第二個方向在尋求重點突破進而有效提升知識及生活能量；第三個方向是配合數位時代訴求，發展建置符合個人及組織目標之具體知識。第一個方向各校運作已較為普及，第二個及第三個方向則尚屬觀念倡導階段，學校人員操作上較為生疏，且與學校創新經營攸關，特予列點闡述。

❤ 陸、倡導教師普遍參與行動團隊及行動研究

行動團隊是一種組織的次級團體，指學校教師和職工為達成個人及組織學習目標，各自籌組的小型實踐團隊，其組織人數由3、4個人至數10人不等，性質包括：學習團隊、成長團隊、工作團隊、休閒團隊、任務團隊等（鄭崇趁，2006b：100-101）。

行動研究則是一種藉由研究進程持續改進教學及教育活動方案的設計，是一種實踐型的應用研究，研究歷程僅是手段方法，其主要目的在提升教學品質以及增益教育活動的價值。

行動團隊與行動研究均為當前校務經營中，鼓勵教師和職工進入學習狀態與專業進修的創新行為，其共同特徵有三：(1)兩者均以學習型組織理論及知識管理為基礎；(2)兩者均屬團隊學習的型態；(3)兩者均在實踐個人及組織目標。

行動團隊與行動研究仍有部分區隔，主要者如：(1)行動團隊偏於關懷支持人際導向，而行動研究偏向任務完成目標導向；(2)行動團隊因性質不同而活動嚴謹度不一，行動研究則有較明確的執行流程設計；(3)行動團隊較具彈性，範圍廣泛，往往包括校內外的時空場地，而行動研究之範圍較為專一，多屬校內教育活動的改善方案。

行動團隊結合行動研究可以活化學校組織文化，是校務經營的有效策略，其具體作為十分廣泛，例如：(1)應變小組團隊：能及早預防禽流感、SARS 及突發安全事項之威脅；(2)工作激勵團隊：以行政單位或年級教師組成彼此關懷、交互支援的團體；(3)成長學習團隊：運用讀書會、小團輔、工作坊之參與達成組織學習、成長發展之目的；(4)休閒健身團隊：多元而定期的健身休閒活動，奠定教師發展的基石；(5)行動研究團隊：從形塑願景、行政管理、輔導學生、創新課程方案等持續改善教育措施，提高教育服務品質。

柒、鼓舞教師進行知識管理並建置個人教學網頁

知識管理是指組織成員能夠運用現代資訊科技，對於組織中的知識進行蒐尋、組織、儲存、轉換、擴散、移轉、分享、運用的過程，以促進組織知識持續的創新與再生。

知識管理理論追隨學習型組織理論腳步邁入學校，其核心技術——「知識螺旋」（knowledge spiral）作用，更適度地解析了「學習」、「分享」得以個人增能（empowerment）及團隊增能、提高競爭力的學理基礎。學習型組織輔以知識管理，方能貫徹學校組織再造運作方式改變的實質內涵（鄭崇趁，2006b：100）。

知識管理理論在教師個人上的應用，即運用電腦資訊科技建置個人教學檔案及個人網頁。如果教師是導師，應另建置班級網頁，以班級網頁扮演教師與學生及家長溝通的橋樑，運用網路傳輸、即時溝通，傳播教育經營的理念及作法，也蒐集家長學生意見，立即回饋。一般教師之教學檔案應適時上網公告，使學生及家長了解教學資料及內容，便於準備、複習及必要的補救教學。教師的個人網頁則包含主題教學資源的建置，以及個人進修成長珍貴資料的整理建置；主題教學資源可以提供給同儕觀摩學習及調整補充，是創新發展之基礎；進修成長珍貴資料提供自身統整累進，作為催化進步的媒介。個人網頁的內容品質，足以反映教師個人素養及其蓄勢待發之動能，乃知識管理創新增長的實踐行為。

捌、對教師及學生實施激勵策略

學校領導者或教師，運用領導行為及教學有關措施，鼓舞激勵教師及學生對學校的認同感、滿意度及向心力，以有利於校務經營，提高班級教學效果；其所運用的方法、技巧、措施稱為激勵策略（鄭崇趁，2006b：102）。

激勵策略在學校領域上的運用，可依實施對象分成 2 個層次：「教師」的激勵與「學生」的激勵。教師的激勵主要為校長的責任，校長的領導行為必須獲致行政幹部及教師們的認同、滿意，才得以激發大家的向心力與凝聚力，積極共同貢獻於學校校務。校長激勵教師的具體行為可參考下列方式：(1)職務分配符合教師專長及意願，提供教師及幹部相對滿意的工作環境與內涵；(2)鼓勵教師配合專長經營教師及學生團隊，追求自我實現；(3)協助教師之本分工作之餘，積極規劃生涯進修，持續提升個人素養及學校組織能量；(4)滿足教師的個別需求，讓老師們能在無後顧之憂的基礎上，共同體現學校教育願景。

學生的激勵層面則為教師的責任，教師在教學活動及班級經營上可以採行下列激勵策略：(1)運用積極正向的教師期望，使學生產生自我應驗（比馬龍效應）效果；(2)實施賞識教育，使學生肯定自己的優點，進而激發更豐富的學習成就；(3)採行效果率，使學生對於學習結果能滿意，增進後續的學習效果；(4)適時講述時事名人的辛苦奮鬥歷程及突破困境超越自我的喜悅與貢獻，引起學生的學習動機，激勵學生學習心向；(5)掌握學生背景，協助排除不利學習因素。

激勵策略的積極面在激發教師及學生的滿意度及凝聚力，願意結合自我實現及學校願景為學校奉獻心力；消極面則在經營保健因素，讓教師及學生沒有不滿足，無後顧之憂；並且避免校務行政運作產生不愉快及怨氣，抵銷了學校行政或班級教學效能。激勵策略的實施能夠實質改變學校組織氣氛，是學校創新經營的重要基礎，有賴學校領導者帶領所有教師具體實踐。

玖、開發多元教育資源，有效進行資源整合

隨著 21 世紀的來臨，學校教育已經超越了依賴固定年度預算及定額教師經營的時代，學校的經營策略，必須配合開發多元的教育資源，引

進校外各種資源來協助學校辦學，並且要與校內各項資源有效整合運作，才能發揮「交互作用、整合發展」的效果，對於學校才能產生具體的實質效益。

所謂多元資源包括：「垂直資源」、「水平資源」、「校際資源」，以及「社區資源」。垂直資源是指教育部及教育局（處）有隸屬關係的上級或下級可能的教育資源，例如：教育部或教育局（處）對於主題教育均列有專案經費，提供各級學校提列計畫，申請補助執行。水平資源是指與學校行政組織平行單位所能提供的教育資源，例如：家長會提供的家長志工、教師會提供的教師人力、民間基金會提供的人力或財力資源。校際資源是指透過策略聯盟等合作方式、引進他校的人力或教育資源協助本校之謂。社區資源是指學校能夠引進社區志工及專業、半專業人士來協助校務，例如：交通安全服務隊、圖書館志工、保健室志工等。

有效的資源整合包括計畫、培育、實踐三個步驟。計畫在系統思考「能夠引進資源」的需求與總量，規劃學校運作的資源輔助系統，確定多元資源協助學校的具體工作點；培育是指針對計畫陳列的具體工作事項，對於所招募之志工或資源進行必要的培育課程，增進志工的服務知能，備以有效協助實質校務；實踐則是指針對經過培育之志工，依其意願及能力妥適分配到預定的工作崗位上，執行實際的教育服務任務。

資源整合是學校經營的創新作為之一，有效的資源整合能夠為學校引進豐沛的校外資源，協助學校專業教學之外的教育服務性工作，增進整體教育績效，提高教育競爭力，將資源開發與整合運用，形成學校創新發展的有利因子。

拾、發表學校特色課程與教學，展現創新經營賣點

九年一貫課程實施之後，每一個學校均有「特色課程」及「主題教

學」的開發，這些特色課程以及主題教學資料，對其他學校而言，就是創新經營課程，值得各校交流學習。

學校之特色課程及主題教學資料經過發表，邀請他校教師觀摩並參與討論，才得以確定此一課程設計及教學內涵之妥適性，得到檢驗評比的教學資源將更加珍貴。就教師個人及學校立場而言，有幾項明顯的功能：(1)有助於教學資源的結構化：因為要發表、展現給其他學校人員分享，教師會將原本零散的資料結構化，運用主題及較佳邏輯呈現；(2)演練發表有助於檢視教材的難易度及可行性，公開發表形同正式化教學，難易度不當的教材，可以進一步檢視而刪除；(3)增進教材的豐富度並找到更佳的教學方式：課程教材的發表，可以蒐集其他教師的建議，讓單一死板的教材進一步活化及豐富化，增進教育價值。

學校之特色課程及主題教學資源，應不斷辦理校內發表觀摩及校際參展發表，以發表展現學校績效，以發表揮灑創意，以發表增進學校的創新實踐。

拾壹、舉辦班級創新教育活動競賽

學校的創新經營必須要落實到學生本身，各項教育活動要能夠培養有創意的學生，學生的創意來自教師的教學及班級經營，教師的教學及班級經營均須運作團體動力學，有效激勵帶動學生參與各項學習活動，才能滋長學生創意。

因此，學校舉辦各種班級創意競賽教育活動，最能夠激發全校師生展現創意行為。學校可以按季（或雙月一次）舉辦班際創意競賽活動，例如：學校環境布置創新比賽，彩繪學校整體創意環境；班級網頁創新競賽，運用資訊科技增進師生創意數位生活；玩具遊戲創意競賽，結合好奇與遊戲需求，創發多元情趣遊樂；各種才藝表演競賽，增進休閒才藝之創發，豐富生活品味。

學生班級創意活動競賽，可以導引班級學生發展團體動力，增進凝聚力與創造力，透過合作、交互支援，共同追求班級團體榮譽，對於創新能力與全人格教育均有幫助，是校務經營的重要策略之一。

拾貳、推展教師及學生能力護照

創造力不會憑空驟降，必須要有基礎條件及發展條件融合，才能產生實際的創新行為，一個學校師生之基礎條件薄弱時，妄談創新是為不切實際；一個學校發展條件欠缺時，也難有創新的具體作為。

如何判準一個學校的「基礎條件」及「發展條件」呢？筆者建議各校推展教師及學生獲取能力證照，以證照的累積數量做為判準學校創新能量的依據。學生可參與各項能力檢定，例如：國語文能力檢定、全民英檢、數學基本能力檢定、自然科學、社會知能能力檢定等。以透過能力檢定取得護照，作為創新發展的基礎，教師則主動爭取接受教師評鑑或教學評鑑，以透過評鑑確認自己擁有效能的合格教師當作基礎，再設法取得領域教學證照，或專業領域能力證照，作為創新發展的條件，增進實質的創新作為。

學校的創新經營就是有效的改變校務運作模式，前述 12 項建議僅是可能的積極策略，每一個學校適合哪一個策略均不相同，學校可就自身最需要選擇採行，增益學校師生創意素養，提升整體教育品質及教育競爭力。

〔本文原載於 2006 年，教育研究，第 145 期，50～58 頁。〕

第十一章　策訂優質校務中長程發展計畫的要領

　　「計畫、組織、領導、溝通、評鑑」為教育行政的五大核心歷程，尤其是「計畫」乃行政之母，教育行政人員首要精通計畫，至少要善長於自己組織任務或掌管事務之計畫。《教育經費編列與管理法》頒布後，其在第 12 條規定：地方教育機構及公立學校應訂定中長程教育發展計畫，報請主管教育行政機關審查通過後，提送教育審議委員會審議，再作成年度教育經費編配之依據。因此，每一個學校均應策訂中長程校務發展計畫，唯有中長程校務發展計畫經教育局（處）（教審會）核定之後，始得編列年度經費預算。

　　筆者近年來常被中央及地方教育行政機關聘為校務評鑑委員，查閱之各級學校中長程發展計畫不計其數，唯好的或理想的校務發展計畫並不多見。茲將近年來開授碩博士班「教育計畫專題研究」心得，將策訂優質校務中長程發展計畫要領 10 項，扼要敘寫如次。

壹、掌握校務發展計畫的基本格式

　　中長程校務發展計畫不一定要有固定格式，就像好的武功，不一定要有固定的「招式」一樣；然而，優質的中長程計畫仍有大家較為認同的基本格式，始能展現計畫的重點與內涵。筆者長期探討校務發展計畫的主要內涵，歸納多數學校優質之計畫，其基本格式概如表 11-1 所示。

表 11-1 中長程校務發展計畫基本格式（綱要）

○○國民中（小）學 2009～2012 校務發展計畫

壹、計畫緣起
　　一、對教育的基本看法與辦學理念（校長）
　　二、學校基本資料分析
　　三、SWOT 分析
貳、學校願景與教育目標
　　一、學校願景
　　二、學校教育目標
參、發展策略
　　△文字描述
　　△策略與願景、目標、結構圖示
肆、執行方案或執行項目
　　（範圍較大，具有主題性質者曰方案，單一的工作事項曰項目。方案通常要另立目標及較細部工作事項；用執行項目或執行要項者，則直接敘寫執行內容）
伍、執行內容
　　（依項目順序，寫出每一工作事項之單位、方法及結果）
陸、行動要領
　　（含考評回饋機制）
柒、經費需求
　　一、年度人事費及經常費依預算編列
　　二、硬體建設依核定計畫額度核列
捌、預期成效
　　（提列主要事項年度重點成果）
玖、附錄
　　一、校務發展計畫結構圖
　　二、校務發展計畫循環系統表
　　三、校務發展計畫成果檢核摘要表
　　　　（每一處室按季提報成果，年末提報檢討評估建議事項）

此一基本格式乃參照格式，每一個學校可因應自身學校之個殊需求，而稍作必要性之調整，優質的學校中長程計畫總字數約在 8,000 字至 16,000 字之間，少於 8,000 字稍顯單薄，多於 16,000 字則嫌繁複。

貳、形塑學校共同願景與教育目標

各級學校為配合九年一貫課程之推動，參照本位管理之精神，幾乎所有學校均已策訂自己學校的「共同願景」，諸如：「快樂、和諧、創新、卓越」、「尊重、成長、日新」、「人文心，科技情」、「敦愛篤行」、「效率、品質、創新、前瞻」等，不一而足。然而，多數領導者（校長）及領導幹部（主任、組長）並未去釐清「願景」與「目標」之間的關係，沒有去正視國家訂頒的教育目標（德、智、體、群、美五育均衡發展），以及課程目標（十大基本能力）應與學校形塑之願景有必然及相屬的關連，反正大家都在做，自己的學校也就做了。

《國民教育法》所規定之教育目標，「九年一貫課程綱要」提示之十大基本能力課程教學目標，永遠是所有學校共同的教育目標，是大方向、大方針，學校不能改變，在此目標之上要再建構學校願景，在此目標之下要再發展學校自己的教育目標，均基於本位管理理念的實踐。在願景的形塑上，要考量學校本身教職員工生的共同心聲，把如何邁向目標之歷程，關照到大多數組織成員的看法與需求，追求績效性與滿意度的雙贏；也能運用願景操作，帶動教職員工生認同學校，承諾服務奉獻，激勵士氣，提高滿意度，也提高績效性，實現學校的教育目標。

在學校教育目標的發展上，除了正常教學之外，得配合學校本位課程及特色課程之進程、多元社團以及主題教學之優勢條件，設定學校重點教育目標，乃國家教育目標之下的精緻化與優質化、卓越化之作為。

對於新任校長或任期屆滿轉任他校之校長而言，最大的難題與挑戰，往往是這所學校本身已有的「願景」，是否需要延用或調整修正，如果

決定「延用」，需要有哪些強化的宣示作為？如果是要「調整修正」，具體的作法與流程又當如何？

　　筆者的建議是：每一位新到任校長應花 3 個月到半年的時間觀摩，並為學校進行 SWOT 分析，然後思考學校願景的 4 個面向：(1)教育價值：積極、正向、深遠、優質的引導；(2)邏輯系統：詞性結構系統嚴明；(3)學校需求：是否為學校當下之最需要；(4)辦學理念符合度：與校長自己的辦學理念一致性高不高。再決定是否延用、小修、調整或重新形塑。

　　若新校長決定延用既有的學校願景時，應在校務會議上或是全校教職員工生一齊參與的場合上公開宣示強調，並且由校長本身闡述此一願景在當下的重要意涵，以及在此一意涵引導下，學校重視的或強化的措施為何，讓既有願景產生新的意涵與作為。

　　若新校長決定重新形塑新的學校願景時，則應以 3 個月為期，規劃讓所有教職員工生均參與討論，並且以校長到任時宣示的辦學理念及重要作為為核心，學校現階段的需要為背景，師生們的共同心聲為前提，由下而上，逐次討論形塑學校新的願景。

❧ 參、深入分析學校優勢、劣勢、挑戰及機會點

　　SWOT 分析已經普遍地使用在各級學校的校務發展計畫，然亦有部分缺失值得檢討：(1)篇幅過於龐雜，動則十數頁，一般常見者也有三、四頁或五、六頁之多，令人不想閱讀；(2)分析之因素過多，淡化真正的優劣勢；(3)每一個因素內的分析點太多，密密麻麻，淡化了真正的重點。

　　筆者以多年來的教學心得，SWOT 分析要領約略如次：

1. 總篇幅以 A4 一頁至一頁半為宜。

2. 分析學校因素以 6 至 8 個因素最為妥適。

3. 每一個分析點以 1 至 3 個點較佳，且愈少愈好。

4. 每一個分析點不宜超過 3 句話，也不宜只用簡要名詞單句呈現。

5. 每一個分析點要能彰顯真正的關鍵事務。

6. 釐清優劣勢為存在已久事項，而挑戰與機會點為新近發生事項。

茲以鄒惠娟（2006）實習撰擬之三芝國小SWOT分析為範例，如表11-2所示。

表 11-2　SWOT 分析範例——台北縣三芝鄉三芝國民小學校務發展計畫

因素	優勢（S）	劣勢（W）	機會點（O）	威脅點（T）
地理環境	1. 位於三芝鄉交通樞紐、市集與文教中心。 2. 緊鄰鄉公所等社區機構、媽祖廟等民間信仰中心及源興居等觀光景點。	1. 地處北海岸偏遠鄉村地區，對外交通不便。 2. 學校周邊攤販影響環境整潔及學童上下學交通。 3. 東北季風氣候型態，多雨季節影響戶外教學活動。	1. 茭白筍節、水車文化節、早櫻節等活動，提升社區生活品質。 2. 馬偕護校於2006年9月開始招生，帶動地方文教機會與經濟繁榮。	遊客人潮聚集，衍生學校周邊環保問題。
學校規模	1. 班級數56班，附設幼稚園、補校，規模適中，配置營養師專責自立營養午餐。 2. 能源教育、視力保健、足球、跆拳道重點學校。	1. 教師課務繁重，專業對話時間不易安排。 2. 學校成員及家庭型態多元，意見不易整合。	1. 學校重要行事及各項實施計畫之擬定，多元參與、溝通管道暢通。 2. 學校各項委員會依法成立、井然有序。 3. 獲教育部2006年度表揚社教有功學校。	短期代課需求頻繁，短期代課教師尋覓不易。

表 11-2 SWOT 分析範例——台北縣三芝鄉三芝國民小學校務發展計畫（續）

因素	優勢（S）	劣勢（W）	機會點（O）	威脅點（T）
學校設施	1. 校舍整體規劃改建完成，規劃雨水貯留系統，節水省能效用高。 2. 活動中心、韻律教室、視聽中心等因應多雨氣候之室內教學設施充足。 3. 班班有電腦，資訊與通訊科技規劃完善。	1. 資訊電子設施因鹽分侵蝕，受損率偏高。 2. 保養、維修經費短缺。	1. 獲教育部遴選為資訊與通訊科技（ICT）教學應用典範學校經費補助。 2. 發展行動群組教室及創新課程與教學模式。	圖書館藏書不足。
師資	1. 師資合格率100%，專業分工，富教育熱忱。 2. 師資平均年齡36.5歲，教學活力充足。	數位落差及語言落差尚待提升。	1. 教師積極專業進修，參與週三研習、研究所、數位學校、專業社群。 2. 教學團隊獲2006年度全國教學創意特優獎。	教學評鑑及教學視導意願待提升。
學生	1. 學生樸實、活潑可愛、求知動機強。 2. 布袋戲社團、古箏社團揚名國內外，定期展演口碑佳。 3. 常設學生社團23個，促進學生多元展能。	1. 家庭樣態多元，衍生學生適應問題，弱勢族群學生問題待改善。 2. 單親及隔代教養比率偏高。	1. 學生自由參加社團及學藝活動，激發優勢智能明朗化。 2. 高關懷班、攜手教育課輔班，弭平學習落差。 3. 定期進行學力檢測，落實補救教學。	1. 新住民學生待關注。 2. 成人債務、監護權爭奪、詐騙集團等因素影響學生正常就學。

表 11-2　SWOT 分析範例——台北縣三芝鄉三芝國民小學校務發展計畫（續）

因素	優勢（S）	劣勢（W）	機會點（O）	威脅點（T）
家長	1. 家長參與校務意願高。 2. 家長會支持校務發展、志工隊熱心協助各項教學活動。	部分家庭功能不彰，亟需社會福利支助。	開辦親職講座、電腦成長班、外埠學校參觀活動，擴展家長教育知能。	對教育改革實施現況產生疑慮，亟待持續溝通說明。
社區	1. 導護商店熱心擔任學童上下學庇護所。 2. 地方士紳、耆老參與社區有教室之策劃與教學。 3. 校友會熱心回饋母校，傑出校友義務講座，引導楷模學習。	新舊社區文化落差，外來人口融入社區文化待加強。	1. 開放學校運動場，促進學校與社區聯繫情誼。 2. 假日免費讀經班教學，家長志工肯定、熱心參與。	1. 校園開放，設施維護不易。 2. 進入校園人士公德心待加強。

資料來源：鄒惠娟（2006）

在SWOT分析表之後宜有一段話，針對整體分析內涵作一摘要式總結，此一摘要式總結具有「孕育發展策略」之基礎，如能呼應校長的辦學理念及蓄積願景、目標之需求，則更為理想。

肆、結合辦學理念，統合演繹經營策略

學校發展計畫的「實施策略」，有時亦稱「經營策略」，在近代的學校計畫中，地位愈形重要；因為近代的學校經營與管理，引進企業界的作法愈來愈多，而其中最受人矚目者，即為「經營策略」。好的（優質的）學校發展計畫，其「經營策略」必須具備三個條件：

1.針對學校發展最重要（或最核心）的界面下手。

2.策略的方向能夠反映領導者（校長）之辦學理念。

3.策略本身能夠上承教育願景與學校目標，下接具體可行的執行方案或執行事項。

「經營策略」或「實施策略」是經由「策略分析」的技術而來，其主要的方法有兩種：一種為擬訂計畫者本身的「專業論斷」，直接設定經營策略（或實施策略）；另一種為將各種要做的工作事項，依屬性分群而加以命名成為策略名稱。

撰寫學校發展計畫之「經營策略」的要領約略如次：

1.以 4 至 6 個策略最佳。

2.每一策略以 2 句話完成最具效果。

3.此 2 句話要有因果關係，通常第 1 句是因，第 2 句為果。

4.要注重文字的精練與整齊。

5.在 4 至 6 個策略之間，其界面要有清楚的邏輯順序。

茲以國立台北教育大學 91～94 學年度中程發展計畫為例，其經營策略如表 11-3 所示。

表 11-3 「經營策略」範例──國立台北教育大學91～94學年度中程發展計畫

| 一、調整系所單位，蓄積師生多元發展資源。 |
| 二、強化師資陣容，邁向國際綜合大學水準。 |
| 三、建設優質環境，提升師生教學研究效能。 |
| 四、培育卓越學生，增進畢業學生競爭潛力。 |

伍、建構願景、目標與理念策略結合之具體圖像

優質的學校校務發展計畫，另一判準的指標，在於撰述者能否用圖像或表式來呈現計畫的主要內涵。是以，在筆者教學博碩士班之課程中，筆者一定要求學生實習撰述三種作品，包括：前述之 SWOT 分析表、學

校校務發展結構圖，以及校務發展循環系統表。結構圖內涵必須系統架構願景、目標及經營策略；而循環系統表必須列表呈現「依據」→「願景」→「目標」→「策略」→「方案或項目」→「評鑑」等具體內容。這三樣「圖表」內容討論確定合宜之後，再據以發展成完整的「學校中程發展計畫」。

就願景、目標、策略圖像的建構而言，擬訂計畫者本身應先就其對教育之看法及經營學校之辦學理念為基礎，思考有意義之具體或抽象形式，來架構願景目標及策略實體。以台北縣思賢國小鄭玉疊校長所擬訂之校務發展計畫為例，其建構之願景、目標、策略之關係如圖 11-1 所示。

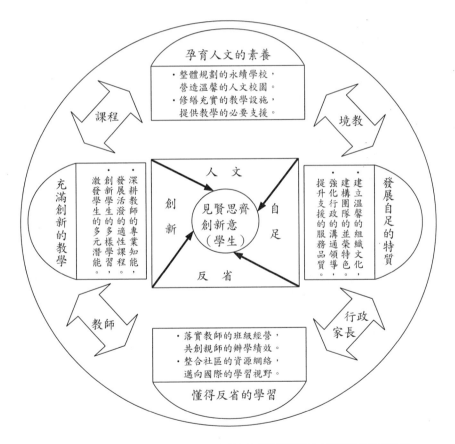

圖 11-1　台北縣思賢國民小學學校校務發展計畫結構圖

資料來源：鄭玉疊（2006）

❧ 陸、發展行動方案或執行項目

「經營策略」之後的計畫內容為執行項目或行動方案，行動方案與執行項目之區隔已在「基本格式」中說明，以下以一般校務計畫中較常用者——執行項目為主軸，再加以論述闡明。

在優質的校務發展計畫中，「項目選擇」必須符合下列三大要求：(1)承續策略旨趣，有邏輯地呈現 2 至 4 個工作點（每一策略）；(2)每一個項目均為學校最需要、最核心的工作事項；(3)能夠彰顯校長的辦學理念，並邁向學校願景及教育目標之工作。

茲再以鄭玉疊（2006）實習撰擬的「思賢國民小學校務發展計畫循環系統表」（如表 11-4 所示）為例，示範其系統結構如次。

❧ 柒、拓展行動方案為主題式計畫

若校務發展計畫選擇使用「行動方案」，則「行動方案」的件數不宜超過 12 個，且每一個行動方案均須進一步拓展為主題式之計畫，至少每一方案應有「目標」、「策略」及「具體措施」之規劃，接續陳列。每一行動方案應比照主題式計畫，能夠以表格來呈現每一方案之目標、策略及具體措施間之關連。如表 11-5 所示。

表 11-4　思賢國民小學校務發展計畫循環系統表

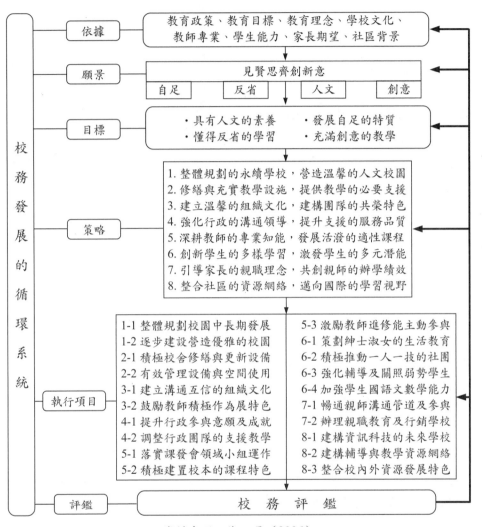

校務發展的循環系統

依據	教育政策、教育目標、教育理念、學校文化、教師專業、學生能力、家長期望、社區背景
願景	見賢思齊創新意　　自足　反省　人文　創意
目標	・具有人文的素養　　・發展自足的特質 ・懂得反省的學習　　・充滿創意的教學
策略	1. 整體規劃的永續學校，營造溫馨的人文校園 2. 修繕與充實教學設施，提供教學的必要支援 3. 建立溫馨的組織文化，建構團隊的共榮特色 4. 強化行政的溝通領導，提升支援的服務品質 5. 深耕教師的專業知能，發展活潑的適性課程 6. 創新學生的多樣學習，激發學生的多元潛能 7. 引導家長的親職理念，共創親師的辦學績效 8. 整合社區的資源網絡，邁向國際的學習視野
執行項目	1-1 整體規劃校園中長期發展　　5-3 激勵教師進修能主動參與 1-2 逐步建設營造優雅的校園　　6-1 策劃紳士淑女的生活教育 2-1 積極校舍修繕與更新設備　　6-2 積極推動一人一技的社團 2-2 有效管理設備與空間使用　　6-3 強化輔導及關照弱勢學生 3-1 建立溝通互信的組織文化　　6-4 加強學生國語文數學能力 3-2 鼓勵教師積極作為展特色　　7-1 暢通親師溝通管道及參與 4-1 提升行政參與意願及成就　　7-2 辦理親職教育及行銷學校 4-2 調整行政團隊的支援教學　　8-1 建構資訊科技的未來學校 5-1 落實課發會領域小組運作　　8-2 建構輔導與教學資源網絡 5-2 積極建置校本的課程特色　　8-3 整合校內外資源發展特色
評鑑	校務評鑑

資料來源：鄭玉疊（2006）

表 11-5　行動方案結構表（主題式計畫結構表）

目標	策略	具體措施
＿，＿，＿； ＿，＿，＿。	（一）	1.
		2.
	（二）	3.
		4.
		5.
	（三）	6.
		7.
		8.
	（四）	9.
		10.

捌、依據執行項目，表列執行內容及主協辦單位

「執行項目」為校務計畫之具體工作點，「執行內容」則指每一工作點的實際作法。執行內容的敘寫應該明確寫明「單位、方法、結果」，校務發展計畫之執行項目如果未逾 20 項，每一個項目之執行內容，即應逐一敘寫；如果發展計畫之執行項目超過 20 項以上，且以處室為核心規劃，則可運用表格方式，將具體工作內涵分點陳列，並配合主協辦欄位，直接設定主辦及協辦單位。

茲以「強化學校願景宣導」作為執行項目範例，其兩種「執行內容」之敘寫方式如次：

甲、段落式敘寫

「學務處策訂開學典禮、校慶運動會、學生畢業典禮為學校願景宣導日，協調秘書室，建請校長預為準備，在典禮中闡述學校願景與該活動教育價值之結合，強化願景宣導，促進師生篤行實踐學校願景。

總務處事務組於開學前，重新訂製願景大字，並懸掛於行政大樓，供全校師生便於觀賞。事務組將學校願景文字印製成學校本學年使用之文具紙張，使各種會議及活動均有宣導願景內涵之機會。」

乙、表格式敘寫

七、強化學校願景宣導	主辦單位	協辦單位
1.開學典禮學校願景宣導	學務處	教務處
2.校慶運動會願景宣導	學務處	總務處
3.畢業典禮願景宣導	學務處	總務處
4.製作願景懸掛行政大樓	總務處	總務處
5.印製學校文具紙張具有願景標幟系統	總務處	總務處

玖、設定績效考評，檢討回饋機制

學校中程發展計畫完成之後，必須有效實踐才能實際帶動學校發展，大部分的學校發展計畫列有「行政要領」或「行動步驟」，來設定推動計畫的組織、運作方式，定期檢討評估與回饋修訂計畫機制等「配套措施」。此一績效考評檢討回饋機制愈明確，校務發展計畫的功能才能落實彰顯。

茲以國立台北教育大學 91～94 學年度中程發展計畫為例，其「行動要領」約略如表 11-6 所示。

表 11-6　行動要領敘寫範例——國立台北教育大學 91～94 學年度中程發展
　　　　計畫

---

1. 本校校務發展委員會應籌組「中程計畫行動小組」，由主任秘書擔任召集人，逐年規劃各處室推動本計畫應行配合辦理事項。
2. 本校各處室應就主管計畫事項，依年度納入處室年度工作計畫，落實執行。
3. 本校各處室執行本計畫工作，應配合實際工作時程，適時提送成果績效報告，由秘書室彙存。
4. 本校校務發展委員會按季檢討本計畫之推動執行情形，由秘書室報告執行績效。
5. 本校校務發展委員會應就本計畫執行績效，逐年檢討調整重點工作事項及實施作為。
6. 推動本計畫有功人員，由各處室主管荐送，經教評會或職評會審議通過，校長核定後，於校務會議上頒獎表揚。

❂ 拾、參照行動方案或執行項目，設定處室年度重點工作及執行時程

　　學校各處室的年度工作，應由主任邀集所有組長開會討論，針對「例行性重要事項」、「教育部及教育局（處）重要政策」、「校長辦學重點工作」、「中程校務計畫應行配合事項」、「師生（含家長）反映或建議事項」，以及「主任、組長創意構想」等方面，統整考量後，表列年度重點工作及執行時程。

　　為了有效呈現各處室確實執行學校的中長程發展計畫，處室之年度工作計畫表應以不同顏色或標註符號，來註記該項工作為中程發展計畫項目，所有執行的歷程照片以及成果亦應用光碟留存備份，作為中程計畫之執行成果之一。

〔本文原載於 2008 年，領航，創刊號，5～13 頁。〕

第十二章　學校如何統整教育資源與關懷弱勢族群學生

壹、緒言——教育關懷年宜優先關懷弱勢族群學生

台北市訂 2009 年為教育關懷年，就教育目標或施政目標而言，台北市為國家首善之區，教育關懷的對象應普及到每一位學生的身上，「一個都不少」。理想的關懷指標為：「全民就學」→「順性揚才」→「普遍卓越」（鄭崇趁，2009d）。然就一般民眾（含教育人員）務實的觀點來看，教育關懷的對象，起碼（優先）要做到「弱勢族群學生的普遍關照」，學校要有效掌握弱勢族群學生，並建構合宜的「支持網絡系統」，予以關懷照護，包括：生活服務網絡、學習支持網絡，以及適應支持網絡等。這些「支持網絡系統」需要學校爭取外部資源結合校本資源，始得布建。學校關懷弱勢族群學生，也需要有效統整教育資源。

筆者應邀協助 2009 年台北市優質學校「資源統整」項目的評選工作，多數申請學校均能將學校引進的資源，統整運用在關懷弱勢族群學生身上，成果績效頗為彰顯，令筆者印象深刻。唯「資源統整」具有更為深層與廣義的教育意涵，不只限於照顧弱勢族群學生。本文之目的，希望能藉以釐清兩者之關係，並論述學校資源統整的方法與要領，供學校實踐時參照。

貳、弱勢族群學生的需求是學校統整教育資源的起點

事實上，「協助弱勢族群學生」、「補助弱勢族群學生」以及「關

照弱勢族群學生」是國家長期的教育問題，也是國家教育政策的重點措施之一，例如：「教育優先區計畫」、「教育部輔導工作六年計畫」、「教訓輔三合一方案」、「友善校園總體營造計畫」、「攜手計畫」、「課後照顧」、「月光天使」、「補助營養午餐」，以及「發放幼兒教育券及補助就讀私立高中職教育券」等，均是實踐關懷弱勢族群學生的具體措施，也是挹注學校額外資源，促進教育機會均等，採取積極性差別待遇之作為。

前述的施政措施，每一項均用意良善，針對弱勢族群學生的某部分需求而「計畫施政」，學校人員必須依據計畫方案的規範，為校內之弱勢族群學生申請。但有時礙於學校弱勢族群學生的掌握未清，有時礙於申請時效事宜，常未能及時關照這些需要的學生，彰顯政策績效，有違政府美意。

筆者認為，學校在學生報到入學後，在兩週之內，應由專人（小組）清查掌握新生之各種類型的弱勢族群學生，連同原來在校的弱勢族群學生，建立完備弱勢族群學生資料檔案，並分析這些弱勢族群學生需要協助照顧的總體需求，包括：多少人需要學雜費援助、多少人需要營養午餐費援助、多少人需要課後照顧、多少人需要補救學習、多少人需要認輔、多少人需要生活服務協助等，將總體需求分類條列呈現。

弱勢族群學生需要協助之需求總量，是學校爭取外部資源進入學校的底線（起點），學校必須透過家長會、社區志工，結合學校幹部，擬定各種實施計畫，向政府及民間公益團體，爭取垂直及水平資源進入學校，並統整運用，優先滿足此一弱勢族群學生之基本需求，學校才得以開展更為精緻的教育活動，實施更具實效的課程教學，提升教育品質，增進學校之競爭力。

學校「資源統整」的內涵，要優先考量弱勢族群學生的需求，但不能以弱勢族群學生的需求為限，學校應以所有的學生教育作「系統思考」的基礎。當前的學校教育，要單靠政府的預算以及校內教師和職工固定

的人力，能將學校辦好，而有競爭力者，幾乎不可能。多數的學校，都需要透過多元管道，持續引進各種超越預算及員額的資源，輔助學校整合發展，增強學校經營運作的基礎條件，發展學校教育特色。是以台北市的「優質學校」或大多數縣市的「校務評鑑」，均列有「資源統整」或「資源整合」的項目，作為評選標的。

學校引進的資源，應優先滿足弱勢族群學生的總體需求，學校通常以「支持網絡」的型態來協助全校的學生，而以弱勢族群學生為優先照顧的對象，例如：「生活服務網絡系統」就以繳不起午餐費的弱勢族群學生，以及身體障礙弱勢族群學生行的安全為優先照顧對象；「學習網絡系統」就以學習落後的弱勢族群學生及中輟復學學生為優先照顧對象；「適應支持網絡系統」則以家庭突遭變故及適應困難弱勢族群學生為優先照顧對象。這些支持網絡系統在學校上的具體操作事項即為：經濟支援、補救教學及輔導學生機制。

參、學校爭取教育資源的方法

學校關懷弱勢族群學生，需要有效資源統整，而教育資源統整的功能與目的，超越了照顧弱勢族群學生，應以「全校學生」如何接受更優質的教育為爭取教育資源的立基點。學校本來的經費預算、師資職工員額與既有的校舍環境稱為校本資源；學校向外爭取的人力、經費、物力、自然、科技等資源進入學校，協助學校教育事項，則為外部資源。所謂「資源統整」，一方面在觀察引進的外部教育資源的多寡，另一方面則在觀察學校如何統整運用這些資源，也就是「引進資源」與「校本資源」統整之後所產生的教育價值。

學校如何爭取教育資源？為何有部分的學校爭取到的資源特別多，而部分的學校則十分有限，筆者就 2009 年參與的 15 個中小學申請「優質學校」（資源統整項目）複選訪視心得，歸納為 6 個方法，包括：家

長志工法、競爭計畫法、策略聯盟法、承擔任務法、創新特色法，以及價值行銷法，摘介如次。

一、家長志工法

家長志工參與校務，分組協助交通安全導護、圖書館書冊整理、衛生保健服務、晨光閱讀、故事媽媽等，是一般學校運用社區資源最基本的方法，此稱之為家長志工法。

學校運作家長志工法引進教育資源，要先做好4項工作：(1)健全家長會組織：選出合適的家長會長，定期召開家長會，以學校家長會幹部的成員，主動參與校務，出錢出力，協助重要教育活動的規劃與執行；(2)發展班親會組織：部分的學校已將家長會組織系統往前推進為班親會組織，以班級家長協助班務處理為主軸，由各班導師結合家長教育人力資源，輔助班級經營及輔導補救學習落後學生；(3)辦理志工成長培訓：家長志工有意願參與服務工作是難能可貴的資源，學校應由輔導室作對口單位，為所有有意願的家長志工，進行培育組訓，將資源轉化為符合學校需要的有價值資源；(4)計畫性引進與統整性運用：家長志工資源屬鬆散性組織資源，部分學校會有困難引進取得，除了學校社區背景有關之外，實與學校領導人及幹部的觀念作為有關，如果學校能主動擬定引進計畫，定期向家長會及班親會公布需求及協助校務之價值，多數學校就會有綿延不絕的家長志工，有效參與校務服務。

二、競爭計畫法

目前政府為實踐個殊的政策目的，均設置各類專案經費，提供給各級學校或民間組織單位申請；學校或組織單位必須擬定計畫，申請資源，由政府比較審核後核給經費執行，稱為「競爭計畫法」。例如：教育部為推動永續校園及創造力政策，每年均編列數億元專案經費，供各級學校擬定競爭型計畫申請，學校能夠擬定好的、優質的實施計畫，就能夠

為學校引進豐沛的外部資源，共同建設學校。

學校要如何準備爭取競爭型計畫，通常要加強 4 項工作：(1)校長及行政幹部必須關切政府施政方向，一有專案計畫經費，愈早申請，愈容易獲得支持；(2)平時即針對學校的「優質化需求」，擬定好合適的計畫方案，政府或民間公益團體有機會，即可隨時申請；(3)校長及行政幹部要具備「統整判斷」及「計畫管理」的核心能力，要有能力為學校擬定各種具有教育價值的計畫方案，也要有能力透過計畫執行，有效統整內外部資源，增益學校效能；(4)學校準備的各類建設「計畫方案」要區隔為「基本需求」及「優化需求」，基本需求方案可直接向主管機關申請，用「哀兵的態度」期待主管機關滿足學校基本需求；優化方案則向旁系政府單位或民間組織申請，以「共創教育新價值」的訴求，爭取其玉成。

競爭計畫法是後現代社會的產物，但已成為時代趨勢，當前的學校經營管理要配合此一潮流脈絡，準備好各類大中小型的建設計畫，才能透過計畫（方案）競爭，為學校爭取豐沛的教育資源，提升學校辦學條件。

三、策略聯盟法

可用的教育資源很多，尤其是專業人力資源，不一定在自己的學校中。學校可透過「策略聯盟」方式，跨校結合同一領域的專業師資人力，共同開發特色課程及主題教學方案，這類學校與學校的合作，或者學校與平行公私立組織單位的合作，引進學校需要的教育資源，稱為策略聯盟法。

學校運用策略聯盟法爭取教育資源的具體操作事項如下：(1)特色學校策略聯盟：結合同一發展特色主題的學校，如：閱讀教育、語文教學、棒球團隊、鄉土教育、資訊教育、永續校園等學校進行策略聯盟，跨校結合師資人力及物力資源，交流運作方式；(2)校本課程策略聯盟：同一鄉鎮或跨鄉鎮縣市同一背景條件的學校，結合領域師資共同發展年級領

域主題教學方案，作為學校本位課程中的特色課程與教學主題；(3)支持網絡系統策略聯盟：學校為全校學生布建的支持網絡系統，除了家長志工為基本成員外，校際及社區公私立組織單位均需以策略聯盟協議方式相連結；(4)專業諮詢策略聯盟：學校需要各類不同專家協助，單獨聘請經費龐鉅，可聯合數校共同引進。

四、承擔任務法

承擔任務法是指學校主動承辦教育局（處）需辦的年度全縣（市）性教育活動，甚至於全國性教育活動，以承擔重要任務，引進相對的教育資源（如：活動預算，必要的場地環境設施，活動結束後歸學校繼續使用），增進學校活力與表現機會。

運用承擔任務法需要有配套作為：(1)宣導師生認同大型活動在學校辦理的意涵與價值，讓全校師生以辦喜事的心情迎接；(2)妥善規劃活動的歷程與相關事宜，務必讓此次教育活動圓滿成功，以績效表現爭取更多機會資源；(3)活動結束後宜立即召開檢討會，除嘉獎勉勵辛勤工作同仁外，兼及討論「餘留資源」的統整運用，讓資源產生永續價值；(4)藉由活動之辦理與主管或貴賓建立深層關係，並適度反映學校發展需要或計畫方案，作為爭取後續資源管道契機。

五、創新特色法

「資源統整創新經營」，是當前經營學校的熱門話題，是指學校領導人要統整內外部教育資源，以創新的賣點來經營自己的學校。所謂的「創新特色法」是指學校教育領導人，先將經營學校的「創新賣點」準備好，再以「賣點特色」向主管機關或民間組織單位（含家長）爭取認同支持，引進相對的人力或財力資源。

運用創新特色法要遵守下列原則：(1)要先有正常優質的教學，不宜捨本逐末；(2)創新特色宜建立在學校本身的優質傳承或優勢環境的基礎

之上，所謂傳承創新，較易討好，容易獲得支持；(3)創新特色的構想與動力來自內發優於外來，激發校內幹部教師共同投入創新學校，找出經營特色，以內部的創意方案，爭取資源最佳，也最容易執行；(4)創意方案要考量學校的整體價值與未來性，不因創新特色而有負向包袱，要有利於學校當前及未來的教育發展。

六、價值行銷法

學校要爭取到外部教育資源，說易不易、說難不難，其間的關鍵在於外圍組織單位人員認同學校作為的價值性高不高。是以學校領導人及幹部職工，要能夠運用「創造教育價值」的方案，或闡述對學校價值或其當事人價值的理由來行銷學校，爭取外部組織當事人的認同，進而願意優先將資源（經費或人力）支持學校，即所謂價值行銷法。

學校運用價值行銷法爭取教育資源，需要做好下列先備條件：(1)學校要先有各種建設藍圖方案，每一方案計畫要蘊含紮實的教育理念，彰顯教育的核心價值；(2)每一建設藍圖方案，要有系統結構的圖表，方便簡報說明，讓人容易了解，認同支持；(3)預先規劃設定行銷時機，掌握長官督學及外圍組織到校參訪，既參與平行單位活動的適合時段，進行學校簡報，兼及建設價值行銷；(4)避免過度行銷，華而不實（沒有真正爭取到經費執行），宜以價值導向，吸引當事人興趣，進而關注促成，而不做勉強推銷。

肆、學校統整教育資源的要領

學校引進外部教育資源是資源統整的第一階段工作，引進資源之後，如何統整運用是第二階段工作。第一階段在觀察量的多寡與素質的適合度，第二階段則在觀察，能否帶給學校教育的最大價值。部分的學校教育資源豐沛而沒有做好統整運用，沒有讓這些難得的資源產生具體的教

育價值，形同浪費或半浪費，至屬可惜。

　　學校如何有效統整教育資源，亦有要領可尋，筆者將訪評 15 個申請優質學校的心得歸納成六大方向，包括：「布建支持網絡系統」、「發展學校特色主題」、「強化環境教育功能」、「推動多元學習社團」、「開發領域教學方案」，以及「彰顯學生學習成果」。整體而言，由「輔助弱勢」→「潛在課程」→「半正式課程」→「正式課程」為發展順序，摘介如次。

一、布建支持網絡系統

　　關懷弱勢族群學生，是學校資源統整的「起點」，學校的具體作法是：生活救助、補救教學以及輔導機制。這些作法要串連成「學校本位的支持網絡系統」，以支持網絡的形態，協助全校教師和職工照顧好這些個殊需要的學生，但不以弱勢族群學生為限，最好要遍及到每一位學生，只要有需要，不管是否為列冊的弱勢族群，均可進入這支持系統的及時服務。

　　支持網絡系統需要的教育資源可分為：服務性、半專業性及專業性，家長志工團隊多半可以規劃為服務性及半專業性工作，例如：交通安全導護、校外教學隨隊安全維護、圖書室管理、校園美化維護、晨光閱讀、故事媽媽、協助認輔學生、部分的補救學習、督導課後照顧、完成家庭作業、大型活動接待，以及社團學習後援會等。部分的半專業及專業性工作則需要學校運用「策略聯盟法」及「競爭計畫法」規劃引進，布建成綿密的支持網。

二、發展學校特色主題

　　學校引進外部資源，除了布建支持網絡系統，優先照護弱勢族群學生之外，第二個讓學校得以運用的方向是：發展學校特色，學校可參照提供資源者的「意願」以及校內師生共同的優勢，統整結合，發展學校

最適合的特色主題，例如：藝術、運動、生態、永續校園等，以主題特色績效來帶動學校辦學活力，爭取外部資源的持續引進。

發展學校特色主題的資源統整，宜注意下列事項：(1)學校特色的主題要獲得師生及社區家長認同，如果能夠結合在地文史及生態資源者更加；(2)學校的特色主題要符合師資專長，可以永續經營；(3)學校的特色主題要能夠普及到全校學生獲益，而非僅少數代表選手或社團成員獲益；(4)學校的特色主題通常要有後援會永續支持。

三、強化環境教育功能

統整教育資源的第三個方向是：整備優質環境設施，增進境教功能。將引進的外部資源配合學校設施的整體需求，綠化美化環境、建置主題教育情境（如：生態池、文學走廊、科學步道等）、展示學校優質傳承（如：校史館）、展示學生學習成果（如：比賽得獎作品、藝能成果展示），讓學校整體教育環境永續雅緻，並能充分與課程教學結合，充滿教育功能。

統整資源、強化環境設施，要有優先順序：(1)學校的校舍空間及基本的設施，要優先符合「設備基準」的規範，如有不足，立即充實；(2)安全優先於美觀，各項建築配備的定期維修務必執行；(3)要有整體之美，空間配置、人車動線要符合師生作息及課程教學、教育活動的最佳需求；(4)要有前瞻視野，要結合學校願景，發展特色主題以及重要教育理念（或核心價值）的規劃配置。

四、推動多元學習社團

學校統整教育資源運用的第四個方向是：推動多元學習社團。學校社團係比「潛在課程」還明確的「半正式課程」，適得以補強正式課程彈性上的不足，並實踐「多元智能理論」，讓多數學生的優勢智能有發揮的舞台與機會。學校將「策略聯盟法」及「家長志工法」引進的教育

資源，搭配學生的興趣、校本師資的專長，開闢多元學習社團，並針對部分績優社團籌組家長後援會，永續支持，這也是有效統整資源的要領之一。

推動多元學習社團也須注意下列事項：(1)社團課程有別於正式課程，但能夠與正式課程銜接或擴展更好；(2)學習社團的量要足夠，普及大多數學生的需求；(3)最好配合「一生一專長」、「一人多技藝」的施政方向，多元設置；(4)社團活動的教育歷程要有課程教學計畫及學習成果評量措施。

五、開發領域教學方案

教育的資源要直接用在教師及學生的身上才有價值，而其主要媒介即課程教學，所以我們稱教育的核心技術在課程教學。是以教育資源如果能夠配合學校教師在領域學科、各年級主題教學方案之開發，此一教育資源就能夠永續地對教師及學生產生教育價值。

學校統整教育資源，開發領域教學方案有下列 4 種應用方式：(1)建置領域教學方案的物理環境或配備（如：生態園、文史走廊、教學步道等）；(2)引進專家諮詢，協助教師發展專業教學方案；(3)購置教學方案需用的教具、模型或實驗器材，促成教學方案的可行性；(4)編印書面化或數位化之教學方案，流通推廣學校特色課程。

六、彰顯學生學習成果

學生的學習成果是檢核學校教育目標是否達成的具體指標，也是學校辦學的績效象徵。學校引進的教育資源，統整運用的優劣，也可從學生學習成果來探究，因此，學校教育資源統整的方向，最後可指向彰顯學生學習成果，例如：家長志工協助定期布展學生作品；運用公益團體資源支助傑出團隊定點交流表演；籌組教育基金會、後援會永續支持特色教育活動，傳承並維護學習成果品質。

統整教育資源來彰顯學生學習成果，亦要注意下列事項：(1)弱勢族群學生的學習成果要優先投資關懷，也讓他們有展示進步的舞台；(2)學習成果的展示要普遍化，讓大多數的學生都有表現的機會；(3)要有年度為基準的整體規劃，類別主題配合課程及節慶活動，最能彰顯統合性的教育價值；(4)學生學習成果應書面化及數位化，將學習成果的精華轉化成可以傳承及教學創新的新教育資源。

❤ 伍、結語——資源統整是學校創新經營的重要策略

本文由教育關懷年談起，主張宜統整教育資源，優先照顧弱勢族群學生，這些弱勢族群學生能夠安定就學，精緻、優質而卓越的教育才有可能發展。繼而論述學校資源統整的目的與功能應該超越「關照弱勢族群學生」層次，將關懷的對象範圍普及到每位學生，配合「一個都不少」的施政理念，以「全民就學」→「順性揚才」→「普遍卓越」為指標，邁向真正的「優質學校」。是以接續論述學校爭取教育資源的方法，以及學校統整教育資源的要領，提供學校參照實踐。

「資源統整」是當代學校經營的重要策略，值得學校領導人與幹部積極學習，為學校引進多元而龐鉅的教育資源，亦需要系統思考校內外教育資源的統整要領，讓資源綿延不盡地進入學校，更讓這些資源充分為學校所用，產生最高的教育價值。

〔本文原載於 2009 年，教師天地，第 160 期，17～23 頁。〕

Part 3

實踐篇

人類的共同價值

經由　教育來實踐

政策的亮點

啟動　智慧資本

導引　優勢學習

實現　教育的神聖使命

「一雨普滋　千山秀色」

教育經營學導論——理念、策略、實踐

第十三章 立法推動十二年國民基本教育

　　「推動十二年國民基本教育」一直是筆者長期關心的課題，並且主張，只要透過「立法推動」，將相關爭議性的問題，由立法委員諸公，代表民意公決確定，十二年國民基本教育體制，快則2～3年，慢則3～5年之內即可全面實施。台灣一旦實施十二年基本教育，將是教育建設的關鍵里程碑，在國際間，台灣新教育具有指標性地位；在國內，代表政府仍然具有「執行力」，有能力解決爭議，滿足全體國人深切的期待，並且有可能孕育台灣的第二次經濟奇蹟。

　　實施十二年國民基本教育帶給國家社會的幫助（潛在利益）在哪裡？依據筆者長期觀察結果，最少有下列4項：(1)關照尚未就讀高中職階段約5%的學齡學生（目前高中職階段就學率約95%）；(2)協助弱勢族群學生就讀私校不再繳交高額學雜費，維護社會公平正義（如：大家都僅繳交公立學校額度的基本學費）；(3)國中畢業生免試升讀社區（縣市內）高中職，節省所有遠地跨區通勤學生交通、住宿成本；(4)導正國中教育正常化，不再為升學主義扭曲配課，也協助家長避免迫使孩子盲目補習。這4項潛在利益所節省的國家資源，以及直接帶動提升的國家競爭力，將遠遠超過政府為十二年國民基本教育所作的必要投資。

　　實施十二年國民基本教育為何非要「立法推動」不可？因為本案有4個核心環節，要有「民意公決」基礎始能定成執行方案，並非行政單位首長或「英明領袖」即能妥適定奪。這4個核心環節是：(1)精英高中要不要保留？如果要保留，保留的幅度多大？（如：12校、35˙校、60校，或5%、10%、20%學生）；(2)學區如何劃分，國立及私立高中職何

時回歸縣市；(3)全面免費的政策，國家財政負擔不起，那麼大家僅繳交「基本學費」是可行的，然這「基本學費」的額度（公式）如何界定，才能最符合全民認同；(4)私立高中職為國家執行基本教育，僅收「基本學費」不符經營成本，政府如何補助（公式）始為公允可行？

針對前述四大核心環節，行政部門（教育部）應事先模擬可行方案，規劃三、四種版本（含配套的財源需求），並統整策定「十二年國民基本教育實施條例」（草案），由行政院函送立法院審議立法，待立法院審議通過，經總統頒布「十二年國民基本教育實施條例」的隔年，即可全面實施。

實施十二年國民基本教育，政府每年要增加投資多少經費？依據筆者設定的「繳交基本學費」及「補助私校學費差額基準」估算，政府每年的教育經費增加投資約 100 億元至 150 億元之間即可圓滿達成，額度約等於全面補助中小學營養午餐經費，但相對的「教育性」、「價值性」、「意義性」與「時代性」，則豈止十倍、百倍。有待為政者深思。

實施十二年國民基本教育之後，台灣的教育體制將展現全新的風貌，學制分成兩大階段：基本教育與高等教育。基本教育十二年，由地方縣市、直轄市負責，高等教育再由中央負責，權責分明，充分落實《教育基本法》之精神。也由於基本教育階段免試升學，各項教育革新的主張，例如：本位管理、校本課程、特色學校、賦權增能、績效責任、台北市教育 111（一校一特色、一生一專長、一個都不少）、優質卓越學校等，才能真正務實發展。十二年國民基本教育的實施，是台灣教育發展的關鍵里程碑，需要大家的臨門一腳。

〔本文原發表於 2010 年，第八次全國教育會議發言稿。〕

第十四章 「教育111」標竿學校認證評審者的角色與任務

❧ 壹、緒言

為有效推動「教育111」標竿學校認證工作，台北市教師中心於2009年8月28日及9月4日辦理「評審工作坊」，邀集18位中小學績優退休校長為儲備評審委員，約請規劃本案的4位學者專家——吳明清教授、林天祐校長、劉春榮副校長及筆者為講座，並主持「初評」、「複評」的試評流程。就參與的成員而言，屬教育界的菁英對話；就事務的推動而言，格外嚴謹與精緻，均可為其他縣市學習參照。

筆者有幸，忝為4位規劃人員之一，當天講授內容，僅以綱要及投影片呈現，為回應部分參與評審績優校長們的建議，留下個人完整的論述資料，特依據當天講授、對話成果，撰述成本文，提供給評審者及申請「教育111」的學校參考。

❧ 貳、評審的角色

「教育111」標竿學校認證的主要流程為：學校撰寫方案申請→初審（評審方案）→複審（到校檢核）→決審（確認是否認證通過）。是以擔任評審者，須扮演4種角色：「優質方案的辨識者」、「篤行實踐的發現家」、「績效價值的體驗師」，以及「理論實務的註解人」。概要說明如次。

一、優質方案的辨識者

由於「教育111」標竿學校須由「有意願」、「夠條件」的學校,依據「實施須知」對於「一校一特色」、「一生一專長」、「一個都不少」的基本規範,主動撰寫方案向教育局申請認證。而初審的業務,由評審委員直接就各校所提方案進行評審,挑選出「符合標準」之「優質方案」,使其有機會進入複審。是以評審的首要角色,即扮演「優質方案的辨識者」。擔任初審委員,要有能力就申請的學校方案中,辨識區隔出「夠好」與「仍有不足」的方案。

二、篤行實踐的發現家

「教育111」與原本的「優質學校」比較,更強調「回歸學生主體」、「回歸學校本位管理」,是以申請方案中所敘述的各項重要措施,學校均須真正的「篤行實踐」,依據本位管理的精神,有效統整教育資源,運作符合學校及學生需求的「經營策略」,務實地帶動學校師生,發展學校特色、學生專長,且讓每位學生均有相對優質的展能。因此,擔任本案的複審委員,即須扮演「篤行實踐的發現家」角色,發現方案策略在申請學校中具體實踐的程度。

三、績效價值的體驗師

「教育111」通過認證,學校即為標竿學校,可作為其他學校模仿學習之楷模,其所呈現的學校特色、學生專長、普遍關照,均需對學校的學生及老師產生具體的教育價值;是以,評審者到校的檢核歷程中,即在扮演「績效價值的體驗師」角色。複審及決審委員要從「校長簡報」、「成果資料」、「師生家長訪談對話」中,能夠體驗到「方案措施」對於「學校師生」產生的各種「績效價值」,這些績效價值就像一則一則的生命成長故事,蘊藏在學校的教育活動與課程教學之中。

四、理論實務的註解人

一個學校能夠成為標竿楷模學校，一定是教育理論結合實務運作最理想的學校，所有的校務重點措施，均能夠彰顯背後遵循的教育原理或辦學理念，也就是所謂「有根」的學校。申請「教育111」標竿學校認證亦然，申請的學校對於方案措施的論述即應是理論結合實務的經典。複審及決審的委員，也應扮演「理論實務的註解人」角色，有能力指導、傾聽校長、主任對於重點措施符合教育核心價值及教育理論的註解。

參、評審的任務

「教育111」評審者的角色已如前述，每一種角色扮演成功、發揮功能，才能為教育局選出真正的標竿學校，對被選上的學校而言，「名實相符」，獲致「應有尊榮」；對尚未參與申請的學校而言，也才有真正值得模仿學習的對象。因此，接續論述4種角色所應承擔的任務與要領如次。

一、辨識優質方案的要領

「教育111」的三個1：「一校一特色」、「一生一專長」、「一個都不少」均有明確的「基本檢核指標」，這些「基本條件」均符合了，才得以撰寫方案向教育局申請認證。至於方案的基本格式與重要內涵，教育局亦頒布了「樣章」，各校得據以「撰述妥填」即可。是以，有可能形成各校申請提送的方案「十分雷同」，在此情形下，學校如何凸顯自己方案的「優質卓越」，而評審者如何辨識區隔「優質」與「不夠優質」均成為莫大考驗，具有一定的難度。筆者認為，辨識優質方案的要領有下列4點：

1.**具備教育的核心理念與經營策略**：好的優質教育方案，一定有辦

學的中心思想或主要的理念理論，此一核心理念必須以「教育111」的三個1為基礎的共同核心價值或教育原理。優質的教育方案也應該有具體的經營策略，這些經營策略由核心理念演變而來，同時也是「教育111」的重點工作項目。

2. **內涵具有系統結構，能以圖表呈現最佳**：優質的教育方案，其核心理念、經營策略及執行事項之間應有緊密相屬關係，此稱為系統結構，此一結構彰顯了執行工作的應然性與妥適性，不包括一些突兀而不相干的事項。是以，如能用圖或表來呈現，最具效果。

3. **能夠觀照全面，掌握關鍵**：方案的篇幅有限，而「教育111」的工作事項繁多，優質的教育方案，勢須彰顯「系統思考」的特質，既能觀照到整體學校的教育工作，又能掌握最關鍵的核心事項，將核心工作事項統整為方案具體的經營策略與執行內容。

4. **文筆流暢，典雅精要**：優質的教育方案，除了前述的「理念」、「結構」、「系統」之外，亦應關照文本用詞的「流暢」、「典雅」與「精要」，以文本的品質增益方案本身的教育價值。

二、發現篤行實踐的作為

評審委員的第二個角色，在檢核方案所述的重要工作是否真正在學校裡務實實施，如果都做了，也要覺察其整體校務運作的順暢性與整合度。因此，評審委員必須以「發現家」的立場，透過複審歷程的安排，發現學校師生具體的篤行實踐作為。其觀察的方向指標包括：

1. **完備的計畫、執行、評鑑、成果檔案**：學校的重要措施，均應有計畫。按照計畫如期執行，必有留下佐證的文書及照片、事後的檢討回饋機制、師生的感人故事等，這些成果檔案愈精要完備者，代表學校經營效率愈高。

2. **主事者熟悉重要工作的歷程與得失**：校長及學校幹部推動校務愈用心者，會有愈多的心得與同仁及來賓分享。在複審歷程中，校

長及學校幹部愈熟悉「教育111」重點工作的實施歷程與得失，愈可以觀察到本方案在學校中的篤行實踐。

3. **師生樂於分享重點工作的經驗心得**：教育工作是一種人教人的生命故事，生命故事能否生動感人，在於學校推動「教育111」重點工作時，教師對於學生的關照與付出，是一種教育愛與關照能的實踐篤行；是以，一個學校中師生們津津樂道校園中的生命故事，會讓我們發現「教育111」的深層意涵與被實踐的程度。

4. **學校展現積極活力、樂於表現的文化**：心理學家Thorndike的「效果律」，也適用於學校經營，學校做具有效果的工作，會增進後續執行的意願與成果。「教育111」的重要工作事項均是一些回歸教育本質的基本事務，但也因為要有「特色」，要每位學生有「專長」，且要「普遍關照」，更需要領導者積極帶動活力，形成樂於表現的文化。

三、體驗績效價值的方向

教育活動必須符合三大規準：認知性、自願性與價值性。「教育111」的工作推展，更需要具備此三大規準之意涵，也就是學校的這些工作，要直接對教師及學生產生教育價值，活動的本身具有方向性，具有價值取向，而非價值中立。是以，評審委員到學校複審時，就要能夠體驗到這些活動或工作對於本校學生（或老師）所帶動的績效與價值。至於具體的觀察方向，可以下列4個指標思考：

1. **學生多元展能，達成方案目標**：「教育111」方案要帶給學生的，就是「普遍關照」、「各個有相對優質的表現」，進而「普遍卓越」。學生是多元展能，個別的優勢智能得到充分的激發與開展，從多元展能配合學校的特色與全面觀照，來建構標竿學校。

2. **教師積極投入，充分自我實現**：再從教師本身的立場來看，「教育111」方案能否成功，必須要全校教師本身的認同、承諾與力

行。也就是教師能夠將投入「教育111」的工作與自身的生涯目標（願景）是一致的，追求這些工作的績效與價值，就是老師們自我實現，也就是老師們對國家及對自己的貢獻。

3. **課程統整實施，彰顯效能效率**：學校經營要從「效能」與「效率」層面觀察，具有整體績效者為效能，具有個殊績效者為效率。所謂「效率」是指教師們在承擔「教育111」各項任務時，是勝任愉快的，是沒有「疲於奔命」、「怨聲載道」的；這要將「教育111」的工作融入學校課程統整實施才能做到，若統整理想，會形成大家每天均有「適量」的工作，在正常化的課程教學下，一併達成了「教育111」的任務與目標。

4. **設施物盡其用，發揮境教價值**：學校的經營績效，可以再從「環境與設備的使用」上觀察，凡是學校各項設施使用率愈高的學校，績效價值愈高。因此，「教育111」的各項歷程指標可以搭配其實際使用到整體環境及設備的比率高低來評估。

四、註解理論和實務的重點

優質學校以及「教育111」標竿學校，均可以觀察到理論或理念在學校中的實踐，且理論與實務結合得愈緊密，成果績效愈具價值；因此，評審委員得以從傾聽校長及學校幹部對於「教育111」重要工作的註解，或引導其論述理論如何結合實務來評估。具體的重點有下列：

1. **能夠說明學校推動本方案的需求與背景**：學校申請的方案有核心教育理念及經營策略，為何學校發展至此階段需要推動本方案？學生的需求、社區的背景如何？學校的經營理念與策略有哪些實務上的必要性與支撐點？

2. **能夠闡述方案設計的理念（理論）及價值**：學校校長及幹部甚至於一般負責推動執行的老師，均清楚方案設計的主要理念，及其帶給學生的教育價值，會用理論及教育價值來說明給學生及家長

明白，學校為何要推動「教育111」的工作。

3. **能夠反映師生執行方案的認同與力行**：「教育111」所設計的各項工作，對學校師生而言是一種「創新經營」的作為，需要全校師生真正的認同與力行，方案的實施才得以圓滿成功。是以評審委員也要能夠從學校主事人員的註解說明中，感受到全校師生的認同及力行文化的形成。

4. **能夠論述方案對於學校發展的永續意涵**：「永續經營」是學校辦學的新核心價值之一，是以教育部已經成立了「永續教育推動委員會」，積極策動推展中。「教育111」的方案措施能否帶給學校永續經營的基礎，是另一個具體觀察的重點，校長及幹部能夠主動論述最佳，評審委員亦得導引其註解說明。

肆、結語

　　本文的目的有二：(1)提供給「教育111」評審委員參考，掌握評審者的角色與職責，期待執行時能夠順利完成任務；(2)提供給欲申請認證的學校參照，間接說明呈現，評審委員是如何來評斷優質方案，作為通過認證與否的判準。

　　此兩個目的能否達成，與教育領導人的核心能力攸關，評審委員、學校校長及主任均為當前教育的領導人，教育領導人必須具備四大核心能力——專業力、整合力、執行力，以及創發力。台北市「教育111」標竿學校站在原來「優質學校」基礎之上發展，領導人核心能力的展現猶為重要；唯有領導人展現四大核心能力，才能有效帶動教師和職工認同、承諾、力行。本文雖是「評審角色與任務」的論述，仍希望協助「教育111」領導人串連四大核心能力，「名符其實」地完成認證，發揚教育局策動本方案的精神與價值。

〔本文原載於2009年，教師天地，第163期，60～63頁。〕

教育經營學導論——理念、策略、實踐

第十五章　「教育111」政策的亮點

壹、緒言

「教育111」的三個1，包括：「一校一特色」、「一生一專長」、「一個都不少」，就特色、專長，以及都不少而言，均是教育上的亮點。筆者有幸參與規劃與評審作業，個人將其視為一種「理念實踐」、一項「教育政策」、一個「行動方案」、一種「積極策略」，同時也是一首「教育詩篇」。本文旨在論述其政策之五大亮點。

貳、點亮學生教育之愛的理念實踐

「教育111」政策的首要亮點，在回歸以學生為主體「教育之愛」的理念實踐。吳清山（2009）曾論述「教育111」不是一種教育口號，而是一種理念倡導和行動實踐。它凸顯的時代價值包括：(1)破除傳統教育的智育價值迷失；(2)建立學生學習信心與成就感；(3)開展學生學習之潛能與興趣；(4)激勵學校日益精進教育作為。他並以圖15-1和圖15-2來彰顯本方案的「理念實踐」，圖15-1是「立論基礎」，圖15-2是「理念實踐架構」。

就兩個圖進行綜合分析，「教育111」的核心理念在以學生為主體的「教育愛」；教育之愛的根源與發展建立在九大理論之上：人文主義、校本管理、創新經營、學校效能、社會公義、適性教育、多元智能、專業發展，以及學生學習權。教育之愛的實施則透過「三生六零」來實踐：生活教育、生命教育、生態教育；零體罰、零霸凌、零拒絕、零歧視、零障礙、零污染。並以「一校一特色」、「一生一專長」、「一個都不少」為歷程指標，來「造就孩子」，讓每一位孩子成為社會「有用之人」

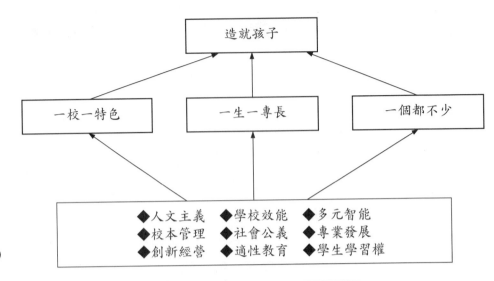

圖 15-1 「教育 111」立論基礎

資料來源：吳清山（2009：14）

圖 15-2 「教育 111」理念實踐架構

資料來源：吳清山（2009：15）

和「幸福之人」。

　　教育政策以及教育計畫（或實施方案），均在企圖結合教育的理論與實際；唯有具備教育理念（理論）的政策（計畫、方案）才是優質政策；也唯有可以具體實踐的作為，才是符合學生需要的優質教育政策。「教育111」政策能夠用2個圖表來彰顯其「立論基礎」與「理念實踐結構」，樹立了「理論結合實務」的教育政策新典範，也是點亮學生教育之愛的理念實踐。

參、充分反映核心價值的教育政策

　　教育的核心價值建立在人的共同性及教育組織任務目標的交織之上。鄭崇趁（2009c）曾論述當前台灣教育的核心價值在：人文、均等、適性、民主、創新、永續、優質、卓越；並以人體的形態作隱喻，如圖15-3所示（因為教育的本質在「教人之所以為人」）。人文為頭居總指揮，是教育核心價值的源頭；均等與適性為雙腳，是政策規劃的基礎；優質與卓越為雙手，是學校經營的標的；至於身軀體幹則有民主、創新、永

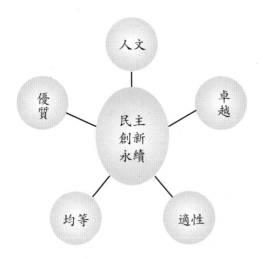

圖 15-3　教育的核心價值（隱喻圖像）

續為歷程指標，是台灣進入現代與後現代社會應有的實質生活素養。當前台灣的教育政策規劃與學校經營的核心價值是：以「人文」導引，踏著「均等」、「適性」的腳步前進，發揮「民主」、「創新」、「永續」的歷程，邁向「優質」、「卓越」的成果。

教育部及各縣市教育局（處）每天都在處理教育事務，做行政管理的決定，推動教育政策。做決定與政策的品質優劣，取決於「決定」與「政策」符合「核心價值」的程度，愈是符合核心價值的政策，則愈為優質，不但可以帶給實施對象（師生）實質價值，也可以永續經營，創造教育的新時代。

「教育 111」是一項教育政策，逐次檢核其教育核心價值的連結程度，我們可以發現三個 1 所要帶動的對象是全部所有的學生，以教育愛為核心，三生六零的歷程，發展學校特色，讓每位學生有專長，且一個都不少，本質上在「教人之所以為人」，是人文主義教育的終極體現。

第三個 1 特別關照弱勢族群學生，對於弱勢族群學生給予優先照顧，建立支持網絡系統，實施補救教學與輔導機制，並且要求零體罰，沒有無故長期中輟學生。第二個 1 依循多元智能理論，鼓勵學校發展多元社團，實施 5 種以上專長認證，就兩者之具體內涵而言，即在實現「均等」、「適性」的核心價值。至於第一個 1，則強調學校的特色發展，要以學生學習為主軸，且要大部分的學生均能參與，也是「適性」、「人文」核心價值之體現。

教育局為了有效推動此一政策，邀集學者專家結合學校實務領導人、行政單位核心幹部，規劃「「教育 111」標竿學校認證實施要點」，要點中明確規範基本指標，並提供申請書範本格式，公告所屬中小學自主決定是否參與。就推動歷程而言是一種「創新」、「民主」的過程，也是邁向「永續」經營的基本前提。

鄭崇趁（2009d）為配合本項政策的規劃，撰寫了〈一個都不少的教育理念與實踐〉一文，強調「教育 111」的理念有 3 個層次：「全民就

學」→「順性揚才」→「普遍卓越」。尤其第一個1讓每個學校都有「優質卓越」的亮點，第二個1讓每個學生都有「順性揚才」、「邁向卓越」的亮點，第三個1協助弱勢族群學生也能邁向「普遍卓越」的亮點。

「教育111」是一項教育政策，它在透過政策導引，引領學校辦學追求三個1，教每位學生成為自我實現的人，從教育的輸入面、歷程面以及成果面統整觀察，是一項充分反映核心價值的優質教育政策。

肆、有效導引優勢學習的行動方案

多元智能理論影響各國中小教育的發展，在「教育111」的政策方案中也獲致具體實踐。多元智能理論主張：學生的智能因子結構人人不同，教育的使命在誘發每一個人的優勢智能，促進優勢智能明朗化，以最優質的潛在能量經過教育的學習歷程，充分獲致專業能力或一技之長，貢獻服務社會；教育在成就每位孩子成為社會上「有用之人」，同時也是「幸福之人」。

「教育111」的第二個1以及第三個1，特別彰顯多元智能理論在學校教育上的實踐，第二個1「一生一專長」，在學生專長認證的規範上，學校至少要頒訂「運動類」及「藝文類」專長認證標準5種以上。第一年的實施，所有三年級以上學生，至少要有80%以上學生通過一項以上的專長標準認證。此一標準包括學校中的「弱勢族群學生」，弱勢族群學生經由第三個1「一個都不少」的實踐，從生活輔助、學習補救，以及適應支持網絡系統的功能，協助其學習專長、通過認證，一個都不少。

學生專長的獲得，需要學校提供環境讓所有學生均有機會學習，學校也要資源統整，安排適合學生需要的教師，有效引導學習，學校勢須在正式課程與潛在課程之間，開闢多元社團與彈性課程時段，運作半正式課程，帶動學生在常態教育中發展專長技藝，並順利通過認證。因此，「教育111」政策也是一個行動方案，是誘發學校教育，有效導引學生優

勢學習的行動方案。

伍、活化教育智慧資本的積極策略

「智慧資本」的觀念隨著知識經濟時代的來臨，受到普遍的關注。
企業界均強調公司組織必須擁有厚實的「智慧資本」，才得以創新企業
的知識、技能與產品，也才有永續的競爭力。就學校組織而言，學校的
智慧資本指的是：校長、主任、組長幹部及所有的教師。校長、幹部及
教師發揮教育功能就是「有效的智慧資本」；沒有發揮應有的教育成果，
就成為「靜態的智慧資本」。

智慧資本的實質內涵包括：「核心能力」＋「認同程度」；也就是
說，一個組織單位有效的智慧資本，指的是其組織的成員要具備組織產
品所需的關鍵知識、技能，並且要認同組織的任務目標，承諾願意為組
織賣力，且實踐力行。

筆者從參與規劃與評選工作的歷程觀察，一般學校要獲得「教育
111」標竿學校之認證有一定的難度，有近百所學校申請，也才 31 個學
校通過。這 31 個獲得認證的標竿學校，其共同條件是：學校領導人（校
長及核心幹部）展現了「教育領導人的核心能力」，以及學校教師對於
「教育 111」政策的認同、承諾與力行。沒有校長及核心幹部展現專業
力、整合力、執行力及創發力，就沒有辦法激發學校全體教師，體認政
策的核心價值，認同承諾共同培育學生的優勢學習，爭取專長認證，並
且一個都不少。

「教育 111」政策也是一種學校經營策略，從智慧資本的意涵來論
述，這一個政策激發了學校領導人的核心能力以及學校教師的認同程度，
讓申請的學校，從「靜態的智慧資本」發展成「有效的智慧資本」，展
現了政策的第 4 個亮點：活化教育智慧資本的積極策略。

❤ 陸、交互作用、整合發展的教育詩篇

「交互作用、整合發展」係教育部 1998 年推動「建立學生輔導新體制——教學、訓導、輔導三合一整合實驗方案」（教改十二行動方案之一）的核心策略，也是實施歷程中指標性的管理哲學。由於這 8 個字能夠充分反映三合一方案的本質與運作形態，成功地帶動政策方案的有效實施，也逐漸成為教育人員經營學校的「心法」，造就了不少領導卓越獎的校長，也創發了三合一方案的教育價值，在台灣教育改革的脈絡中，具有一定的地位與影響力。

台北市「「教育 111」」的政策推動與實踐，展現了另一個「交互作用、整合發展」的教育詩篇。我們觀察到 4 個面向的「交互作用、整合發展」，才得以使這個政策獲得具體實踐，且口碑奇佳，可以永續經營。這 4 個面向是：「行動系統本身的核心幹部」、「學者專家與優秀實務領導人的參與」、「學校本身幹部與教師和職工的互動」，以及「台北市或學校教育資源的整合運作」。

一個成功的政策，需要核心幹部的認同承諾與篤行實踐，「教育111」政策的宣示，從規劃到有效實施，我們看到了前後兩位局長（吳清山局長、康宗虎局長）、教師中心吳金盛主任、蔡長艷博士以及研究組同仁，如何挑戰高難度政策，展現「交互作用、整合發展」的實質歷程，尤其是康局長在副局長任內，邀集 4 位參與規劃的學者以及吳主任、蔡博士在其辦公室的小會議桌上，共同討論「三個 1 的認定標準」與「認證要點的文字規範」，其態度之懇切與對政策內涵之認同與深耕，令筆者印象深刻，由衷敬佩。這是一個組織核心幹部「交互作用、整合發展」之成就成功政策的典範。

這一政策的成功，也在於學者專家結合優秀實務領導人的共同參與，為了這一政策，台北市教育局成立的推動委員會，邀集教育行政菁英學者專家及中小學優秀校長為委員，多次討論方案內涵與關鍵事項，頒布

實施要點與認證標準，並舉辦試評與評審工作坊，充分促成理論與實務的結合，展現了第二個面向的「交互作用、整合發展」之成功案例。

筆者也從獲得認證的 31 個學校本身觀察到，學校校長及主要幹部如何宣導本政策的精神旨趣、三個 1 的教育價值與具體作法，以激勵全校教師共同投入經營三個 1 的實踐指標；也實際體驗到學校的整體教育資源（也有部分學校爭取了台北市的教育資源），如何透過這一方案的實施，有效統整使用到學生的學習與專長培育之上，展現了第三個及第四個「交互作用、整合發展」的成功楷模。

「交互作用、整合發展」的教育詩篇來自「教訓輔三合一方案」，它積極反映政策、計畫、方案的本質，是一種管理哲學，也是學校經營策略，亦可當作領導上或處理己身事務的一種「心法」，在「教育 111」政策的規劃與執行上，獲致充分註解，實是本政策最值得讚嘆的亮點。

柒、結語

教育政策具有時代性，它扮演著「解決教育問題」與「帶動教育發展」的雙重功能，教育面對的問題需求不同或是發展方向有新的趨勢，政策就需適時更添；政策也是實際結合理論與實務的核心工具。台北市「教育 111」政策接續著「優質學校」認證政策推出，其「整合性」與「可行性」難度頗高，能否成功實踐，並且永續經營，決定在教育人員對它體認到的「教育價值」深入程度。本文就直接參與觀察的心得，嘗試以「教育之愛」、「核心價值」、「優勢學習」、「智慧資本」、「交互作用、整合發展」的深層內涵，分析政策的五大亮點，期待它能夠與「教育部輔導工作六年計畫」、「教訓輔三合一方案」以及台北市的「優質學校」認證政策一樣，持續亮個 10 年以上。

〔本文原發表於 2010 年，台北市教師研習中心主辦，「台北市教育 111 學術研討會」。〕

第十六章　台灣教育的亮點之一——「建立學生輔導新體制」

♥ 壹、緒言——開啟台灣學生輔導的新頁

　　台灣的學生輔導工作發展與九年國民教育同步，自 1968 年台灣全面實施九年國民教育以後，國民小學以及國民中學均設「輔導室」（國民小學 12 班以下學校設置輔導人員），辦理學生生活輔導、學習輔導、生涯輔導，以及初階的「心理輔導」。國民中學每週有一節「輔導活動」課程，國民小學則沒有正式課程，採「輔導融入各科教學」方式實施。

　　本文介紹台灣學校「建立學生輔導新體制」努力的歷程與價值。就廣義而言，台灣學校教育的「輔導工作發展」係一系列「計畫」的集合，它包括 1991～1996 年的「教育部輔導工作六年計畫」、1997～2002 年的「青少年輔導計畫」，以及 1998 年起迄今仍在實施的「建立學生輔導新體制——教學、訓導、輔導三合一整合實驗方案」。就狹義的觀點而言，專指具有「交互作用、整合發展」功能，實質帶動輔導資源產生「最佳互動模式」的「教訓輔三合一」實踐方案。

　　這一系列輔導計畫的實施，開啟了台灣學生輔導的新頁，在學校教育領域中，「輔導工作」不再是「旁支」，不再是「可有可無」的單位，它成為教育的另一個核心工作，它是學校教育中「帶好每位學生」的基礎檢核指標，也是台灣教育精緻化發展的基本前提。

♥ 貳、「交互作用、整合發展」的詩篇

　　這系列的輔導計畫，在「計畫結構」、「人力資源」以及「運作方

式」三方面，彰顯了「交互作用、整合發展」的詩篇。計畫的系統結構，清楚呈現輔導工作計畫的目標、策略與執行措施，有效導引教育人員同心協力投入學生輔導重點工作。一般教師、輔導人員以及訓育人員均為學生輔導的人力資源；三大計畫的實施，得以釐清學校三級預防職能，進而提升其績效責任。計畫的運作方式，教育部設「推動委員會」及「子項計畫執行小組」，縣市設「輔導計畫輔導團」及「核心工作中心學校」，有效串連行政體系，推動幹部與學校輔導工作執行人員互動綿密，得以充分發揮計畫預期功能。此三者名之曰「交互作用、整合發展」，是推動計畫的關鍵旨趣，同時也是教育人員執行學校輔導工作的重要「心法」，更是近年來台灣學生輔導工作之所以精緻化的「教育詩篇」，分別闡明如次。

一、系列輔導計畫的「系統結構」

台灣的「教育部輔導工作六年計畫」在 1990 年頒布，包括 18 大項 101 個執行工作點。其「系統結構」如表 16-1 所示。

分析論述本計畫的系統結構意涵，必須參照本計畫的「總目標」與「階段目標」文字內涵，方得以彰顯計畫本身「交互作用、整合發展」之價值，「教育部輔導工作六年計畫」之總目標與階段目標文字內涵如次：

總目標：結合家庭、學校、社會及國內外資源，建立全面輔導體制，統整規劃輔導工作發展，以減少青少年問題行為，培養國民正確人生觀，促進身心健康，增益社會祥和。

第一階段目標（自 1991 年 7 月至 1993 年 6 月）：培育輔導人力，充實輔導設施，整合輔導活動，厚植輔導基礎。

第二階段目標（自 1993 年 7 月至 1995 年 6 月）：修訂輔導法規，擴展輔導層面，實施輔導評鑑，落實輔導工作。

第三階段目標（自 1995 年 7 月至 1997 年 6 月）：建立全面輔導體制，統合發展輔導效能。

表 16-1 「教育部輔導工作六年計畫」系統結構表

策略		計畫項目	時程			目的		
建立全面輔導體制	培育輔導人才	一、培育輔導人才計畫 二、設置輔導研習中心計畫	第一階段	第三階段		厚植輔導基礎	統合發展輔導效能	
	充實輔導設施	三、充實輔導室及諮商室計畫 四、整編心理與教育測驗計畫 五、充實輔導活動經費計畫						
	整合輔導活動	六、規劃建立輔導網絡計畫 七、規劃辦理輔導知能宣導計畫 八、加強心理衛生教育計畫 九、推動問題家庭輔導計畫 十、實施璞玉專案（國三不升學學生輔導）計畫 十一、加強生活及生涯輔導計畫 十二、實施朝陽方案（問題行為學生輔導）計畫						
	修訂輔導法規	十三、整編修訂輔導法規計畫 十四、規劃修訂學校輔導課程計畫	第二階段			落實輔導工作		
	擴展輔導層面	十五、規劃建立全國輔導體制計畫 十六、設置青少年輔導中心計畫						
	實施輔導評鑑	十七、建立輔導專業人員證照制度計畫 十八、建立輔導評鑑制度計畫						

資料來源：鄭崇趁（2006a：323）

就目標敘寫的方法而言，目標的內涵是結合「策略」與「目的」而來，前述之計畫目標可用表 16-2 來表示計畫本身的策略與目的。

從表 16-2 可以明確觀察到，優質的教育計畫，其目標設定，文字不宜太長，如果是全國性計畫，4 年以上的計畫，則應有「總目標」及「階段目標」的撰述，無論是總目標或階段目標，均需含括「策略」與「目的」。以本計畫為例，總目標分成兩段：前段為「策略」，後段則為「目的」。「結合家庭、學校、社會及國內外資源，建立全面輔導體制，統

表 16-2　「教育部輔導工作六年計畫」目標內涵分析表

目標層次	策略	目的
總目標	結合家庭、學校、社會及國內外資源，建立全面輔導體制，統整規劃輔導工作發展。	減少青少年問題行為，培養國民正確人生觀，促進身心健康，增益社會祥和。
第一階段目標	培養輔導人力，充實輔導設施，整合輔導活動。	厚植輔導基礎。
第二階段目標	修訂輔導法規，擴展輔導層面，實施輔導評鑑。	落實輔導工作。
第三階段目標	建立全面輔導體制。	統合發展輔導效能。

資料來源：鄭崇趁（1998a：53）

整規劃輔導工作發展」為本計畫的總策略；至於後段「減少青少年問題行為，培養國民正確人生觀，促進身心健康，增益社會祥和」則為本計畫的總目的。

　　再從階段目標分析，第一階段的目標僅有4句，前3句是「策略」，最後一句才是「目的」；第一階段計畫的三大策略是「培育輔導人才」、「充實輔導設施」，以及「整合輔導活動」，而目的是「厚植輔導基礎」。第二階段的目標也僅4句，前3句是「策略」，第4句是「目的」；第二階段計畫的三大策略是「修訂輔導法規」、「擴展輔導層面」，以及「實施輔導評鑑」，而目的是「落實輔導工作」。第三階段的目標是統整性的目標，僅2句，第一句「建立全面輔導體制」是第3階段的計畫策略，第2句「統合發展輔導效能」則為計畫目的。

　　再回到表16-1進行分析，表16-1是整個計畫的縮影，計畫的總策略在最上面——「建立全面輔導體制」，整體計畫的六大策略（也是教育部當時標榜的學生輔導工作六大政策），包括：「培育輔導人才」、「充實輔導設施」、「整合輔導活動」、「修訂輔導法規」、「擴展輔導層面」，以及「實施輔導評鑑」。依此類推。

為了實踐第一個策略，有 2 個計畫項目實現它，包括第 1 項「培育輔導人才計畫」以及第 2 項「設置輔導研習中心計畫」。為了實踐第 2 個策略，有 3 個計畫項目實現它，包括第 3 項「充實輔導室及諮商室計畫」、第 4 項「整編心理與教育測驗計畫」，以及第 5 項「充實輔導活動經費計畫」。

　　為了實踐第 3 個策略「整合輔導活動」，有 7 個項目來實現它，包括第 6 項、第 7 項、第 8 項、第 9 項、第 10 項、第 11 項、第 12 項，這7 項皆是當時學生輔導上的焦點問題，也就是最需要面對解決的學生核心問題。為了實踐第 4 個策略「修訂輔導法規」，也有 2 個項目來實現它，包括第 13 項以及第 14 項。為了實踐第 5 個策略「擴展輔導層面」，也有 2 個項目來實現它，包括第 15 項以及第 16 項。為了實踐第 6 個策略「實施輔導評鑑」，也有 2 個項目來實現它，包括第 17 項以及第 18項。18 個計畫項目看似獨立存在，實際上配合實施策略需要，均用 2 個以上的項目來滿足策略（或政策）上的需求，成一有機的系統結構。

　　從「時程」的設定觀察，第一階段以執行第 1 項到第 12 項為主，規劃辦理後面 6 個項目；第二階段則將重心移至後 6 個項目，並持續落實前 12 項；第三階段則在計畫實施三、四年後，進行檢討評估，重新排列優先秩序，全面辦理。從「目的」的階段性觀察：第一階段的目的在「厚實輔導基礎」，因為輔導的人才、設備、活動達到一定的程度，輔導的基礎才夠厚實，也才有能力發揮更大的功能；第二階段的目的在「落實輔導工作」，唯有輔導的法規、課程、專業人員證照制度、評鑑制度具體建構，輔導工作才得以真正落實；第三階段的目的則是統整性，呼應「建立全面輔導體制」策略，以達「統合發展輔導效能」之目的，促使輔導的功能得以更大、更有效、更有價值地發揮。

　　「教育部輔導工作六年計畫」本身之「系統結構」，非但開啟了台灣學生輔導的新頁，更進而樹立了「目標」、「策略」、「項目」間的「交互作用、整合發展」的楷模範例，其計畫「目的」與「內涵」的縝

密關係，成為 1990 年以後教育部規劃中長期教育計畫之範本。

　　1996 年，教育部為延續「輔導工作六年計畫」未完成事務，規劃策定第二期輔導計畫，定名為「青少年輔導計畫」，其計畫「目標」、「策略」及「執行項目」系統結構關係如表 16-3 所示。1998 年，教育部為配合「教育改革十二行動方案」之規劃，複策定頒行「建立學生輔導新體制——教學、訓導、輔導三合一整合實驗方案」，簡稱為「教訓輔三合一方案」，其計畫「目標」、「策略」及「執行項目」之系統結構關係則如表 16-4 所示。

教育經營學導論——理念、策略、實踐

表 16-3　「青少年輔導計畫」系統結構表

目標	策略	執行項目
結合整體輔導資源，落實輔導工作，以促進學生自由、適性的發展，陶冶現代社會適應能力。	推廣輔導活動	一、加強情緒教育及心理衛生教育 二、防制青少年教育與校園暴力 三、推動認輔制度 四、輔導中途輟學學生復學與安置 五、推動性別平等教育及性教育 六、加強學生家長親職教育 七、推動學校生涯輔導及生活教育工作
	提升輔導效能	八、全面辦理教師輔導知能進修研習 九、提升導師輔導知能 十、規劃整合輔導活動科輔導及教學活動 十一、執行「國民中學試辦專業輔導人員實施計畫」 十二、建立學生輔導新體制
	發展輔導資源	十三、建立青少年文化與心理態度指標 十四、推廣輔導資訊網絡系統服務 十五、開發及整編心理與教育測驗 十六、重視休閒教育增設活動設施 十七、建立訓輔工作諮詢服務網絡 十八、實施學校輔導工作評鑑

資料來源：鄭崇趁（2006a：324）

表 16-4 「建立學生輔導新體制──教訓輔三合一方案」系統結構表

目標	策略	方法
建立各級學校教學、訓導、輔導三合一最佳互動模式與內涵，培養教師具有教訓輔統整理念與能力，有效結合學校及社區資源，逐步建立學生輔導新體制。	成立規劃執行組織	一、成立「建立學生輔導新體制規劃委員會」 二、擬定實驗學校實驗計畫 三、辦理學生輔導新體制實驗績效評估
	落實教師輔導職責	四、落實教師在教學歷程中輔導學生之責任 五、培養全體教師皆具有輔導理念與能力 六、實施每位教師皆負有導師職責 七、鼓勵每位教師參與認輔工作
	提升教師有效教學	八、策勵教師實施高效能的教學，幫助學生獲得人性化及滿意的學習 九、強化各科教學研究會功能，將輔導理念融入教學歷程，提升教學品質 十、實施教學視導及教師評鑑
	調整訓輔行政組織	十一、調整學校訓導處之行政組織及人員編制，兼具輔導學生之初級預防服務功能 十二、調整學校之輔導室（學生輔導中心）之行政組織及人員編制，加強各級心理輔導及諮詢服務工作 十三、調整學校行政組織及人員編制
	建構學校輔導網絡	十四、建立學校輔導網絡，結合社區資源，協助辦理學生輔導工作 十五、運用社區人力資源，協助學校推動教育工作 十六、研訂學校教師輔導工作手冊 十七、辦理學校教師、行政人員、義工及家長研習活動

資料來源：鄭崇趁（2006：178）

鄭崇趁（1998b）於《教育與輔導的軌跡》一書中有 2 篇專文論述「青少年輔導計畫」。第一篇的標題為「邁向 21 世紀的輔導工作──青少年輔導計畫內涵分析」，分析當時教育部繼續策定第二期輔導計畫的緣由係：「新新人類的挑戰」以及「第一期計畫僅執行原預估數量的三分之一強」，有待接續實施；並解析「目標」、「策略」以及「18 項工

作計畫」內涵與關係。第二篇的標題為：「建立學生輔導新體制——青少年輔導計畫的時代任務」，進一步論述本計畫扮演 6 個重要的任務：(1)擴增「輔導工作六年計畫」基礎功能；(2)帶動學校重點輔導工作發展；(3)提升教師輔導職能；(4)建構輔導網絡系統服務；(5)結合輔導活動正式課程和潛在課程；(6)建立學生輔導新體制。其扮演銜接功能角色任務至為明顯；也將輔導計畫的神聖價值定調為——建立學生輔導新體制。

由表 16-4 觀察，「教訓輔三合一方案」之系統結構，包括：「最佳互動模式」的目標、「五項修練」的策略，以及「理論結合實務」的項目，為計畫方案本身的「交互作用、整合發展」做了更為深入的註解；「交互作用、整合發展」也就成為主標題——「建立學生輔導新體制」最重要的意涵與基礎。

二、計畫帶動教育人員的交互整合

這一系列的輔導計畫，強調教育人員共同投入 3 項學生輔導工作：「認輔制度」、「生涯輔導」，以及「輔導網絡」。認輔制度帶動所有教師參與認輔學生，提供學生個別關懷與愛心陪伴；生涯輔導帶動所有教師重視學生的性向、興趣、生涯進路與順性發展；輔導網絡則帶動全體教師和職工運作網絡支持系統來關照所有學生，並且期許自己本身就是網點，網點愈綿密，學校學生獲取的關照則更周延。

一般教育人員從前述「認輔制度」、「生涯輔導」以及「輔導網絡」入手，再結合專業輔導人員的「小團體輔導」、「班級輔導」以及「個別諮商」，學校即能普遍建構三級預防的輔導機制，彰顯一般教師與訓輔人員的「交互作用、整合發展」，有效輔導學生，在學校教育領域中，充分發揮輔導的教育功能。

三、計畫運作方式的交互整合

這一系列的輔導計畫在運作方式上，執行策略亦已結構化，每年策

訂「年度作業計畫綱要」、「行政機關及各級學校需配合事項」、「重要業務實施（補助）要點」、「經費編列標準」、「實施計畫審查原則」、「教師研習課程及講座參考資料」，縣市據以督導學校實施。簡便易行，建立了中長程教育計畫有效的執行模式。

這些規準的運作需要關鍵人物參與，始得產生實質績效，教育部本身為了推動這個計畫，成立了「推動委員會」及「子項計畫執行小組」，邀集最菁英的教育輔導學者專家及學校領導人參與；在縣市則成立「輔導計畫輔導團」及「重點業務中心學校」，邀集核心幹部協助各校落實執行計畫工作。在運作方式上充分彰顯了「資源」與「規準」的「交互作用、整合發展」，讓學校輔導工作的績效與發展能夠持續地累增質與量，成功地演奏一首「教育詩篇」。

🌱 參、闡揚教師大愛的最佳互動模式

鄭崇趁（2000）為了宣導推動輔導計畫，論述「教訓輔三合一方案」的主要精神與實施策略，主要精神在：「闡揚教師大愛」→「孕育最佳互動模式」進而「整合教訓輔功能」→「帶好每位學生」，至於實施策略則包括：「本分策略」、「系統策略」、「交互作用策略」，以及「網絡策略」，其系統結構如圖 16-1 所示。

圖 16-1 的解析，必須從圖的核心往外閱讀，三合一方案的第一層（最核心）的精神係「闡揚教師大愛」，也就是激勵所有教師善盡「有效教學」及「輔導學生」之天職，而採行的策略為「系統策略」及「本分策略」；第二個層次的計畫精神為「孕育最佳互動模式」，也就是藉由計畫帶動訓輔人員與一般教師產生最佳互動模式與內涵，而採行的策略則為「本分策略」以及「交互作用策略」；第三個層次的計畫精神為「整合教訓輔功能」，也就是讓教學、訓導、輔導的功能，受到社區輔導資源及一般教師的共同投入互動而得到最大的發揮，採行的策略則為

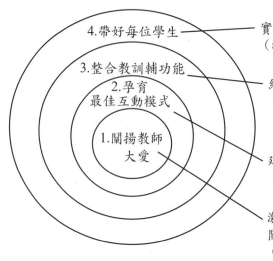

圖 16-1　「教訓輔三合一方案」的主要精神與實施策略

資料來源：鄭崇趁（2006a：179）

「交互作用策略」及「網絡策略」；第四個層次的計畫精神為「帶好每

位學生」，亦即透過計畫的有效實施，由於教學、訓導、輔導功能的充

分發揮，實現帶好每位學生的教改願景，而採行的實施策略，又回到以

「網絡策略」及「系統策略」為主軸。

　　「本分策略」特別強調中小學教師的職責除了「教學」責任外，尚

須「輔導」學生，共同帶好每一位學生；「系統策略」則進一步將教師

的「教學」到「輔導」之間的系統職責規範詳列如表 16-5 所示，將訓輔

人員三級預防的系統職責規範詳列如表 16-6 所示，導引教育人員參與計

畫方案，均有明確具體的「操作點」。

　　每一位教師參與三合一方案的個別功能有 4 個工作點：「有效教

學」、「教學中輔導」、做好「導師」以及擔任「認輔教師」；而整合

功能方面則有 2 個工作點：「了解網絡」以及「危機處理」，總共以 6

項系統職責為主。有效教學強調「輔導理念融入教學」；教學中輔導強

調「辨識學生行為問題的能力」；導師工作注重「班級經營及團體動力」

表 16-5　系統規劃教師輔導學生職責與三級預防

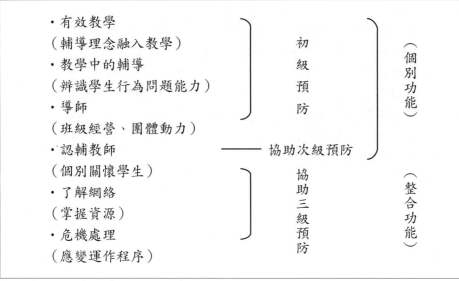

資料來源：鄭崇趁（2006a：186）

來經營學生優質班風；認輔教師提供需要的學生「個別關懷」以及「愛心陪伴」；了解網絡旨在協助教師「掌握相關輔導資源」；危機處理則在促進教師了解「緊急事件應變運作程序」。這 6 項教師的系統職責，前 3 項（有效教學、教學中輔導、導師）為教師的「初級預防」工作；第 4 項（認輔教師）為「協助次級預防」工作；第 5 項及第 6 項（了解網絡及危機處理）則為「協助三級預防工作」。一般教師參與學生輔導工作，從個別功能到整合功能，從初級預防到二、三級預防，均有明確的著力點。

　　三級預防輔導機制是學校輔導工作的基礎，表 16-6 係將輔導及訓育人員原本在學校要執行的事項，配合計畫之推動，系統提列其與一般教師，如何共同實踐三級預防機制。在初級預防上，訓輔人員工作重點在：擔任教師輔導工作諮詢、策訂學校輔導工作計畫、執行學校心理衛生方案以及生涯輔導計畫等。次級預防則為訓輔人員的主要職責，主要者有

表 16-6　訓輔人員職責與三級預防

```
・初級預防
  ・教師輔導工作諮詢
  ・策訂校務輔導工作計畫（含生涯輔導、心理衛生方案）
  ・鼓勵教師認輔學生
・次級預防
  ・諮商輔導（個輔、小團體、成長營）
  ・建構學校輔導網絡
  ・成立危機處理小組
・三級預防
  ・網絡與危機小組的實際操作
  （引進社會資源協助輔導專業、臨床工作）
```

資料來源：鄭崇趁（2006a：187）

三：落實諮商輔導工作（個輔、小團輔、成長營）、建構學校輔導網絡，以及成立危機處理小組。三級預防實際上學校無法直接辦理，然亦需要適度提列宣導強調，指的是學校必須透過網絡與危機小組的實際運作，引進社會資源協助輔導專業、臨床工作。

　　「網絡策略」強調本方案需藉助兩大網絡系統服務來發揮輔導的功能：一為校內本身的教訓輔網絡；另一為學校與社區結合的輔導網絡。輔導網絡所串連結合的資源與協助事項，如圖 16-2 所示。

　　就校內而言，本計畫在喚醒每位教師及行政人員系統了解其職責與功能，善盡本分，產生最佳互動模式與內涵，為所有學生提供最周延而有效的輔導服務工作。就學校結合社區資源而言，學校提供各種具體途徑，引進各單位人力資源，協助教育輔導工作，彌補學校原有功能之不足。

　　「交互作用策略」是指本計畫藉由核心工作與運作方式的帶動，讓參與的教育人員，不但產生「累加」的效果，更能夠產生「乘積」的作用，使學生輔導的工作績效倍增，實現計畫（方案）目標。三合一方案

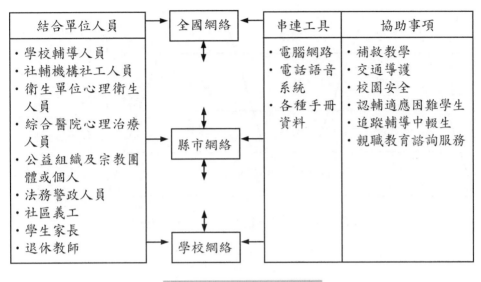

結合單位人員	全國網絡	串連工具	協助事項
・學校輔導人員 ・社輔機構社工人員 ・衛生單位心理衛生人員 ・綜合醫院心理治療人員 ・公益組織及宗教團體或個人 ・法務警政人員 ・社區義工 ・學生家長 ・退休教師	縣市網絡 學校網絡	・電腦網路 ・電話語音系統 ・各種手冊資料	・補救教學 ・交通導護 ・校園安全 ・認輔適應困難學生 ・追蹤輔導中輟生 ・親職教育諮詢服務

圖 16-2　輔導網絡架構

資料來源：鄭崇趁（2006a：124）

的架構圖（如圖 16-3 所示），最能彰顯交互作用策略的意涵。圖 16-3 的本意有三：(1)所有教師透過 3 個途徑協助學生→教學、輔導、訓導；(2)隨著學生問題與需求的難度不同（三級預防），輔導與教學及訓導的比重呈現交互消長現象；(3)要帶好每位學生必須結合社會輔導資源共同促成，且愈是二級、三級的工作，愈需要社會資源的協助。三種意涵的綜合，即校內外教育輔導資源「交互作用策略」之強調。是以圖 16-3 為本計畫（方案）之架構圖，最能彰顯「交互作用策略」之旨趣。

　　本計畫宣導期間，特別強調校長及訓輔行政人員的重要性，認為計畫能否成功順利，決定性因素在於這些學校領導人是否善於使用「交互作用策略」。校長能夠營造學校組織文化氣氛，將行政人員及教師的本分系統、職責、網絡措施有效融合，帶動成員相互激勵，共同為帶好每位學生交互支援，發揮所長、互補所短，共同進入學習狀態，共同成長、共謀發展，從「有效教學」與「輔導學生」工作，共同為國家教育事業奠下堅實基礎，此種最佳互動模式與內涵的計畫運作型態為「交互作用

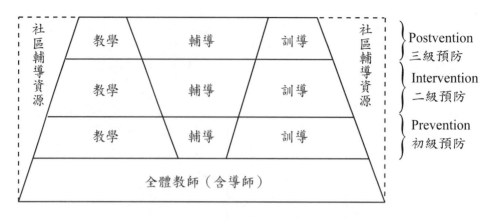

圖 16-3　「教訓輔三合一方案」架構

資料來源：鄭崇趁（2006a：186）

教育經營學導論——理念、策略、實踐

策略」。

　　再從圖 16-1 的外圍往核心看，「帶好每位學生」是「教育改革十二行動方案」的「共同願景」，在本方案中它需要「教學、訓導、輔導功能」的充分發揮來加以支撐；學校教訓輔功能的發展，建立在校內教師、行政人員，以及社區輔導人力的最佳互動模式與內涵之上；校內外教育與輔導資源能否「交互作用整合發展」，則植基於每位教師的「教育大愛」，體認「有效教學」與「輔導學生」為其本分天職，承諾共同帶好每位學生，並且實踐力行。

❀ 肆、實踐理論之美的行動方案

　　優質的教育政策或中長期教育計畫均需要教育理念（或理論）來支持，具有明確教育理論或理念為背景基礎的中長期計畫，又符合當下教育環境的需要，才是「有根的」、「可行的」計畫。「建立學生輔導新體制——教學、訓導、輔導三合一整合實驗方案」，本即教育部 1998 年「教育改革十二行動方案」之一，鄭崇趁（2002）曾論述其管理哲學指

出，本計畫（方案）依循 5 個理論來帶動教師及訓輔人員進行「交互作用、整合發展」，產生最佳互動模式與內涵，最後實現「帶好每位學生」的目的，這 5 個理論是：學習型組織理論、多元智能理論、知識管理理論、鷹架理論，以及漸進決策模式，其整體關係結構如圖 16-4 所示。

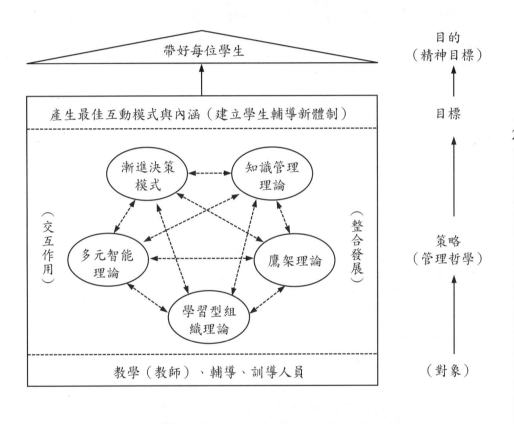

圖 16-4 「教訓輔三合一方案」的管理哲學與理論基礎

資料來源：鄭崇趁（2006a：149）

圖 16-4 的解析應由下往上閱讀，三合一方案所要帶動的對象包括 3 種人：教學人員（教師）、輔導人員、訓導人員，以及社區資源；其管理哲學（也就是總策略）是「交互作用、整合發展」，前述 3 種教育輔導人員如何才能交互作用、整合發展，則依靠 5 種理論配合方案需要，

第十六章 台灣教育的亮點之一──「建立學生輔導新體制」

其核心論點轉化之執行項目來帶動，是以能夠產生最佳互動模式與內涵（也就是建立學生輔導新體制的目標），最終目的（也就是精神目標）則可以實現「帶好每位學生」的教育改革願景。

並非 5 種理論的移植而成為方案的理論基礎，而是方案推動的「執行項目與內容」多數吻合這五大理論的核心論點。鄭崇趁（2002）進一步將三合一方案的重點措施，與符合前述五大理論的核心論點製成表 16-7，以呈現其間之關係。

表 16-7　「教訓輔三合一方案」重點措施與理論應用對照表

目標	策略		管理理論應用
建立教訓輔三合一最佳互動模式與內涵，實現帶好每位學生的教改願景。	交互作用、整合發展	成立規劃執行組織	・試辦推廣（逐步漸進） ・討論最佳作法（系統思考、知識螺旋）
		落實教師輔導職責	・了解系統職責（系統思考） ・增益輔導知能（自我超越） ・交互支援功能（共同願景、知識螺旋） ・認輔支持學生（充實鷹架）
		增進有效教學措施	・觀摩研討教學（自我超越、知識螺旋、團隊學習） ・提供適性滿意學習（多元智能） ・教師及教學評鑑（知識外部化）
		整合訓輔行政組織	・整合調整（系統思考） ・彈性定名（漸進發展）
		建立學校輔導網絡	・結合資源（豐厚鷹架） ・交互支援（共同願景、知識螺旋）

資料來源：鄭崇趁（2006a：143）

以第一個策略的兩個重點為例：「試辦推廣」即為「漸進決策模式」理論；「討論最佳作法」需要「系統思考」並使成員產生「知識螺旋」；「系統思考」即「學習型組織理論」的第五項修練，而「知識螺旋」即「知識管理理論」的核心論點。再以第二個策略的「認輔支持學生」為

例，老師願意參與認輔學生，必須「改變心智模式」（學習型組織理論核心論點之一），就為學生提供認輔教師支持而言，在豐厚學生鷹架，符合鷹架理論。再以第三個策略的重點「提供適性滿意學習」為例，即符合「多元智能理論」的主張與運用。整體而言，「教訓輔三合一方案」是一個「實踐理論之美」的行動方案。

伍、活化台灣教育的智慧資本

教育政策或者教育計畫，均在導引學校經營校務，提升辦學績效，增進國家教育的競爭力。在學校的經營管理方面，智慧資本的觀念與運用逐漸被關注；所謂智慧資本是指能夠對組織產生效能效率，且持續創發功能的人力資源。就學校而言，所有的教師、職工以及校長、行政幹部即為學校的智慧資本，智慧資本的實質內涵包括「核心能力＋組織認同」，只有核心能力而缺乏對組織認同的人力資源，稱為「靜態的智慧資本」，組織成員核心能力普遍優質又對學校教育認同，願意承諾「帶好每位學生」，且實踐力行者，才是學校（組織）「有效的智慧資本」。

台灣的中小學師資向來由政府計畫培育，素質優異，具備帶好每位學生的核心能力。然而，台灣社會經歷 60 年代及 70 年代的經濟起飛，進入現代化與後現代化的交織泥淖，教育價值多元開放，校園民主混沌難明，教育單位長期經營「教育改革」，而各種政策的推動並未獲致教師們的積極認同進而實踐力行，是以長期以來的績效未如預期理想。

從「智慧資本」的內涵分析，這一系列的輔導計畫，是相對較能帶動「有效的智慧資本」政策方案，輔導計畫全面辦理「教師輔導知能研習」以及「輔導 20 學分班進修」，積極提升中小學教師輔導學生的核心能力；並以計畫方案的「系統結構」作宣導，明確指陳方案的目的、策略、措施及其理論基礎，爭取教育人員的認同支持，承諾參與；更以「系統策略」、「本分策略」、「網絡策略」，以及「交互作用策略」導引

計畫運作方式，促使教師、訓輔人員及社區輔導人力資源產生最佳互動模式與內涵，為學校建立了學生輔導新體制。因此，「教訓輔三合一方案」是「教育改革十二行動方案」中較具成效的計畫政策，它接續了「輔導工作六年計畫」以及「青少年輔導計畫」的優質傳承，活化了台灣教育的智慧資本，強化了教師輔導學生的核心能力，同時也增進了「帶好每位學生」政策的認同程度。

🌱 陸、結語

台灣的「學生輔導工作」領先華人地區的其他國家，是台灣教育的亮點之一，台灣學校教育中的學生輔導機制，是經由「建立學生輔導新體制」的系列計畫發展而來，包括：「輔導工作六年計畫」、「青少年輔導計畫」，以及總其成之「教訓輔三合一方案」，這一系列的輔導計畫，開啟了台灣學生輔導的新頁，讓輔導的正式課程與潛在課程綿密結合，就像一首「交互作用、整合發展」的「教育詩篇」，帶動教師及訓輔人員產生「最佳互動模式與內涵」，善盡系統職責，闡揚教師大愛，活化台灣教育的智慧資本。

〔本文原發表於 2010 年，教育評鑑學會主辦，「教育行政與評鑑學術研討會」。〕

第十七章 校長專業證照與辦學績效評鑑

壹、緒言——校長的時代角色

筆者長期關注「校長專業證照」問題，來自 3 個因素：(1)國立台北教育大學自 2000 年起成立了全國第一個「中小學校長專業發展與培育中心」，筆者係接替林文律教授的第二位中心主任，校長培育中心的主要任務就是要促成校長專業證照制度；(2)筆者在教育政策與管理研究所碩博士班長期教學的對象中，校長約占一半，就教育政策之推動或教育問題的解決而言，「校長專業證照」已成為關鍵創意；(3)在「教師評鑑」推動過程中，常聽到一般教師推託之辭「校長為什麼不先辦評鑑？」討論之後，也唯有校長先行辦理「校長評鑑」或依法實施「校長辦學績效評鑑」，也才有「理由」要求教師接受「教師評鑑」。這 3 個因素，個別來看不太相關，然從整體系統來看，推動「校長專業證照制度」才是根本之途。

或許很多校長會感嘆，「校長」本是教育人員中最為崇高的職務，為何還需要「評鑑」，並以「專業證照」的要求來對待「校長」？是否「校長」的「價值與尊貴」大不如前？不當也罷！事實不然，實在是因為校長的地位無可替代，校長的角色任務又必須隨著時代與社會變遷而有不同訴求，面對校長的時代角色需求，唯有發展「專業證照」，定期接受「評鑑」檢驗，在客觀神聖體制的考驗下仍能「存活」的校長，才是有尊嚴的校長。

校長的時代角色為何？不同層次的教育人員對校長會有不同的角色期望。教育部、教育局（處）的行政官員，對校長的期望是「教育政策

的整合師」，校長應有能力掌握當前重要政策，並促使其在學校中實踐；一般校長同儕對於其他校長的期望是「校務經營的諮詢友」，善長學校經營理論與應用的校長，最獲得校長同儕之愛戴；學校主任與組長等行政人員對校長的期望是「計畫管理的實踐家」，校長要有能力帶動策訂系統性的校務計畫及主題式計畫，並領導有效實施；一般教師對於校長的期望是「教學輔導的示範者」，校長要能夠帶領進行有效教學及輔導學生；至於其他教育人員對於校長的期望是「教育希望的領航人」，期待校長能夠傳承教育之愛，深耕教育，永遠地帶給人類希望。

「教育政策的整合師、校務經營的諮詢友、計畫管理的實踐家、教學輔導的示範者、教育希望的領航人」是當代校長的五大時代角色，校長們要扮演成功著實不易；因此，推動「校長專業證照」為目標，實施「校長評鑑」或「校長辦學績效評鑑」為歷程，成為必要之善。

貳、校長專業證照制度的主要內涵

筆者曾經兩度以國立台北教育大學校長培育中心主任的名義，向台北縣教育局建議，推動校長專業證照制度，擬訂了「台北縣中小學校長專業證照及專業發展實施辦法（草案）」，寄送或面陳副縣長及局長參酌。本辦法草案共有 12 條，對於專業證照之目標、條件、時效、申請程序、辦理流程均有建議性質之規範，摘錄如表 17-1 所示。

表 17-1　中小學校長專業證照及專業發展實施辦法（範例）

臺北縣中小學校長專業證照及專業發展實施辦法（草案）

第 1 條　臺北縣政府為強化校長專業能力，提高校長專業素養，建立校長專業形象，以提升教育品質，訂定中小學校長專業證照及專業發展實施辦法（以下簡稱本辦法）。

第 2 條　臺北縣政府（以下簡稱本縣）為中小學校長專業培育證照頒授主管機關。

第 3 條　本縣教育局應成立中小學校長專業證照頒授委員會，負責處理校長專業證照申請、審查、頒授、換照、撤銷及其他相關事宜。

第 4 條　凡具有下列各項資格之一者，得頒授本縣中小學校長專業證照：
　　1. 經過本縣候用校長公開甄試錄取，並修習碩士層級校長專業培育課程二十學分以上成績合格，獲聘為校長，連續二年考績甲等者。
　　2. 持有校長專業發展學程碩士學位以上，獲聘為校長，連續兩年考績甲等者。
　　3. 現任或曾任校長，持有碩士學位，並修習碩士層級校長專業發展課程十二學分以上，成績合格，並擁有歷年考績四分之三以上甲等或連續二年考績甲等者。
　　4. 現任或曾任校長並修習碩士層級校長專業發展學程二十學分以上，成績合格並擁有歷年考績四分之三以上甲等或連續二年考績甲等者。

第 5 條　凡符合本辦法第四條頒授資格者，得向本縣教育局提出申請，每年八月接受申請，教師節前後配合慶典頒授專業證照。

第 6 條　中小學校長專業證照有效期限六年，六年之內修習校長專業發展碩士班層級專業課程十二學分以上，或博士班層級專業課程八學分以上，成績及格，歷年考績擁有四分之三以上甲等者，得檢具資料向主管機關申請換證。

第 7 條　校長專業培育課程及校長專業發展學程之認定由教育局商請大學教育系所及校長培育中心研議報送本縣核備後採認。

第 8 條　擁有中小學校長專業證照之校長，參加原校續任或他校遴選時，應參照其任期中校長辦學績效評鑑（或校務評鑑）成績，獲優等以上表現者，宜予優先派任。

表 17-1 　中小學校長專業證照及專業發展實施辦法（範例）（續）

第 9 條	本縣自 98 學年度起，新任校長均須完成校長專業培育課程，自 100 學年度起續任校長均需擁有校長專業證照。
第 10 條	參與候用校長培育及現任校長專業發展進修所需經費，以自費為原則。本縣得編列經費補助成績優異者部分學分費。
第 11 條	已取得本縣中小學校長專業證照，違反下列各款之一者，主管機關得撤銷其證照： 1. 受有期徒刑一年以上判決確定，未獲宣告緩刑者。 2. 因貪污瀆職經判刑確定或通緝有案尚未終結者。 3. 依法停止任用，或受休職處分尚未期滿，或因案停止職務，其原因尚未消滅者。 4. 褫奪公權尚未復權者。 5. 受禁治產之宣告，尚未撤銷者。 6. 行為不檢有損師道，經有關機關查證屬實者。 7. 經合格醫師證明有精神病者。 8. 辦學不利或不能勝任工作，有具體事實情節重大者。
第 12 條	本辦法經本縣教育審議委員會審議通過，縣長核定後實施。

約略而言，校長專業證照的主要內涵為：

1.基礎素養：將中小學校長提升至碩士學位以上，以及平時考績四分之三甲等。

2.進修研究：6 年中要有 12 學分以上碩士層級，或 8 學分以上博士層級之進修。

3.評鑑考核：審查專業學分、考績甲等比率，以及校長辦學績效評鑑。

4.限期換證：初任校長 2 年後申請，專業證照取得後，有效期 6 年，限期換證。

參、發展校長專業證照制度的具體作法

校長專業證照制度的推動，說難不難，說做就做，縣長一宣布，大家就作了；說不易也不易，依照目前的體制，沒有一位合適的人願意著手促成此事，遙遙無期，看似容易而實並不易。筆者之所以為文強調，只希望盡點力量，期待喚起更多人關注，或許「因緣果報」之後，近期內就有曙光！

要促成此一制度，關鍵有四：(1)校長們（當事人）的覺醒：校長們普遍認為專業證照是其校長職務的護身符及尊嚴所在；(2)校長協會主動要求其成員接受實施專業證照制度；(3)配合校長辦學績效評鑑的實施，有第三條管道檢驗校長；(4)行政首長的智慧：做與不做均將對教育發生長遠之影響，而施政優勢與先機稍縱即逝。

肆、校長辦學績效評鑑的必要性

《國民教育法》規定，國民中小學校長採任期制，任期屆滿申請續任或遷調它校均須參與校長遴選，校長遴選應參照校長辦學績效，校長辦學績效優良者，應予優先派任。因此，校長辦學績效評鑑之規劃與實施乃校長參加遴選時，評斷其是否續任或遷調它校最重要之基礎工作。

由於評斷校長辦學績效關乎校長本身的「人」與「事」，人的部分在人品素養，因難明訂「客觀價值」；事的部分又與「校務評鑑」重疊頗多，糾結而不能區隔。是以，多數縣市發展校務評鑑，並以校務評鑑結果做為該校校長參與遴選的參照資料，卻未另訂校長辦學績效評鑑。

以校務評鑑成果當作「校長辦學績效」的作法自有其方便與好處，例如：(1)以學校之整體表現來呈現（反應）校長辦學績效；(2)避免近期內辦 2 次類似評鑑之困擾（因為校務評鑑每 4 年一次一定要辦）；(3)對於辦學績效不佳之校長，可避開直指校長不佳之難堪。然相對而言，亦

有其弱點或缺失，例如：(1)部分學校本身條件薄弱，雖有優質校長努力經營，整體校務評鑑結果仍舊績效難顯，對個人不公；(2)部分學校既有豐沛資源，校長任內僅平實作為，整體績效即高於它校，常有過度給予校長個人評價；(3)教師會代表常以校長本身沒有評鑑為由，抵制教師評鑑入法，阻礙教師評鑑工作之進程。

21 世紀的台灣社會，已進入了後現代社會的時代，到處顯現「多元價值」、「去中心化」、「民主參與」與「個殊風格」的訴求與現象，社會整體大眾對於教育人員的期待亦然。今日的中小學校長是教育人員的實際領導人，也是民眾觀察學校表現的指標性人物，以「校務評鑑」的成績來概括「校長辦學績效」之表現，已日漸不能為圈內（教育人員）及圈外（家長民眾）所接受，勢須進一步發展實用之「校長辦學績效評鑑」，一方面彰顯「依法行政，名實相符」，另一方面符應「民之所欲，長在我心」之後現代施政需求。

伍、校長辦學績效評鑑的方法與指標

筆者多年來參與台北縣與宜蘭縣中小學校務評鑑，兩個縣市也均在個別發展校長辦學績效評鑑。台北縣已由校長協會發展完成評鑑指標草案，運用同儕評鑑方式試辦中；宜蘭縣則委由筆者主持小型專案研究，比照校務評鑑方式，系統考量，發展校長辦學績效評鑑指標及實施方式，目前進度亦已完成「理念設計」及「指標系統」（草案），正待持續召集焦點團體討論確認中。茲依據已有的成果，摘要介紹如後，提供各縣市推動實施時參酌。

校長辦學績效評鑑仍須與校務評鑑整合實施，單獨辦理，其整合原則如次：(1)校務評鑑每 4 年一次，校長辦學績效評鑑在校長任期屆滿年評鑑；(2)校長辦學績效評鑑指標儘量由校務評鑑指標轉移並系統規劃，或將校長辦學績效評鑑指標儘量融入校務評鑑指標中，避免學校必須準

備兩套資料；(3)校長辦學績效單獨辦理，並以 3 位委員，半天至一天可以完成評鑑為原則；(4)校長辦學績效評鑑之佐證資料儘量由校長本人準備，且愈少愈好；(5)同時（年）有「校務評鑑」及「校長辦學績效評鑑」時，兩項成績可予平均列為遴選參照成績，隔 1～2 年時，校務評鑑成績占三分之一；隔 3 年以上時占四分之一。

評鑑校長的辦學績效仍需符合「評鑑的基本原理」，教育評鑑的基本原理有六：(1)統整的觀察：了解校長的全面，至少包括本人的「核心能力」及學校事務的「具體績效」；(2)化約的指標：將要觀察事項化約成評鑑指標，且愈精要愈好；(3)系統的結構：評鑑指標之間要有系統結構，能夠呈現主要面向的辦學績效；(4)客觀的歷程：評鑑過程必須依據規定之標準化程序進行；(5)評價的比較：辦學績效的價值仍應與其他受評者或縣、鄉、鎮常模比較；(6)理念的實踐：辦學績效仍具有檢驗校長辦學理念在學校中實踐的程度。

筆者依據上述的基本原理，將校長辦學績效評鑑指標設計為六大向度，包括：(1)具備校長核心能力；(2)帶動校務永續發展；(3)激勵教師專業效能；(4)彰顯學生多元成就；(5)營造校園優質文化；(6)提升學校教育品質。整體結構如圖 17-1 所示。

至於每一向度的具體評鑑指標，除「校長核心能力」具 5 個指標外，餘 5 個向度均有 4 個指標，總計 25 個指標，在量的評核上，採四點量表，每一指標最高 4 分，滿分正好 100 分。整體的評鑑指標系統如表 17-2 所示。

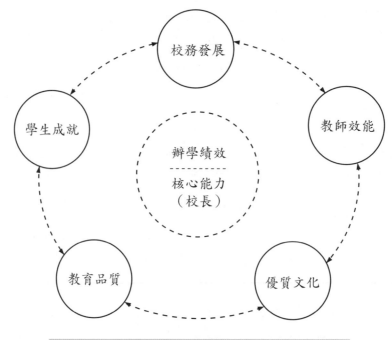

圖 17-1　校長辦學績效評鑑指標設計理念圖示

表 17-2　校長辦學績效評鑑指標系統（範例）

評鑑向度	評鑑指標
具備校長核心能力	1-1 校長具備「教育專業」以及「愛人助人」之能力，其專業表現行為足供學校教師楷模。
	1-2 校長具備「統整判斷」以及「計畫管理」能力，能夠有效主持會議，帶領各處室主任策訂學校發展計畫及年度重點工作。
	1-3 校長具備「實踐篤行」以及「溝通協調」能力，能夠帶領幹部及學校師生完成學校教育任務，達成教育目標。
	1-4 校長具備「應變危機」以及「研究發展」能力，能夠有效處理突發事件，並帶領教師進行行動研究。
	1-5 校長熱愛學校師生，認同學校，並承諾盡心盡力投入校務，領導學校發展成優質卓越學校。

表 17-2　校長辦學績效評鑑指標系統（範例）（續）

評鑑向度	評鑑指標
帶動校務永續發展	2-1 校長能夠形塑學校願景與教育目標，並據以發展學校中長程計畫、學校本位課程及主題教學活動。
	2-2 校長能夠領導幹部及學校教師實施正常教學並規劃多元教育活動，有效結合正式課程與潛在課程，實施符合學生需要（產生最大價值）之教育。
	2-3 校長能夠帶領學校教師為學生建構三級預防輔導機制，並實施領域補救教學措施，帶好每位學生。
	2-4 校長重視校園環境之整體規劃，適時充實軟硬體設施，並督導物盡其用。
激勵教師專業效能	3-1 校長能激勵學校教師，建置個人及主題教學檔案，並以數位化儲存、分享，有效進行知識創發與管理。
	3-2 校長能激勵學校教師，全面建置班級網頁及領域（分科）教學網頁，陳列聯絡系統、教學計畫、補充教材、學習成果、經驗分享等重要資訊。
	3-3 校長能激勵教師每 2 年至少參與一項行動研究，自編主題教學教材一案，持續增進教學效能。
	3-4 校長能激勵教師會，策訂全校教師系統性在職進修計畫及辦理教師評鑑，落實教師專業服務效能。
彰顯學生多元成就	4-1 校長任期中，學生參加全縣性各領域或學科能力測驗，學校成績能在全縣（鄉、鎮）平均數以上，或維持穩定成長。
	4-2 校長任期中，每年均能規劃多元社團，學生參與率達80%以上，參與校際競賽社團 50%以上。
	4-3 校長任期中，鼓勵學生參與各種教育競賽活動，運動表演會應全員參與，藝文社團及主題式競賽活動，校內參與率 40%以上，校際參與率 10%以上。
	4-4 校長任期中，能夠倡導多元評量，呈現每一位學生至少有一種表現（潛在的智能因子）在班級或學校學生平均數以上。

表 17-2　校長辦學績效評鑑指標系統（範例）（續）

評鑑向度	評鑑指標
營造校園優質文化	5-1 校長能夠帶動全校教師和職工熱愛學生，善盡有效教學及輔導學生天職，讓一般學生及弱勢族群學生均得致妥善照顧。
	5-2 校長能夠帶動全校教師和職工積極任事，力求績效，每一位教師、行政人員、基層職工均有能量最大化的表現。
	5-3 校長能夠促進處室人員及教師們交互支援，共同承擔教育活動之規劃與執行，善盡個人職責並提升組織效能。
	5-4 校長能夠營造和諧共榮氣氛，每位教師和職工及學生均能認同學校，以學校為榮，並承諾為學校持續奉獻心力。
提升學校教育品質	6-1 校長能夠有效實踐中長程校務發展計畫，及時引進教育資源，得使學校之師資素養、課程設計、環境規劃及科技設施等條件，均達設備基準以上。
	6-2 校長能夠領導全校教師和職工，遵循教育機會均等理念、績效管理、全面品質管理等要義發揮在教學及教育活動上，具備標準化的教育歷程。
	6-3 校長能夠鼓勵全校師生積極參與校內外各項教育競賽活動，其參加校際競賽活動得獎率能在全縣（或鄉鎮）學校平均數以上。
	6-4 校長能夠帶領全校教師和職工，落實「均等」、「適性」的教育，邁向「沒有落後的小孩」及「帶好每位學生」的教育品質（達成率 95%以上）。

　　在實際進行評鑑時，為了兼顧「質化」與「量化」的判準，每一個評鑑向度，編制如表 17-3 的形式。「自我評鑑（質化陳述）」部分，包括「成果與特色」以及「檢討與建議」，由接受評鑑的校長依據指標意涵及實際成果自行撰寫；「自評分數」部分亦由接受評鑑的校長自行檢核勾選評定。委員到校評鑑後，經歷聽取簡報、檢閱資料、座談詢答等多方檢證之後，填撰「委員評鑑（綜合評述）」欄位，包括：「優點與特色」、「建議事項」，以及本向度（5 題或 4 題）的核定量化分數。

表 17-3　校長辦學績效評鑑表（範例）

評鑑向度		評鑑指標	自評分數				小計
			4	3	2	1	
具備校長核心能力		1-1 校長具備「教育專業」以及「愛人助人」之能力，其專業表現行為足供學校教師楷模。	☐	☐	☐	☐	
		1-2 校長具備「統整判斷」以及「計畫管理」能力，能夠有效主持會議，帶領各處室主任策定學校發展計畫及年度重點工作。	☐	☐	☐	☐	
		1-3 校長具備「實踐篤行」以及「溝通協調」能力，能夠帶領幹部及學校師生完成學校教育任務，達成教育目標。	☐	☐	☐	☐	
		1-4 校長具備「應變危機」以及「研究發展」能力，能夠有效處理突發事件，並帶領教師進行行動研究。	☐	☐	☐	☐	
		1-5 校長熱愛學校師生，認同學校，並承諾盡心盡力投入校務，領導學校發展成優質卓越學校。	☐	☐	☐	☐	
自我評鑑（質化陳述）	成果與特色						
	檢討與建議						
委員評鑑（綜合評述）	優點與特色						
	建議事項						
	核定分數						
備註							

❧ 陸、專業證照與評鑑體制的系統思考

所有教育人員均應發展專業證照制度，一般教師除了「教師證書」為基礎外，仍應取得「領域教學證照」、「導師證照」、「社團教學證照」（如：游泳、救生、球類教練、裁判、藝文教學、瑜珈等特殊教師證照）。主任和組長除了一般教師的專業證照外，應有主任及組長層級之專業證照；而校長則必須在教師、組長、主任之上取得「校長專業證照」，方足以扮演學校領導人角色。

評鑑制度亦應全面實施，教師每 5 年要有「教師評鑑」，教師評鑑為教師的專業證照進行檢核換發，確保現任教師均為適任優質教師，也為教師分級制奠定更為可行的基礎。校長、主任、組長辦學績效評鑑為校長、主任、組長之專業證照進行檢核換發，也確保當前之校長、主任、組長為具專業且符合時代需求的行政領導人。「專業證照制度」是 21 世紀台灣教育人員首要努力的目標，「評鑑體制」的系統規劃則是專業證照制度的必要手段。

❧ 柒、結語

～校長帶頭作，爭取專業認同，找回職場尊嚴

評鑑與專業證照的論述已然滿山滿谷，基礎資料與各種類型的配套也已經十分完備，實施上不會有任何問題。而今卡在「到底誰先做」？校長們說，教師為數龐巨，教師評鑑都還沒實施，為什麼在其上位的校長要先實施「校長評鑑」或「校長辦學績效評鑑」？老師們則說：法源上已經具體明列的「校長辦學績效評鑑」都還沒做，為什麼要實施更多人的「教師評鑑」？是以教師會抵制教師評鑑入法。

為今之計，本文奉勸中小學校長們，請您們勇敢站出來，帶頭迎接

「校長評鑑」或「校長辦學績效評鑑」，並以校長評鑑為手段，發展「校長專業證照」，賦與校長專業取向的時代意涵。進而促成「教師評鑑」之實施，以教師評鑑為手段，發展「教師專業證照制度」以及「教師分級制」。唯有所有教育人員均在專業證照制度的規範運作下，教育人員在職場上的表現才能獲致最高的尊重與信服，這才是開啟教育藍天的首要法門。

〔本文原載於 2007 年，北縣教育，第 62 期，21～26 頁。〕

教育經營學導論——理念、策略、實踐

第十八章　從有效的智慧資本論校長辦學績效評鑑的指標建構

壹、緒言──研究緣起

本文係宜蘭縣政府教育處依據《國民教育法》精神，計畫籌辦「中小學校長辦學績效評鑑」，以專案研究方式，委請國立台北教育大學教育政策與管理研究所執行，並由筆者主持。全案除由主持人撰述「中小學校長辦學績效評鑑的理論基礎」之外，共進行 48 人次的焦點團體討論，主要成果如次。

一、評鑑指標方面

中小學校長辦學績效評鑑分成六大向度：(1)具備校長核心能力；(2)帶動校務永續經營；(3)激勵教師專業效能；(4)彰顯學生多元成就；(5)營造校園優質文化；(6)提升學校教育品質。

中小學校長辦學績效評鑑共計 25 個指標，第一個向度「具備校長核心能力」含有 5 個指標之外，其他 5 個向度均內含 4 個評鑑指標。

二、實施方式方面

1.校長任期屆滿年進行校長辦學績效評鑑。

2.先由接受評鑑校長依據評鑑 6 個向度及其指標內涵，進行自我評鑑，以質化陳述方式，撰述自身的「實踐與省思」。

3.委員評鑑由教育處敦請學者專家及資深績優校長各一位，擔任評鑑委員。

4.委員評鑑共計 3 個小時，由訪評委員聽取校長簡報後，依據 6 個向

度評鑑指標與受評校長之「實踐與省思」進行訪談，撰述「特色與評論」及核定「等第」。

5.委員評鑑分六大向度及總評核定等第，等第分「通過」、「待觀察」及「未通過」三級。通過之等第得再分「特優」、「優等」及「良好」三級。

貳、校長辦學績效評鑑的理論基礎

校長辦學績效評鑑關乎校長本身「人」，與經營學校成果「事」的兩大層面。在校長本身「人」的部分，主要在評斷校長是否能扮演學校有效能的「智慧資本」，而所謂智慧資本包含兩大內涵：「核心能力＋對組織（學校）的認同」。在經營學校成果「事」的部分，則可以從「校務經營」、「教師效能」、「學生表現」、「校園文化」，以及「教育品質」等向度加以觀察，是以以下分6點論述這6個向度的理論或理念，作為校長辦學績效評鑑指標建構之基礎。

一、校長核心能力與學校智慧資本分析

一個學校的教育成果，來自學校中「智慧資本」的有效發揮，學校中的智慧資本，主要來自教師、行政幹部及校長領導，其次來自校務參與者（家長、志工、民間團體、學者專家或主管機關帶動監督者）。這些智慧資本在學校中的表現結果，往往就是一個學校具體的辦學績效。是以，研究一個學校校長的辦學績效，勢須以智慧資本的角度來加以分析。

智慧資本本身是靜態的，不一定會對組織產生貢獻，因此，研究智慧資本的學者，多數主張「核心能力＋組織認同」才形成真正的智慧資本，亦即具備經營校務核心能力的校長，又認同喜愛這所學校，願意持續為這所學校投入奉獻者，才能真正發揮其核心能力，帶動經營這所學

校，形成有效能的學校智慧資本。

　　就評鑑校長本身「人」的部分，校長辦學績效評鑑必須從校長的核心能力著手，並且關照到其個人對於任職學校之認同程度，其化約關係，可用圖 18-1 來呈現。

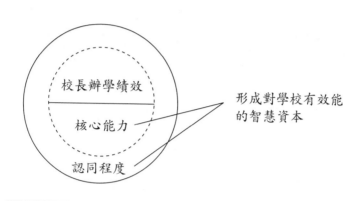

圖 18-1　校長辦學績效與核心能力及智慧資本關係圖

　　鄭崇趁（2006a）曾以社會系統理論，論述當前中小學校長的核心能力來自五大因素：(1)角色任務與功能；(2)辦學理念與實踐；(3)教育革新與發展；(4)社會變遷與需求；(5)績效責任與品質。其中(2)、(3)屬個人及教育環境因素，而(1)、(4)、(5)則屬組織及社會文化因素；社會系統理論下的校長核心能力之成因，如圖 18-2 所示。

　　鄭崇趁（2006）復主張在當前 21 世紀的台灣社會，面對後現代社會衝擊及教育改革巨浪洗禮下的中小學校長，應具備八大核心能力，包括：教育專業的能力、愛人助人的能力、統整判斷的能力、計畫管理的能力、實踐篤行的能力、溝通協調的能力、應變危機的能力，以及研究發展的能力，其中教育專業的能力與愛人助人的能力為所有教育人員共有者，而後六者乃基於校長面對學校經營及領導運作而個殊發展者。其主要內涵概要如次。

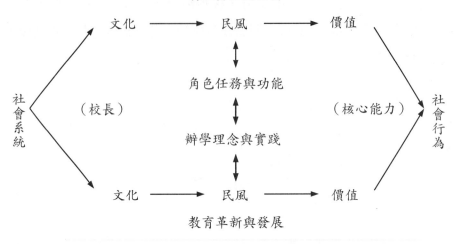

社會變遷與需求
績效責任與品質

社會系統 （校長） 文化 → 民風 → 價值

角色任務與功能
⇕
辦學理念與實踐

（核心能力） 社會行為

文化 → 民風 → 價值

教育革新與發展

圖 18-2　校長核心能力的成因（社會系統理論觀點）

資料來源：鄭崇趁（2006a：95）

（一）教育專業的能力

　　後現代的社會，給人的感覺是不確定感、去中心化，沒有固定的價值標準，不適合以直線思考論是非，這些現象直接影響學校校長與學校教師及職工互動的情形，也呈現了學校教育的「混沌現象」，就組織結構而言，學校本身具有鬆散結構的特質，科層體制式的行政運作型態，夾雜著學術專業自主，很難彰顯「效能」與「效率」。

　　學校是傳承知識的殿堂，是社會發展的主導場域，愈是鬆散混沌的組織，其領導者愈需要具備專業的能力。教育是人教人的專業行為，是以，學校校長最需具備的核心能力即為教育專業的能力，概要分析，則包括下列基礎內涵：

・具有完整的教育哲學觀。
・有能力運用自己的教育理念整合教育目標與學校願景。
・能夠領導學校本位課程設計。

- 能夠領導教師班級經營，提升教學水準。
- 了解教師專長及學生身心發展。
- 熟悉心理學、社會學、生物學、行政學及管理學理論在教育學上的應用。
- 具有表達教育理念的能力，能有效結合教育理念與實務。

（二）愛人助人的能力

教育的主體是學生，學生本身就呈現常態分配，學校中有好的學生，也有不夠好的學生，有正常的學生，也有適應困難、行為偏差的學生，有健康的學生，也有障礙困擾的學生，有資優的學生，更有弱智的學生，形形色色不一而足。教育的理想希望帶好每一位學生，具有相當高的難度。

從現代化到後現代的發展，學生的背景與起點行為更形紛歧、落差更大，身為學校領導者——校長，需要具備愛人助人的能力，亦即了解到學生的多元紛歧而仍舊喜愛他們，願意教育他們，也有足夠的能量協助他們、幫助他們，促進他們順利成長發展。此一愛人助人的能力，主要內涵約略如次：

- 具備偉大教育家的精神與貢獻。
- 具備豐厚的輔導知能。
- 修讀 20 輔導學分以上。
- 喜愛教育的對象——學生。
- 關懷鼓舞教育的工程師——教師。
- 願意協助弱勢族群學生。
- 示範參與認輔制度及輔導網絡運作。
- 了解師生次級文化並能引導正向發展。

（三）統整判斷的能力

後現代社會複雜紛亂、價值多元、尊重個人，學校經營強調多元參

與、本位管理、民主程序，領導者（校長）統整判斷的能力顯得特別重要。校長在主導校務經營的歷程上，必須建立扁平化組織系統，讓所有組織成員均能參與表達對於校務的意見，但更需有能力在較經濟的時限內統整大家的意見，結合自己的理念，做成最具價值的決策。校長接收到的全校教職員工學生之訊息紛雜多元，時有矛盾、衝突、對立、是非難辨，價值落差現象，學校校長無法完全避免此種干擾，但應有能力經由判斷篩選，將干擾程度降至最低。統整判斷的能力已成為中小學校長核心能力的新趨勢之一，其主要內涵約略如次：

- 能有效主持會議，可在短時間內做正確決議。
- 討論事務能面面俱到且掌握關鍵。
- 能夠有效折衝重大紛歧意見。
- 具有資源整合能力，讓教師、學生、社區資源、社會資源，以及行政機構對學校做最大的貢獻。
- 具有貫串教育政策、地方教育重點措施、個人辦學理念，以及學校要務的統合能力。
- 能夠掌握社會脈動及文化意識潮流，引導學校做最大價值導向發展。
- 能夠依據評鑑成效，持續反省思考、回饋改善。

（四）計畫管理的能力

後現代社會中的學校組織呈現較明顯的鬆散結構（loosely system）特性，要維持一個學校的組織效能與效率已非易事，更遑論十數年來教育改革所強調的「提升競爭力」。因此，當代的中小學校長應具備計畫管理能力，始能捭闔縱橫、務實漸進，要能結合學校願景、教育目標、自身辦學理念、教育政策方針，以及教師專長分布、學生需要等因素，帶領各處室主管及教師和職工，研訂合宜的校務發展中程計畫、年度工作計畫、主題式教育活動計畫、班級經營計畫，以及教學改進計畫。研

訂計畫之過程能夠帶動主要成員主動參與，增進計畫本身的周延性及可行性，計畫的策訂與執行即最佳的管理型態。計畫管理能力之主要內涵約略如次：

- 具有策訂系統結構校務計畫能力。
- 具有策訂系統結構主題式計畫能力。
- 所訂校務計畫能有效結合教育政策、個人教育理念及學校需要，且落實到師生教學核心工作。
- 所訂校務計畫能統合師生活動，呈現具有教育價值而不重複的工作系列。
- 能夠配合組織運作及課程編配，達到人盡其才、物盡其用之最大貢獻。
- 能夠帶動教師專業自主，有效提升教育品質。
- 能夠透過校務計畫的帶動，謀取豐沛的社會資源，長期挹注校務發展。

（五）實踐篤行的能力

計畫管理為組織的任務做了藍圖設計，固然重要；按圖索驥，將計畫性的教育工作務實執行，帶動老師有效教學、輔導學生，產生最大的教育價值，則更為重要。當代學校教師和職工的素養與觀念態度已不同於往昔，校長須有能力在前頭示範帶動，才能實現真正的成果與績效；當代的大環境複雜多變，校長須有超強的意志力，堅守理念，持續篤行，才得以彰顯計畫教育之功能。校長實踐篤行能力之內涵，約略如次：

- 能夠主導策訂校務計畫及重要主題式計畫之完成。
- 能夠主導完成校本課程之設計以及各年級協同教學之配置。
- 具有專門學科優異教學技術，必要時能夠示範教學觀摩，帶動教學改善。
- 能夠帶動完成各項重點行政事務。

· 能夠帶頭參與認輔學生及運作輔導網絡系統。

· 能夠主持大型教育活動設計，並示範帶動處室間交互支援，完成任務。

· 能夠及時解決校務衍生問題，帶領同仁突破瓶頸，持續成長、發展作為。

（六）溝通協調的能力

學校領導人的神聖使命，在帶動學校幹部、教師和職工願意為教育目標與學校願景努力奮進，依據校務會議通過的校務發展計畫，依據學校本位課程計畫善盡個人職責，共同帶好每一位學生。但是在計畫執行歷程中，各項教育活動辦理過程中，你有你的看法，我有我的觀點，做事的方法不見得一致，做事的過程也會衍生其他的問題；學校事務每天排山倒海地湧現，學校領導人（校長）需要溝通協調的能力，溝通幹部成員之一致看法，協調各項計畫的整合作為，運用溝通協調來避免相關問題的產生，或者解決衍生的問題。溝通協調的能力在後現代社會中，已形成不可或缺之校長核心能力之一，其主要內涵約略如次：

· 具有清楚表達意見，說明教育原理之能力。

· 善解人意，能夠準確解讀不同意見與立場。

· 善於為不同意見找到共同原則。

· 校務決策能促進多元參與，並尊重各方意見。

· 能掌握關鍵時機與核心人物討論校務。

· 採取走動式領導，充分了解校內民意。

· 能夠營造有利於溝通協調的物理環境與校園氣氛。

（七）應變危機的能力

後現代社會的混沌現象最引人關注，「驅散結構」、「奇特吸引子」、「蝴蝶效應」均可在學校組織運作歷程中產生一定的作用，學校領導者亦可從混沌現象中借力使力，彩繪學校經營的天空（陳木金，

2002）。混沌理論對於學校校長最大的啟示在於「見微知著的能力」以及「危機處理的能力」之培養；「見微知著」的能力是指具備組織中觀察的敏銳度，對於個殊單一事件能夠正確而客觀的覺察其重要性程度，而給與必要的回應，有效導引而不致事態嚴重；「危機處理」的能力是指個殊傷害事件一發生，即能迅速進入學校危機處理系統，運用最經濟的資源運作且將可能傷害降至最低。「見微知著」及「危機處理」能力之結合，稱之為「應變危機的能力」，內涵約略如次：

- ・成立學校危機處理小組，並能帶動定期演練。
- ・重要校務工作均有配套備案，包含危機配套。
- ・定期執行公共安全檢查，維護物理環境安全。
- ・具有及時處理競賽活動爭議能力，維護公平正義教育活動。
- ・具有豐富應變危機知能，能在最短時間內處理危機事件，使學校迅速恢復常態教育功能。
- ・能夠有效處理學校申訴案件，保障師生權益。
- ・能夠督責行政單位，繪製校園危險地圖，並公告師生周知。

（八）研究發展的能力

後現代社會講求「競爭力」的提升，學校為開放性社會系統之一，如何帶領學校持續成長發展，提升競爭力，也形成了學校校長的重要課題，也是形塑校長核心能力趨勢之一。學校的進步與發展必須是逐步漸進的，校長帶領幹部們與教師們投入學校教育的改革工作中，必須兼備研究發展能力的培養，校長本身的學經歷中要有實際研究的經驗，要有能力結合學校教師和幹部在學校中進行行動研究。運用各種類型的行動研究，逐次改善學校行政管理及教學輔導工作與內涵，提升教育品質，並為學校發展瓶頸進行探討診斷，研議可行對策，協助積極正面因子持續在學校產生作用，進而能共同突破瓶頸、蛻變成長。校長研究發展能力已是學校「競爭力」的重要基礎，其主要內涵約略如次：

- 有能力進行教育行動研究。
- 具有碩士以上學位。
- 能夠持續參與在職進修，每年至少 36 小時（2 學分）以上。
- 能夠每年發表學術研究論文或是研討會論文一篇以上。
- 能夠帶動教職員全面參與在職進修，進入學習狀態。
- 能夠督導學校教師每年至少完成教育行動研究一案以上，持續提升班級經營及教學品質。
- 能夠規劃師生教育圖像，策訂中長程校務發展計畫。

依據前述論述，本研究探討校長辦學績效之評鑑指標設定，形成了下列 4 個層次之架構圖，如圖 18-3 所示。

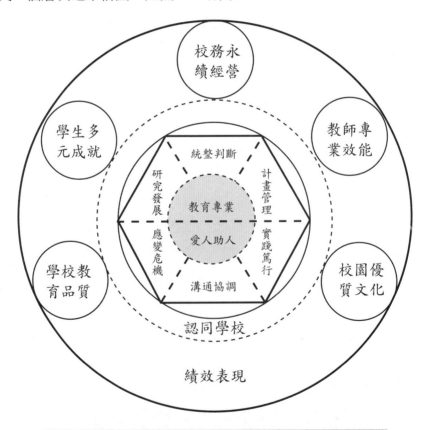

圖 18-3　校長核心能力、學校認同與績效表現架構圖

🦋 二、校長辦學績效表現的理念與應用

（一）校務永續經營方面的理念與應用

從校長核心能力為基礎，透過認同學校、熱愛學校、發揮能量，帶動校務永續經營，方能成為有效能、有貢獻之校長。在這方面的經營理論（或理念），以領導理論及行政管理理論為主，主要包括：願景領導、知識領導、參與式（扁平化）領導、賦權增能、教導型組織理論、本位管理、目標管理、全面品質管理、專業分工，以及績效責任等（如圖 18-4 所示）。

圖 18-4　校務永續經營方面的理念與應用

（二）教師專業效能方面的理念與應用

　　教師為學校最主要的智慧資本，有效能的校長，必須能夠激發全校教師、發揮教師專業效能，從專業素養、課程發展、有效教學方面彰顯教育績效。主要的理論（或理念）包括：專業自主、學習型組織理論、知識管理、課程統整、課程設計模式、潛在課程、學校本位課程及特色課程、編序教學、協同教學與班群教學、團體動力學、形成性評量與多元評量，以及學習社群等（如圖 18-5 所示）。

教育經營學導論——理念、策略、實踐

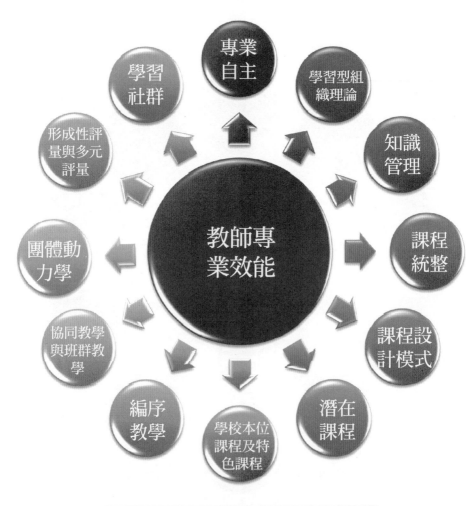

圖 18-5　教師專業效能方面的理念與應用

（三）學生多元成就方面的理念與應用

　　辦學績效的展現必須直接觀察學生，學生多元成就的總合，代表學校校長經營學校成果之一。關於學生多元成就之理論（或理念）包括學習及輔導理論，主要有：學習三律、教學八大原則、十大基本能力、體適能、健康促進學校、多元智能理論、輔導機制、認輔制度、訓育原理輔導化，以及學校（學生）輔導法等（如圖18-6所示）。

圖18-6　學生多元成就方面的理念與應用

（四）校園優質文化方面的理念與應用

　　校園環境包括物理環境、心理環境以及文化環境，校園組織文化則以整體之校園規劃為基礎，帶動心理與文化層面的形塑。在營造校園優質文化方面的理論（或理念）主要有：校園規劃原則、基本設備標準（設備基準）、「物理環境、心理環境、文化環境」、專業示範、實踐篤行、情境營造、風格領導、激勵策略、策略聯盟，以及交互支援等（如圖18-7所示）。

圖 18-7　校園優質文化方面的理念與應用

（五）學校教育品質方面的理念與應用

提升學校教育品質是教育經營的主要目的之一，觀察一位校長的辦學績效，也必須從校長任期中，整體學校的教育品質上升或下降來參照比對。學校教育品質有關的理論（或理念）有：創新經營、行動團隊與行動研究、教師評鑑、教育愛與關照能、輔導網絡（支持網）、永續校園、垂直與水平資源整合、社區與校際資源整合、學習資源網絡，以及整合發展等（如圖 18-8 所示）。

圖 18-8　學校教育品質方面的理念與應用

參、校長辦學績效評鑑指標的建構與討論

依據本章前述「校長辦學績效評鑑的理論基礎」（頁 310）所列學校經營的理論（或理念），整理建構中小學校長辦學績效評鑑指標之六大向度以及 25 個具體評鑑指標，並參酌 48 人次焦點團體成員的意見，統整修飾。主要成果及重要討論建議綜合整理如次。

一、具備校長核心能力向度

本向度包括 5 個具體評鑑指標，內容如表 18-1 所示。

表 18-1　具備校長核心能力評鑑指標

評鑑向度	評鑑指標	佐證資料
具備校長核心能力	1-1 校長具備「教育專業」以及「愛人助人」之能力，其專業表現行為足供學校教師楷模。	1. 校長個人檔案 2. 校長專業成長檔案
	1-2 校長具備「統整判斷」以及「計畫管理」能力，能夠有效主持會議，帶領各處室主任策訂學校發展計畫及年度重點工作。	
	1-3 校長具備「實踐篤行」以及「溝通協調」能力，能夠帶領幹部及學校師生完成課程發展、有效教學等教育任務，達成教育目標。	
	1-4 校長具備「應變危機」以及「研究發展」能力，能夠有效處理突發事件，並帶領教師進行行動研究。	
	1-5 校長熱愛學校師生，認同學校，並承諾盡心盡力投入校務，領導學校發展成優質卓越學校。	

在焦點團體討論中，有 3 個議題出現頻率較高：一為「校長辦學績效與核心能力的關係為何？有必要宣導周知」；二為「指標之敘述均有必要增加說明，否則評鑑等第困難」；三為「第五個指標 1-5 似與核心能力無關，顯得突兀」。

針對第一個及第三個議題，屬於學理之論述，本章前述「校長核心能力與學校智慧資本分析」（頁 310）之說明，可在「校長辦學績效評鑑說明會」上由評鑑主持人向受評校長統一說明，除學理與實務結合之論述外，應接受受評校長之提問，並具體指陳，如何從佐證資料的「校長個人檔案」、「校長專業成長檔案」，以及專業對話中，評核核心能力之等第。

針對第二個議題屬於實務之操作，指標所陳列者僅象徵核心能力之部分行為表現，八大核心能力從抽象到具體之間，由訪評委員以其專業判斷，從校長自評之「實踐與省思」，佐證資料品質，以及對話內涵，來做統整評核。

二、帶動校務永續經營向度

本向度包括 4 個具體評鑑指標，內容如表 18-2 所示。

表 18-2　帶動校務永續經營評鑑指標

評鑑向度	評鑑指標	佐證資料
帶動校務永續經營	2-1 校長能夠形塑學校願景與教育目標，並據以發展學校中長程計畫、學校本位課程及主題教學活動。	1. 學校中長程計畫 2. 學校願景目標結構圖示 3. 學校總體課程計畫 4. 學校輔導機制與補救教學措施
	2-2 校長能夠領導幹部及學校教師，實施正常教學並規劃多元教育活動，有效結合正式課程與潛在課程，實施符合學生需要（產生最大價值）之教育。	
	2-3 校長能夠帶領學校教師為學生建構三級預防輔導機制，並實施領域補救教學措施，帶好每位學生。	
	2-4 校長重視校園環境之整體規劃，適時充實軟硬體設施，並督導物盡其用。	

在焦點團體討論時，此一向度有 3 個議題較引起大家共同關注：一

為「校務永續經營，究為辦學績效之始或結尾？有否必要與第六個向度提升學校教育品質對調？」；二為「就校長領導的立場而言，本向度指標似乎少了課程領導之指標」；三為「何謂三級預防輔導機制，似乎有再界定細目之必要，否則意涵抽象，學校難以配合準備佐證資料或適當說明」。

針對第一個議題，所謂「帶動校務永續經營」重在學校行政效能，並以校長職責立場為基礎，其所能「主動帶動」、「關照整體」之行政效能為主軸而設定之具體指標，4個指標分別以計畫、課程、輔導、環境為指標設計之4個面向，就文字之內容敘述而言，仍為學校經營之始，免與「教育品質」之績效敘述對調。

針對第二個議題，「課程領導」之字眼，雖未直接放置於指標文字之敘述，然第 2-2 的指標內容，實質上已修飾為校長領導學校教師，有效結合正式課程與潛在課程，實施符合學生需要之教育，亦即領導教師以本位管理理念進行課程發展，已有課程領導之實。

針對第三個議題，所謂三級預防之輔導機制，其操作型定義概略如次：加強教師平時之班級輔導及教學中之辨識力，以及認輔教師普遍認輔適應困難及行為偏差學生為初級預防；輔導室針對需要學生所作的小團體輔導及個別諮商為二級預防；學校透過輔導網絡運作，引進資源協助需要之個案心理諮商或診斷治療者為三級預防。就一般學校而言，已普遍實施，此可以從學校輔導機制的綿密程度與運作靈活度，判斷此一向度之辦學績效。

三、激勵教師專業效能向度

本向度包括 4 個具體評鑑指標，內容如表 18-3 所示。

表 18-3　激勵教師專業效能評鑑指標

評鑑向度	評鑑指標	佐證資料
激勵教師專業效能	3-1 校長能激勵學校教師，建置個人及主題教學檔案，並以數位化儲存、分享，有效進行知識創發與管理。	1. 教師教學檔案範本 2. 班級網頁範例 3. 行動研究成果目錄及範例 4. 學校特色課程及主題教學目錄及範例
	3-2 校長能激勵學校教師，全面建置班級網頁及領域（分科）教學網頁，陳列聯絡系統、教學計畫、補充教材、學習成果、經驗分享等重要資訊。	
	3-3 校長能激勵教師積極發展行動研究，自編主題教學教材，持續增進教學效能。	
	3-4 校長能激勵教師組織，策訂全校教師系統性在職進修計畫及辦理教師教學評鑑，落實教師專業服務效能。	

在焦點團體討論時，此一向度的焦點議題有四：(1)指標初稿 3-3 要求學校教師每 2 年參與一項行動研究，自編主題教材一案，大多數學校教師做不到，不適合列為明確評鑑指標；(2)指標初稿 3-4 要求校長激勵教師會主動辦理教師評鑑，恐怕時機尚未成熟；(3)本向度指標之佐證資料勢必浩瀚無涯，如何規範須再斟酌；(4)教師專業效能應呈現在學生成績及行為表現上，如何串連這 2 個向度指標亦為重要的課題。

針對第一個議題，定稿之 3-3 指標，已將「2 年參與一案」以及「完成自編教材一案」之數量規範刪除，僅保留當前指標「校長能激勵教師積極發展行動研究，自編主題教學教材，持續增進教學效能」。將原指標初稿改為方向性指標，再觀察學校教師參與程度，已大幅提高指標之可行性以及妥適性。

針對第二個議題，定稿 3-4 的文字已將「教師會」調整為「教師組織」，以順應當前部分學校沒有教師會之情況，並將「教師評鑑」修正為「教師教學評鑑」，以呼應指標精神所強調的「落實教師專業服務效能」。

針對第三個議題，「教師專業效能」之佐證資料，已增列「佐證資料」專欄，明確規範各向度應提供的佐證資料，未明列者即免提供。本向度僅提列 4 項，並以範本、範例、目錄等為主，無需浩瀚資料。

針對第四個議題，本研究已將「教師專業效能」以及「學生多元成就」兩向度指標接續提列，其主要用意，無非在彰顯此二向度實乃一體兩面，有關教師之績效指標，在學生表現亦觀察得到，且本研究係以校長為主軸，在評鑑學校辦學績效時，校長本身的領導運作，也是串連兩向度指標系統化的重要媒介。

四、彰顯學生多元成就向度

本向度包括 4 個具體評鑑指標，內容如表 18-4 所示。

表 18-4 彰顯學生多元成就評鑑指標

評鑑向度	評鑑指標	佐證資料
彰顯學生多元成就向度	4-1 校長任期中，學生參加全縣性各領域或學科能力測驗，學校成績能在全縣（鄉、鎮）平均數以上，或維持穩定成長。	1. 學生歷年檢測成績統計表及相關措施 2. 學生社團目錄及參與學生統計分析 3. 中輟生及弱勢族群學生學習成就評量方法
	4-2 校長任期中，每年均能規劃多元社團，學生參與率達 50%以上，參與校際競賽社團 30%以上。	
	4-3 校長任期中，鼓勵學生參與各種教育競賽活動，運動表演會應全員參與，藝文社團及主題式競賽活動，校內參與率及校際參與率能呈現穩定成長。	
	4-4 校長任期中，能夠鼓舞學生快樂勤學，沒有中輟學生，或中輟率穩定降低；並倡導多元評量，呈現每一位學生至少有一種表現（潛在的智能因子）在班級或學校平均數以上。	

在焦點團體討論時，本向度之熱門議題，集中在下列 3 項：(1)小學社團已經未排入正式課表，原設定之學生參與率 80%以上，以及參與校

際競賽社團 50%以上，偏遠學校確有困難；(2)全縣性各領域或學科能力普測，教育部已宣布不宜舉行，此項指標的合宜性有爭議；(3)4-4 指標要為所有學生找到合宜的評量方式，似有執行上難度，如何呈現成果尚待考驗。

針對第一個議題，多元社團乃實踐多元智能理論最重要之方法，多元社團之定義應由狹義的「固定社團」發展為廣義的「多元型態」，包括課後照顧班級、攜手計畫團隊，以及藝文、休閒、才藝、球類、靜動態團體活動，每一個學校以廣義的多元社團意涵統整規劃，輔導學生普遍參與，應不難達成指標設定比率。故定稿指標已下修 50%及 30%，執行上應已具可行性。

針對第二個議題，教育部雖未鼓勵各縣市舉辦學科普測，然亦未有明確法令禁止。就當代講究教育績效之訴求，宜蘭縣自行發展學科檢測資料庫，要求每校自資料庫中科學取樣、自行施測、跨校評比，並由教育處發展縣、鄉（鎮）、校三級常模，提供各校檢討，改善班級教學，此乃辦理辦學績效評鑑最客觀且最直接的有效工具，本縣仍可開展。

針對第三個議題，多元評量方式的開發，在為部分不適合紙筆或單一評量方式的學生找到成就感，是指標設定之最大旨趣。佐證資料中的「中輟生及弱勢族群學生學習成就評量方法」，由學校有輔導這些學生經驗之老師，統整設定後，再於學校中推廣，即可滿足指標訴求。

五、營造校園優質文化向度

本向度有 4 個具體評鑑指標，指標內容如表 18-5 所示。

表 18-5　營造校園優質文化評鑑指標

評鑑向度	評鑑指標	佐證資料
營造校園優質文化	5-1 校長能夠帶動全校教師和職工熱愛學生，善盡有效教學及輔導學生天職，讓一般學生及弱勢族群學生均得致妥善照顧。	1. 學校重點工作計畫及中大型教育活動實施計畫與成果 2. 學校經典計畫分工與實施方式分析
	5-2 校長能夠帶動全校教師和職工積極任事，力求績效，每一位教師、行政人員、基層職工均有能量最大化的表現。	
	5-3 校長能夠促進處室人員及教師們交互支援，共同承擔教育活動之規劃與執行，善盡個人職責並提升組織效能。	
	5-4 校長能夠營造和諧共榮氣氛，每位教師和職工及學生均能認同學校，以學校為榮，並承諾為學校持續奉獻心力。	

在焦點團體討論時，大家關切的議題集中在下列三項：(1)「校園組織文化為一抽象概念，這些指標何以能代表優質文化？有論述說明之必要」；(2)「5-4 指標似與 1-5 指標內涵重疊」；(3)「本向度能否有具體的量化指標可予設定」。

針對第一個議題，本向度之指標設定，係從「熱愛學生→積極任事→交互支援→和諧共榮」等四個策略點著力，期待校園文化的績效表現為「妥善照顧→最大表現→提升組織效能→願意持續奉獻心力」，已為理論與實務作最大之融合；學校呈現之佐證資料及與校長訪談結果，即可判斷學校組織文化發展之階層，優質化學校與惡質化學校均可觀察。

針對第二個議題，就整體指標敘寫而言，似有重複，然兩個面向的重點不同：第一個面向強調校長本身要認同、要喜愛這個學校，進而願意為這個學校奉獻心力；本向度所強調者為「教師和職工」，他們也認同、喜愛這個學校，承諾為這個學校持續奉獻心力，即為這個學校之最大智慧資本。

針對第三個議題，組織文化發展之觀察，確實難找量化的具體指標。

如要擴充界定，頂多以「學校事件」來論述其優質化或惡質化傾向。本向度指標之設定，除前述議題一強調之學理與重點外，受評學校校長在訪談中所陳述的學校事件，亦可為判準上之參照。

六、提升學校教育品質向度

本向度設定 4 個具體評鑑指標，指標內容如表 18-6 所示。

表 18-6　提升學校教育品質評鑑指標

評鑑向度	評鑑指標	佐證資料
提升學校教育品質	6-1 校長能夠有效實踐中長程校務發展計畫，及時引進教育資源，得使學校之師資素養、課程設計、環境規劃及科技設施等條件，均達設備基準以上。	1. 弱勢族群學生名冊及輔導補救教學措施 2. 校內外競賽活動參賽及得獎統計分析 3. 學校重要設施使用及維護情形
	6-2 校長能夠領導全校教師和職工，遵循教育機會均等理念、績效管理、全面品質管理等要義發揮在教學及教育活動上，具備標準化的教育歷程。	
	6-3 校長能夠鼓勵全校師生積極參與校內外各項教育競賽活動，其參加校際競賽活動得獎率能在全縣（或鄉鎮）學校平均數以上或呈現穩定成長。	
	6-4 校長能夠帶領全校教師和職工，落實「均等」、「適性」的教育，邁向「沒有落後的孩子」及「帶好每位學生」的教育品質（達成率95%以上）。	

在焦點團體討論時，大家最關切之議題，集中在下列 4 項：(1)「提升教育品質究為起頭或結果？」；(2)「指標 6-2 及 6-4 直接使用教育理念或教育理想，作為實踐指標參照點，可能會產生無法區隔之判斷」；(3)「指標 6-3 參加校際競賽得獎率要求在全縣（或鄉鎮）學校平均數以上，可能對偏遠地區學校校長十分不公」；(4)「指標 6-1 之設備基準以

及指標 6-2 之標準化教育歷程，其與教育品質之關係，尚待說明論述」。

　　針對第一個議題，本研究中的「具備校長核心能力向度」已有論述，提升教育品質之訴求，本研究列為評鑑結果的另一緣由，是因為 Stufflebeam 曾說評鑑不在證明而在改善，持續提升學校教育品質乃進行各種教育評鑑之最大目的，校長辦學績效評鑑，其最終旨趣亦然。提升學校教育品質向度亦含有總結評鑑之意謂。

　　針對第二個議題，本研究強調評鑑應具有三大發展趨勢：指標標準化、方式專業化，以及內涵理念化。因此，指標文字部分使用理論（或理念）引導學校經營方向，校長領導時，能以理論（或理念）作為規劃及執行所有教育措施之基礎，才能帶領學校邁向「應然」的境界發展，此為本方案之特色。

　　針對第三個議題，偏遠地區學校派學生參與校際競賽之比率，確實比都會區學校要困難幾倍，是以在定稿的指標文字敘述，已增加了「或呈穩定成長」之內容，其目的在鼓勵偏遠地區學校也能走出鄉間，與都會接軌、與國際接軌，擴大教育視野、提升教育品質。

　　針對第四個議題，學校設施符合設備基準以上乃在確保教育活動水準達到「均等」的訴求，而標準化教育歷程乃在實踐「全面品質管理」，並為「績效責任」設定具體檢核點，在學校的實際運作中尚難有具體佐證的資料；然在專業對談之中，由校長本身之論述與學校能否實踐之情形，亦可以觀察學校之教育品質。

❤ 肆、校長辦學績效評鑑實施方式的建構與討論

　　校長辦學績效評鑑之實施，可從期限年度、自評方式、委員評鑑、等第評核，以及結果運用等面向設定，研究者將第一階段焦點團體之建議，依據學理分析結果，參酌專業化、標準化、理想化趨勢，兼顧實際運作之可行性與妥適性，設定實施方式，再與第二階段的焦點團體討論

修飾。茲摘述設定成果與討論歷程如次。

一、評鑑期程年度

本研究將校長辦學績效評鑑之期程年度，設定為任期屆滿年。凡是校長任期屆滿，必須申請連任或參與他校遴選者，均應辦理校長辦學績效評鑑，以評鑑的具體成果做為獲得遴選成功之主要基礎。宜蘭縣的中小學校長任期為 4 年，凡 4 年屆滿或中途需要它調之校長，均由縣政府教育處辦理校長辦學績效評鑑。

在焦點團體討論時，有關評鑑期限年度的議題，集中在兩方面：一為「如何避開與校務評鑑同年，避免一個學校（校長）一年中同時面對 2 個評鑑，讓學校準備辛苦，影響正常教學」；二為「評鑑涉及資料的準備，資料的準備與指標有關，因此校長辦學績效評鑑指標，如能與校務評鑑指標多數重疊，則 2 個評鑑可盡量排在同一年度；如果 2 個評鑑指標重疊性不高，勢必要有 2 套不同之佐證資料，則在不同年度中舉行似乎較佳」。

針對此兩個議題之討論，研究者主張校務評鑑之辦理已經常態化，每一個學校每 4 年辦理一次已成定制，可以免再調整。至於校長辦學績效評鑑則依校長本身之任期與其遷調之意願考量，其必須參加當年度遴選者，則申請接受校長辦學績效評鑑。2 個評鑑如在同年舉行，成績參照各占一半，2 個評鑑如在不同年舉行，仍以校長辦學績效評鑑的成績優先參照，因其在當年辦理，較具時效性與客觀性。

至於資料勢須準備兩套的問題，因本研究設定之「校長辦學績效評鑑指標」，除了第一個評鑑向度是評校長自身的核心能力與學校認同之外，其他 5 個評鑑向度指標均可適用於校務評鑑之有關向度中；唯本研究設定之指標內容已提高層次，重在學校整體運作之成果績效，要有系統分析資料，明年或以後之校務評鑑指標修正時統整納入，即可儘量兼籌並顧，為宜蘭縣教育評鑑工作開拓新的里程。

二、自評方式

本研究仍依一般教育評鑑之傳承，將校長辦學績效評鑑之歷程設定為由校長自評，再由教育處聘請訪評委員進行委員評鑑。校長自評方式，除基本資料需提列學校教師數、學生數、班級數、校長辦學理念，以及主要績效成果外，再依六大評鑑向度，參照評鑑指標內容，撰寫「實踐與省思」，並準備佐證資料。茲以第二個向度「帶動校務永續經營」為例，自評格式如表 18-7 所示。

表 18-7　帶動校務永續經營自我評鑑表（範例）

評鑑向度	評鑑指標	佐證資料
帶動校務永續發展	2-1 校長能夠形塑學校願景與教育目標，並據以發展學校中長期計畫、學校本位課程及主題教學活動。	1. 學校中長程計畫 2. 學校願景目標結構圖示 3. 學校總體課程計畫 4. 學校輔導機制與補教教學措施
	2-2 校長能夠領導幹部及學校教師實施正常教學，並規劃多元教育活動，有效結合正式課程與潛在課程，實施符合學生需要（產生最大價值）之教育。	
	2-3 校長能夠帶領學校教師為學生建構三級預防輔導機制，並實施領域補教教學措施，帶好每位學生。	
	2-4 校長重視校園環境之整體規劃，適時充實軟硬體設施，並督導物盡其用。	
自我評鑑（質化陳述） 實踐與省思		

在焦點團體討論時，自評方式大家最為關切的議題有二：一為「實踐與省思內容的撰寫要多還是要少？是否每個指標都要應對撰寫」；二為「部分校長的辦學績效很有特色，然而評鑑指標並未包括在內，是否可將此項成果也可在實踐與省思之自評欄位中呈現」。

針對第一個議題，本研究留存供受評校長撰寫之欄位十分有限，理論上不希望寫太多的內容，也不主張依據指標逐條應對來撰述。研究者希望受評校長能依據本向度評鑑指標為引導，系統思考後，將其最重要的績效與心得條列敘述即可，重在內容的精要、細緻，且能具體回應指標意涵。

針對第二個議題，本研究認為目前之評鑑思潮已進入第四代評鑑，也就是所謂的「回應性評鑑」，受評者本身可以對指標及方式表達意見，且可以選擇符合其價值的評鑑與指標。因此，受評校長本身之「實踐與省思」內容，可以超越評鑑指標所規範內涵，然亦不能漫無限制，從學理上論述，應在「評鑑向度」範圍之內，且應超越所定指標的層次，代表更具教育價值的工作績效。

三、委員評鑑

在各種教育評鑑實施方式中，委員評鑑被稱為「真正的評鑑」，因為其為主管機關聘請的專業委員，代表主管機關所進行的「外部評鑑」，也是整體評鑑的行為中，具有價值判斷，核給評鑑等第的階段工作，學校與受評者最為關注，壓力也最大。就評鑑體制的設計而言，也是攸關評鑑功能能否發揮，能否尋獲評鑑價值之所在。

本研究設定之「委員評鑑」，主要內涵有四：(1)委員以 2 位專業人員為原則，最好一位是學者專家，另一位為資深的績優校長；(2)訪評時間共計 3 個小時，以半天完成為原則；(3)訪評方式除約 30 分鐘之簡報外，以直接訪談為主，訪談中一位委員得輪流參閱佐證資料；(4)當天需完成評鑑報告之撰寫及等第之判準。

焦點團體討論時，大家關切的議題有三：一為「委員僅 2 位，能夠客觀地評斷一個校長的辦學績效嗎」；二為「評鑑之進行僅 3 個小時，是否會被表面的資料與簡報所引導，無法真正了解校長的辦學績效，失去公允」；三為「訪談係一種研究上的方法，用在評鑑上的合宜性問題是否需更為謹慎」。

針對第一個議題，訪評委員僅 2 位，係基於 3 種考量：(1)經費；(2)專業；(3)時限。在這三重限制之下，僅能以最專業而精粹的人力執行本項任務，研究者主張，愈是高層次的評鑑，其評鑑委員愈少；愈是專業的業務，取代性的人員愈少，此項重責大任亦有執行的可行性與妥適性。

針對第二個議題，3 個小時的訪談（含簡報）能否有足夠時間來了解一位校長之辦學績效？此一問題決定在訪評委員的專業素養與經驗上，受聘之評鑑委員本身之基本學歷至少要碩士以上（博士更佳），並要有教學教育行政學、領導及管理的專門學養，更要有中小學實務歷練者最佳。本研究期待宜蘭縣的校長辦學績效評鑑實施時，能參照此一建議敦聘訪評委員。

針對第三個議題，訪談雖是一種研究方法，然而當代的研究方法論已日趨實用。研究者認為，引導其用在評鑑的執行，尤其是高度專業人員的評鑑，本來就是一種專業對話的歷程，本研究希望其具體實現。

委員評鑑的操作工具接續在自我評鑑「實踐與省思」欄位之下，開闢綜合評述欄位，依據六大向度，由評鑑委員撰寫「特色與評論」，而且核定本向度之等第（通過、待觀察、未通過）。茲以「帶動校務永續經營」向度示範委員評鑑表，如 18-8 所示。

表 18-8　委員評鑑表（範例）

評鑑向度		評鑑指標	佐證資料
帶動校務永續經營		2-1 校長能夠形塑學校願景與教育目標，並據以發展學校中長程計畫、學校本位課程及主題教學活動。	1. 學校中長程計畫 2. 學校願景目標結構圖示 3. 學校總體課程計畫 4. 學校輔導機制與補教教學措施
		2-2 校長能夠領導幹部及學校教師實施正常教學並規劃多元教育活動，有效結合正式課程與潛在課程，實施符合學生需要（產生最大價值）之教育。	
		2-3 校長能夠帶領學校教師為學生建構三級預防輔導機制，並實施領域補救教學措施，帶好每位學生。	
		2-4 校長重視校園環境之整體規劃，適時充實軟硬體設施，並督導物盡其用。	
自我評鑑（質化陳述）	實踐與省思		
委員評鑑（綜合評述）	特色與評論		
	核等		
備註			

四、等第與結果運用

評鑑是提升教育品質之重要手段，評鑑之後評斷其等第，並作為校長遴選時之參考，希望提供遴選委員更客觀地判準每一位校長候選人，遴選出最優質的人員（辦學績效較佳的人）擔任校長，奠定宜蘭縣中小學教育之基礎，此乃本研究之最大旨趣，然亦因其評鑑的結果影響現任校長頗大，備受關注與爭相討論。

本研究設定之等第分為三級：「通過」、「待觀察」及「未通過」，並建議為表揚優質之校長，在通過的等級可再細分為「特優」、「優等」及「良好」三等；特優及優等之校長給予公開表揚，並優先遴選至其有意願之學校服務。在結果運用方面，本研究建議三項：(1)評鑑報告經教育處主管及縣長核閱後留存教育處，直至當事人卸任校長後3年；(2)辦學績效評鑑連同校務評鑑結果，摘要提供校長遴選委員會參考；(3)獲得特優及優等之校長，每年至少3至5位獲有優先選擇學校之尊榮。

在焦點團體討論時，大家最關切的議題有二：一為「校長辦學績效評鑑的結果，真正提供給遴選委員做參考時，其實際的影響作用究為多大？是否會大家白忙一場，而缺乏實質的功能」；二為「是否會因為訪評委員的不適任，或是受評校長與訪評委員合不來而有負面的評價，直接影響受評校長遴選結果」。

針對第一個議題，此涉及縣長及教育處處長的政策決定權，如果兩位首長重視校長辦學績效之評鑑結果，妥善運用評鑑報告，則評鑑後果的影響程度，勢必逐次擴大；如果兩位首長未將具體結果提供給遴選委員（僅約略分析概要），則實際影響力勢必未如預期。本研究僅能善盡研究理論，將專業指標、實施方式以及注意事項妥善規劃提供，期待有高品質的報告產生與留存；研究者也相信愈是高品質的評鑑報告，愈有可能被妥善運用，其實際的影響力，也勢必相對提高。

針對第二個議題，本研究建議校長辦學績效評鑑執行時，受評校長

得提供訪評委員「迴避名單」，而主管機關並應先公告「應行迴避名單」，迴避名單之機制，用意在避免過於「親近」及「有過節（不對味）」的人擔任訪評委員，影響「訪評歷程」及「訪評結果」的客觀性。研究者相信，迴避名單機制的實施，將協助宜蘭縣有效執行校長辦學績效評鑑業務外，並將可能的缺失降至最低。

伍、宜蘭縣中小學校長辦學績效評鑑實施要點

一、評鑑目的

（一）了解校長辦學現況，提升校長辦學績效。

（二）形塑校長專業典範，獎勵卓越楷模領導。

（三）增進校長校務經營，全面提升國教品質。

二、評鑑對象

本縣所屬中小學 100 校。

三、辦理期程

自 2009 年 5 月起。

四、評鑑項目

分「具備校長核心能力」、「帶動校務永續經營」、「激勵教師專業效能」、「彰顯學生多元成就」、「營造校園優質文化」、「提升學校教育品質」等六大項，各項分別訂定評鑑指標與佐證資料。

五、評鑑方式

（一）校長自評：各校校長應依照本要點評鑑手冊及所附表件辦理

自評。

（二）委員評鑑：由本縣教育處聘請委員到校評鑑。

六、實施步驟

（一）校長辦學績效評鑑說明會。

（二）校長自評

　　1.各校校長得依據評鑑向度及指標內容進行自評，撰寫實踐與省思。

　　2.完成自評報告，並依規定函報教育處。

（三）委員評鑑

　　1.校長簡報辦學理念與經營績效。

　　2.辦學績效訪談（依六大向度指標進行）。

　　3.訪查資料與實務。

　　4.完成訪評報告。

七、評鑑程序

上午時間	下午時間	工作項目	主持人
8:40～9:00	13:40～14:00	評鑑委員報到	受評學校校長
9:00～9:40	14:00～14:40	校長報告辦學理念與經營績效	評鑑委員 受評學校校長
9:50～11:40	14:50～16:40	辦學績效訪談（參閱資料）	評鑑委員 受評學校校長
11:40～12:00	16:40～17:00	意見交流（完成訪評報告）	召集委員 受評學校校長
12:00	17:00	行程結束	

八、結果應用

（一）各校校長評鑑結果於委員到校評鑑後兩週內，經教育處首長認可後告知受評校長，包括總成績等第及向度成績等第。

（二）各校校長辦學績效評鑑等第及成果，將提供校長遴選續任或轉任他校之參考。

九、獎勵措施

（一）校長辦學績效成績獲得通過者，得依評定情形予與校長敘獎鼓勵。

評定成績	敘獎標準
特優	記功一次
優等	嘉獎二次
良好	嘉獎一次

（二）校長辦學績效總成績經評定為特優之校長，由教育處選定為楷模校長，由縣長頒獎表揚。

十、評鑑經費

所需經費由縣政府教育處編列專款經費支應。

宜蘭縣國民中小學校長辦學績效評鑑基本資料表

校　　名		地　　址	
校長姓名		到任時間	
班 級 數	＿＿班（普通班＿班／特教班＿班／幼稚園＿班／補校＿班）		
學生人數		教師數		職員人數	

辦學理念	（能夠與學校之需求及特色結合者優先闡述）
績效成果	（摘述主要績效或成果，不逾六點）

342

教育經營學導論——理念、策略、實踐

一、具備校長核心能力評鑑表

評鑑向度	評鑑指標	佐證資料	自評等第	
具備校長核心能力	1-1 校長具備「教育專業」以及「愛人助人」之能力，其專業表現行為足供學校教師楷模。	1. 校長個人檔案 2. 校長專業成長檔案	特優	通過
	1-2 校長具備「統整判斷」以及「計畫管理」能力，能夠有效主持會議，帶領各處室主任策定學校發展計畫及年度重點工作。		優等	
	1-3 校長具備「實踐篤行」以及「溝通協調」能力，能夠帶領幹部及學校師生完成學校課程發展、有效教學等教育任務，達成教育目標。		良好	
	1-4 校長具備「應變危機」以及「研究發展」能力，能夠有效處理突發事件，並帶領教師進行行動研究。		待觀察	
	1-5 校長熱愛學校師生，認同學校，並承諾盡心盡力投入校務，領導學校發展成優質卓越學校。		未通過	
自我評鑑（質化陳述）	實踐與省思			
委員評鑑（綜合評述）	特色與評論			
	核等			
備註				

二、帶動校務永續經營評鑑表

評鑑向度		評鑑指標	佐證資料	自評等第	
帶動校務永續經營		2-1 校長能夠形塑學校願景與教育目標，並據以發展學校中長程計畫、學校本位課程及主題教學活動。	1. 學校中長程計畫 2. 學校願景目標結構圖示 3. 學校總體課程計畫 4. 學校輔導機制與教學輔導補救教學措施	特優	通過
		2-2 校長能夠領導幹部及學校教師實施正常教學並規劃多元教育活動，有效結合正式課程與潛在課程，實施符合學生需要（產生最大價值）之教育。		優等	
		2-3 校長能夠帶領學校教師為學生建構三級預防輔導機制，並實施領域補教教學措施，帶好每位學生。		良好	
		2-4 校長重視校園環境之整體規劃，適時充實軟硬體設施，並督導物盡其用。		待觀察	
				未通過	
自我評鑑（質化陳述）	實踐與省思				
委員評鑑（綜合評述）	特色與評論				
	核等				
備註					

三、激勵教師專業效能評鑑表

評鑑向度	評鑑指標	佐證資料	自評等第	
激勵教師專業效能	3-1 校長能激勵學校教師，建置個人及主題教學檔案，並以數位化儲存、分享，有效進行知識創發與管理。	1. 教師教學檔案範本 2. 班級網頁範例 3. 行動研究成果目錄及範例 4. 學校特色課程及主題教學目錄及範例	特優	通過
	3-2 校長能激勵學校教師，全面建置班級網頁及領域（分科）教學網頁，陳列聯絡系統、教學計畫、補充教材、學習成果、經驗分享等重要資訊。		優等	
	3-3 校長能激勵教師積極發展行動研究，自編主題教學教材，持續增進教學效能。		良好	
	3-4 校長能激勵教師組織，策訂全校教師系統性在職進修計畫及辦理教師教學評鑑，落實教師專業服務效能。		待觀察	未通過
			未通過	
自我評鑑（質化陳述）	實踐與省思			
委員評鑑（綜合評述）	特色與評論			
	核等			
備註				

評鑑向度	評鑑指標	佐證資料	自評等第	
彰顯學生多元成就	4-1 校長任期中,學生參加全縣性各領域或學科能力測驗,學校成績能在全縣(鄉、鎮)平均數以上,或維持穩定成長。	1.學生歷年檢測統計成績表及相關措施 2.學生社團目錄與統計團及學生分析及輟生勢學習 3.中族群學成就量方法	特優 / 優等 / 良好	通過
	4-2 校長任期中,每年均能規劃多元社團,學生參與率達50%以上,參與校際競賽社團30%以上。			
	4-3 校長任期中,鼓勵學生參與各種教育競賽活動,運動表演會應全員參與,藝文社團及主題式競賽活動,校內參與率及校際參與率能呈現穩定成長。		待觀察	
	4-4 校長任期中,能夠鼓舞學生快樂勤學,沒有中輟學生,或中輟率穩定降低;並倡導多元評量,呈現每一位學生至少有一種表現(潛在的智能因子)在班級或學校學生平均數以上。		未通過	
自我評鑑(質化陳述)	實踐與省思			
委員評鑑(綜合評述)	特色與評論			
	核等			
備註				

五、營造校園優質文化評鑑表

評鑑向度	評鑑指標	佐證資料	自評等第
營造校園優質文化	5-1 校長能夠帶動全校教師和職工熱愛學生，善盡有效教學及輔導學生天職，讓一般學生及弱勢族群學生均得致妥善照顧。	1. 學校重點工作計畫及中型教育活動計畫與成果 2. 學校經典計畫分工與實施方式分析	特優　優等　良好　待觀察　未通過 ／ 通過
	5-2 校長能夠帶動全校教師和職工積極任事，力求績效，每一位教師、行政人員、基層職工均有能量最大化的表現。		
	5-3 校長能夠促進處室人員及教師們交互支援，共同承擔教育活動之規劃與執行，善盡個人職責並提升組織效能。		
	5-4 校長能夠營造和諧共榮氣氛，每位教師和職工及學生均能認同學校，以學校為榮，並承諾為學校持續奉獻心力。		
自我評鑑（質化陳述）	實踐與省思		
委員評鑑（綜合評述）	特色與評論		
	核等		
備註			

六、提升學校教育品質評鑑表

評鑑向度	評鑑指標	佐證資料	自評等第
提升學校教育品質	6-1 校長能夠有效實踐中長程校務發展計畫，及時引進教育資源，得使學校之師資素養、課程設計、環境規劃及科技設施等條件，均達設備基準以上。 6-2 校長能夠領導全校教師和職工，遵循教育機會均等理念、績效管理、全面品質管理等要義發揮在教學及教育活動上，具備標準化的教育歷程。 6-3 校長能夠鼓勵全校師生積極參與校內外各項教育競賽活動，其參加校際競賽活動得獎率能在全縣（或鄉鎮）學校平均數以上或呈現穩定成長。 6-4 校長能夠帶領全校教師和職工，落實「均等」、「適性」的教育，邁向「沒有落後的孩子」及「帶好每位學生」的教育品質（達成率95%以上）。	1. 弱勢族群學生名冊及補救教學輔導措施 2. 校內外競賽活動參與得獎及統計分析 3. 學校重要設施使用及維護情形	特優 優等 良好　通過 待觀察 未通過
自我評鑑（質化陳述）	實踐與省思		
委員評鑑（綜合評述）	特色與評論		
	核等		
備註			

七、總評報告表

	實踐與省思	建議事項
校長自我評鑑		
委員評鑑		評核等第
		特優 / 優等 / 良好 → 通過
		待觀察
		未通過

八、校長辦學績效評鑑結果摘要表

評鑑向度	通過			待觀察	未通過
	特優	優等	良好		
壹·具備校長核心能力					
貳·帶動校務永續經營					
參·激勵教師專業效能					
肆·彰顯學生多元成就					
伍·營造校園優質文化					
陸·提升學校教育品質					
總評					

〔本文原為 2007 年，宜蘭縣政府教育處委託，「宜蘭縣國民中小學校長辦學績效評鑑指標與實施方式研究總結報告」第十八章摘要。〕

✿ 參考文獻 ✿

中文部分

方炳林（1979）。**教學原理**。台北市：教育文物。

王宗年（1992）。**建築空間藝術及技術**。台北市：台北斯坦公司。

台北市立教育大學（2009）。**中小學校長培育班課表**。2009 年 9 月 28 日，取自台北市立教育大學網站資料。

吳明儒（2007）。**台灣老農津貼政策歷程之研究（1995～2008）**。國立中正大學社會福利研究所碩士論文，未出版，嘉義縣。

吳清山（2008）。**台北市教育 111 推動委員會第一次會議（2008.12.18）紀錄**。

吳清山（2009）。教育 111 的理念。**載於臺北市 98 學年度第 1 學期校長會議手冊**（頁 7-16）。台北市。

吳清山、林天祐（2005）。**教育新辭書**。台北市：高等教育。

李冠嫻（2007）。新加坡校長培育制度對我國校長培育模式建構之啟示。**學校行政雙月刊，47**，299-315。

沈介文、蔡美怡（2003）。公關專業人員核心能力認知之跨國比較。**東海管理評論，5**（1），71-92。

林文律（1999）。從校長必備能力看校長培育。**現代教育論壇（五）**，168-178。

林文律（2000）。美國校長證照制度。**國立臺北師範學院學報，13**，65-90。

林明地（2002）。**校長學──工作分析與角色研究取向**。台北市：五南。

林清山等（1997）。**有效的學習方法**。台北市：教育部。

林清江（1991）。教育機會均等理想的實現（一）。載於林清江，**文化發展與教育改革**（頁 127-133）。台北市：五南。

林新發（1998）。學習型組織與學習型學校。**國民教育，39**（2），11-18。

林寶山（1988）。美國人文主義教育改革計畫及課程方案之分析。載於中國教育學會（主編），**迎接 21 世紀的教育改革**（頁 99-129）。台北市：台灣書店。

林寶山（1998）。**教學論**。台北市：五南。

徐西森（1997）。**團體動力與團體輔導**。台北市：心理。

秦夢群（2000）。**教育行政——理論部分**。台北市：五南。

秦夢群（2003）。**國民中小學校長評鑑指標建構——以階層分析法為主**。行政院國家科學委員會專題研究計畫成果報告（計畫編號：NSC91-2413-H-004-002）。

秦夢群（2007）。校長培育制度之趨勢分析——以英、美及新加坡為例。**學校行政雙月刊，51**，1-18。

國立台北教育大學教育政策與管理研究所（2006）。**國立台北教育大學教育政策與管理研究所簡介**。台北市：作者。

國立教育資料館（2009）。**國民中小學校長專業能力發展標準**。2009 年 9 月 28 日，取自國立教育資料館網站資料。

張明輝（2004）。從後現代觀點看學校校長的關鍵能力。**現代教育論壇**（八），25-36。

張新仁（2004）。中小學教師教學評鑑工具之發展編製。載於國立台灣師範大學教育研究中心（主編），**教育評鑑回顧與展望學術研討會論文集**（頁 41-55）。台北市：國立台灣師範大學。

張德銳（2002）。以教學檔案提升教師教學效能。**教育研究月刊，104**，25-31。

張德銳（2004）。專業發展導向教師評鑑的規劃與推動策略。載於國立台灣師範大學教育研究中心（主編），**教育評鑑回顧與展望學術研討會論文集**（頁 28-40）。台北市：國立台灣師範大學。

教育部（1999）。**建立學生輔導新體制——教學、訓導、輔導三合一整合實驗方案申請試辦手冊**。台北市：教育部訓育委員會。

教育部（2000）。**課程統整**。台北市：教育部國民教育司。

教育部（2002）。**創造力白皮書**。台北市：教育部。

教育部（2003）。**友善校園總體營造計畫**。台北市：教育部訓育委員會。

教育部（2004）。**教育部未來四年施政主軸及行動方案**。台北市：教育部祕書室。

教育部（2005）。**健康促進學校實施計畫**。台北市：教育部。

郭為藩（1982）。特殊教育工作者的信念。載於郭為藩等，**當代教育理論與實際**（頁 577-589）。台北市：五南。

陳木金（2003）。知識本位學校領導人才培養與訓練之模式探討。載於**中等學校行政革新學術研討會論文集**（頁 63-81）。台北市：國立政治大學。

陳木金、陳宏彰（2006）。NPQH 模式對我國校長培育制度建構之啟示。**教育研究，142**，69-89。

陳佩芝（2006）。**台北縣運用策略聯盟發展九年一貫課程之研究**。國立花蓮教育大學國民教育研究所碩士論文，未出版，花蓮市。

陳俐君（2008）。**核心能力關鍵因素之研究——以中部某大學企管系為例**。私立逢甲大學企業管理研究所碩士論文，未出版，台中市。

湯志民（2000）。**學校建築與校園規劃**。台北市：五南。

黃一峰（2001）。高級文官核心能力架構之初探。**人事月刊，33**（2），42-50。

黃三吉（2009）。校長領導的理論與實踐。**載於 2010 台北縣邁向卓越學校——指標系統與行動方案**（頁 54-61）台北縣：台北縣政府教育局。

黃光雄（1984）。課程設計的模式。載於楊亮功先生九秩華誕紀念論文編輯小組（主編），**中國教育的展望**（頁 287-314）。台北市：五南。

黃昆輝（1986）。**教育行政學**。台北市：東華。

黃炳煌（1987）。**教育問題透視**。台北市：心理。

楊亮功（1972）。**中西教育思想之演進與交流**。台北市：商務印書館。

鄒惠娟（2006）。**台北縣三芝國民小學校務發展計畫**。載於 2006 年國立台北教育大學教育政策與管理研究所，校長博士學分班教育計畫專題研究實習作業。

蔡保田（1977）。**學校建築學**。台北市：台灣商務印書館。

鄭玉疊（2006）。**台北縣思賢國民小學校務發展計畫**。載於 2006 年國立台北教育大學教育政策與管理研究所，校長博士學分班教育計畫專題研究實習作業。

鄭崇趁（1991）。**教育與輔導的發展取向**。台北市：心理。

鄭崇趁（1998a）。**教育計畫與評鑑**。台北市：心理。

鄭崇趁（1998b）。**教育與輔導的軌跡**。台北市：心理。

鄭崇趁（1999）。**整合導向評估模式之運用——以教育部輔導六年工作計畫為例**。國立政治大學教育學系博士論文，未出版，台北市。

鄭崇趁（2000）。教訓輔三合一的主要精神與實施策略。**學生輔導雙月刊，66**，14-25。

鄭崇趁（2002）。交互作用、整合發展——教訓輔三合一方案的管理哲學。載於**九十一學年度師範校院教育學術論文發表會論文集**（頁 59-75）。嘉義市：國立嘉義大學。

鄭崇趁（2003）。行動團隊活化校園。**國語日報**，13 版。

鄭崇趁（2005）。**新台灣之子的教育策略——論 21 世紀新台灣教育的四大根基五大政策**。發表於 2005 台灣教育學術研討會。台東市：國立台東大學。

鄭崇趁（2006a）。**教育的著力點**。台北市：心理。

鄭崇趁（2006b）。**國民中小學校務評鑑指標與實施方式研究**。台北市：心理。

鄭崇趁（2006c）。學校創新經營的積極策略。**教育研究月刊，145**，50-58。

鄭崇趁（2006d）。校長專業證照與辦學績效評鑑（草案）。**北縣教育**，

62，21-27。

鄭崇趁（2007）。卓越學校的理論基礎。載於**台北縣卓越學校經營手冊——指標系統**（頁3-34）。台北縣：台北縣中小學校長協會。

鄭崇趁（2008a）。正向管教理念中的班級經營策略。**學生輔導雙月刊，105**，30-41。

鄭崇趁（2008b）。策訂優質中長程校務發展計畫要領。載於**導航創刊號**（頁5-13）。基隆市：基隆市政府教育處。

鄭崇趁（2008c）。教育若水　順性揚才。**清流月刊，2008 年 3 月號**，80-82。

鄭崇趁（2009a）。卓越學校行政經營的理念與策略。**2010 台北縣邁向卓越學校——指標系統與行動方案**（頁62-75）。台北縣：台北縣政府教育局。

鄭崇趁（2009b）。學校如何有效統整教育資源及關懷弱勢族群學生。**教師天地，160**，17-23。

鄭崇趁（2009c）。教育經營學的主要內涵。**國民教育雙月刊，49**（6），10-22。

鄭崇趁（2009d）。一個都不少的教育理念與實踐。載於**兩岸高等教育革新與發展——教育哲學與歷史學術研討會論文集**（頁 132-151）。台北市：國立台北教育大學。

謝文全（2004）。**教育行政學**。台北市：高等教育。

羅虞村（1986）。**領導理論研究**。台北市：文景。

英文部分

Adler, M. J. (1982). *The paideia proposal: An educational manisfesto*. New York: Macmillan.

Anderson, C. A. (1967). Theoretical consideration in educational Planning. In *The World Year Book of Education* (pp. 17-19). London.

Gardner, H. (1983). *Frames of mind: The theory of multiple intelligence.* New York: Basic Books.

Harvard Graduate School of Education (2007). *School leadership curriculum: Principal licensure strand.* Retrieved October 1, 2009, from http://www.gse.harvard.edu/academics/masters/slp/principal_licensure.html

National College for School Leadership [NCSL] (2007). *Guidance on the mandatory requirement to hold the National Professional Qualification for Headship (NPQH).* Retrieved October 1, 2009, from http://ncsl.org.uk/programmes/npqh/npqh-mandatory

National Institute of Education [NIE] (2001). *Leaders in education programme: Presentation of innovation projects.* Retrieved October 1, 2009, from http://www.nie.edu.sg/nieweb/programmes/loading.do? id=Professional& cid=8716292&p pid=10616848

National Institute of Education [NIE] (2005). *Leaders in education programme international participants to share their insights on programme.* Retrieved October 1, 2009, from http://www.nie.edu.sg/nieweb/about/display.do? id= News&param2=search&pid=14385163

Sergiovanni, T. J. (2001). *Leadership: What' s in it for schools?* New York: Routledge Falmer.

U.S. Department of Education (2001). *No Child Left Behind Act of 2001.* Washington, DC: The Author.

教育經營學導論——理念、策略、實踐

筆記欄

筆記欄

筆記欄

國家圖書館出版品預行編目（CIP）資料

教育經營學導論-理念、策略、實踐/鄭崇趁著.
-- 初版. -- 臺北市：心理, 2011.01
面；　公分. --（教育行政系列；41426）
ISBN 978-986-191-410-7（平裝）

1. 教育行政　2.學校管理

526　　　　　　　　　　　　　　　99026383

教育行政系列 41426

教育經營學導論──理念、策略、實踐

作　　　者：鄭崇趁
責任編輯：郭佳玲
總　編　輯：林敬堯
發　行　人：洪有義
出　版　者：心理出版社股份有限公司
地　　　址：台北市大安區和平東路一段 180 號 7 樓
電　　　話：(02) 23671490
傳　　　真：(02) 23671457
郵撥帳號：19293172 心理出版社股份有限公司
網　　　址：http://www.psy.com.tw
電子信箱：psychoco@ms15.hinet.net
駐美代表：Lisa Wu（Tel: 973 546-5845）
排　版　者：辰皓國際出版製作有限公司
印　刷　者：東縉彩色印刷有限公司
初版一刷：2011 年 1 月
初版二刷：2013 年 1 月
I S B N：978-986-191-410-7
定　　　價：新台幣 400 元